X.media.press 

Springer-Verlag Berlin Heidelberg GmbH

Nach dem Studium der Biologie und Medizin und langjähriger Berufstätigkeit im Bereich internationales Marketing und Kommunikation gründete **Dr. Richard S. Schifman** 1990 die Firma Digital Fusion. Die Schwerpunkte seiner Aufgaben umfassen hier Beratung und Design von Kommunikationsstrategien, die Programmentwicklung sowie die Filmproduktion für On- und Offline-Medien. Zudem referiert er seit Jahren über neue Medien an Hochschulen und Lehrinstituten im In- und Ausland.

**Günther Heinrich** studierte Elektrotechnik und Informatik. In dem gemeinsam mit seiner Schwester Yvonne gegründeten Unternehmen pan.M Multimedia ist er vor allem zuständig für Beratung, Schulung, Programmierung und Programmdesign sowie Netzwerkplanung, Animationen, Ton- und Spezialeffekte.

Die beiden Autoren arbeiten seit Jahren in der Multimediaentwicklung, auch in internationalen Entwicklungsgruppen, eng zusammen.

Richard S. Schifman
Günther Heinrich

# Multimedia-Projektmanagement

Von der Idee zum Produkt
Dritte, überarbeitete Auflage

Mit 79 Abbildungen

 Springer

Richard S. Schifman
Digital Fusion Electronic Publishers
Vogelanger 10, 81477 München

Günther Heinrich
Wilhelm-Kuhnert-Straße 24
81543 München

Die Deutsche Bibliothek - CIP-Einheitsaufnahme
Schifman, Richard S.: Multimedia-Projektmanagement: von der Idee zum Produkt/
Richard S. Schifmann; Günther Heinrich. - 3. Aufl. - Berlin; Heidelberg; New York;
Barcelona; Hongkong; London; Mailand; Paris; Singapur; Tokio: Springer, 2001
   ISBN 978-3-540-41998-3   ISBN 978-3-642-56731-5 (eBook)
   DOI 10.1007/978-3-642-56731-5



http.//www.springer.de

© Springer-Verlag Berlin Heidelberg 2001
Ursprünglich erschienen bei Springer-Verlag Berlin Heidelberg New York 2001

Die Wiedergabe von Gebrauchsnamen, Handelsnamen, Warenbezeichnungen usw. in diesem Werk berechtigt auch ohne besondere Kennzeichnung nicht zu der Annahme, dass solche Namen im Sinne der Warenzeichen- und Markenschutzgesetzgebung als frei zu betrachten wären und daher von jedermann benutzt werden dürften. Text und Abbildungen wurden mit größter Sorgfalt erarbeitet. Verlag und Autor können jedoch für eventuell verbliebene fehlerhafte Angaben und deren Folgen weder eine juristische Verantwortung noch irgendeine Haftung übernehmen.

Satz: Computer to film von pdf Daten der Firma G&U, Flensburg
Umschlaggestaltung: KünkelLopka Werbeagentur, Heidelberg
Gedruckt auf säurefreiem Papier  SPIN 10836869 - 33/3142PS - 5 4 3 2 1 0

den die Themen **Internet Design**, **Content Management** und **Cross-Media-Publishing** ausgebaut und aktualisiert. Aus der Praxis wurden 2 **Fallstudien**, eine **Datenbank-CD-ROM** und ein **Internet-Marktplatz** detailliert analysiert und besprochen.

Somit bekommt der Leser eine sachliche Einleitung in die Konzeption, Planung und Realisierung einer Multimedia-Produktion. Dabei werden die unterschiedlichen Anforderungen für Offline- und Online-Entwicklungen verdeutlicht. Neben dem Projektmanagement und der Einführung in die Technik werden die rechtlichen Aspekte moderner Kommunikation ausführlich besprochen.

An dieser Stelle möchten wir unseren gebührenden Dank an Herrn Gregor Reichle aussprechen, mit dessen freundlicher Unterstützung wir seit 1996 dieses Multimedia-Powerpack ausarbeiten konnten. Dem Team beim Springer-Verlag, insbesondere Frau Dorothea Glaunsinger und Herrn Peter Straßer, möchten wir für die jahrelange freundliche Unterstützung bei der Herstellung des Werkes loben. Ferner bedanken wir uns bei Heinrich Kessler und Georg Winkelhofer, Projektmanagement-Akademie Stuttgart GmbH, Dirk Schornstein, Six Offene Systeme GmbH, Leinfelden-Echterdingen, sowie Petra Ruder und Heinz Stix, Feldmann Media Group, Nürnberg, für ihre jeweilige Unterstützung bei der Verfassung der Kapitel Projektmanagement, Internet-Redaktionssysteme und Best Practice. Wir wünschen allen Lesern viel Spaß und freuen uns auf einen interaktiven Dialog!

München, im Sommer 2001
*Richard Schifman*
*Günther Heinrich*

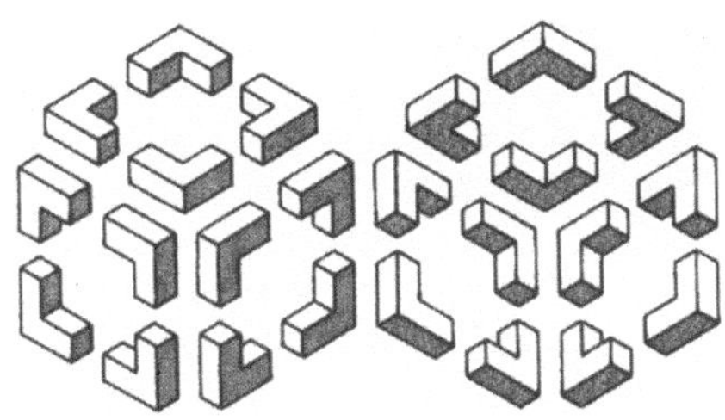

# Vorwort



*- Though this be madness, yet there´s method in´t.*
*- Ist dies schon Tollheit, hat es doch Methode.*

Die gewonnene Erfahrung bei der Erstellung von Multimedia-Anwendungen hat gezeigt, dass die Vielfalt an Überlegungen, Know-how und Möglichkeiten oft den Erfahrungsstand des Einzelnen überschreitet. Um Abhilfe zu schaffen, wurde das vorliegende Handbuch entwickelt, welches die maßgeblichen Überlegungen didaktisch vorträgt und deren Verflechtungen darstellt.

Die Ergänzung durch themenbezogene **Checklisten** und kurze **Faustregeln** erlauben dem Leser, das Buch auch als Nachschlagewerk bei der Planung von Multimedia-Programmen einzusetzen.

Bewusst lehnt sich das Buch nicht an die eine oder andere Plattform der digitalen Speicherung an, denn unseres Erachtens richtet sich die Auswahl der Präsentationsplattform nach der Kommunikationsstrategie.

Deswegen werden anfänglich die **Ziele**, die **Planung**, die **Gestaltung** und die **Bewertung** von computergestützten Multimedia-Applikationen ausführlich abgehandelt, insbesondere im Hinblick auf die Zielgruppe. Hieraus ergeben sich Auswahlkriterien, die eine optimierte Definition der anzuwendenden Speichermöglichkeiten (z.B. Disketten, Festplatte, Flashcard, CD-ROM, CD-ROM-XA, CD-INTERACTIVE, DVD, Online, Online-Offline-Hybride, Wireless etc.) ermöglichen.

Insgesamt richtet sich das Werk mehr nach dem Wie, Was, Wann und Wen von Multimedia als nach den technischen Gegebenheiten des Programmierens. Dennoch lassen wir die Technik nicht außen vor. Nur mit einem klaren Verständnis für das Machbare und die dazu gehörige Technik ist die Entwicklung eines Multimedia-Werks möglich. In der vorliegenden 3. Neuauflage wurden das **detaillierte Projektmanagement-Handbuch** und die **Anleitung zur Qualitätssicherung** in der 2. Auflage ergänzt. Der interessierte Leser erhält damit eine Basis für die Entwicklung einer eigenen Zertifizierung bzw. eine klare Vorstellung der typischen Aufbaumerkmale, Abläufe und Eigenschaften des Projektmanagements gemäß der ISO 9000- oder DIN-Richtlinien. Darüber hinaus wur-

# Inhaltsverzeichnis

# 1 Kommunikationsstrategie

*- The rest is silence.*
*- Der Rest ist Schweigen.*

Denken Sie an Multimedia? Was brauche ich? Was erhalte ich? Stellen Sie sich manchmal diese Fragen? Ja, dann lassen Sie uns gemeinsam einige Überlegungen über Ihre Aufgabe anstellen und was Multimedia für Sie bewegen kann.

Eigentlich kennt jeder von uns *alles* über das Thema Kommunikationsstrategie. Hat man ein Zielpublikum im Auge, steht und fällt der Erfolg mit der Kunst der Kommunikation. Nehmen wir an, wir haben beschlossen, mit einem „Kunden" zu kommunizieren. Meist denken wir dann an eine Kette von Maßnahmen, die auf das Zielpublikum fokussieren, und nicht an eine einzelne Aktion/Aktivität.

Wir fangen immer mit einer Vision an. Die Vision wird durch das Unternehmen und sein(e) Produkt(e), Dienstleistung(en) und Aura vitalisiert, während der Bedarf im Markt entweder als Promotor und/oder als Empfänger dient. Zwischen dieser Vision und dem Kunden liegt die Kommunikation, die sich so komplex wie eine Beziehung oder so einfach wie Händeschütteln gestalten kann. Schließlich wissen wir alle, dass die beste Kommunikation darin besteht, dem Kunden das zu sagen, „was der Kunde hören möchte". Aus dieser Überlegung ist Point of Information (POI)-Kommunikation entstanden – Information auf Abruf, bei eigenem Tempo und in individuell gewünschter Tiefe – eine ideale Form der persönlichen und direkten Kommunikation.

Bis vor kurzem war allerdings POI-Kommunikation technisch kaum machbar. Dank des Fortschritts in der Computertechnik hat Multimedia Türen zu neuen Dimensionen der Kommunikation eröffnet, welche uns näher als je zuvor an den Point of Information, Point of Reference, Point of Sales und Purchase gebracht hat. In Wahrheit bleibt jedoch Multimedia ein Glied in der Kommunikationskette zwischen der Vision und dem Kunden. Der Schlüssel zur Kommunikation liegt nach wie vor in der Definition des Bedarfs, des Wie, Was und Wann – erst danach kommt (Multi-)Media.

# 1.1
# Megatrends

Multimedia ist eine Erscheinung und Reflexion, unserer Zeit und unserer Gesellschaft. Wenn wir uns die Trends [1] der Zeit vor Augen führen, sehen wir auch, wie gut Multimedia dort hineinpasst:

- O Kokon-Dasein
- O Phantasieabenteuer
- O kleine Genüsse
- O Egonomics
- O Aussteigen
- O länger jung bleiben
- O möglichst lange leben
- O der wehrhafte Verbraucher
- O Multileben

Unabhängig davon, ob wir alle Merkmale gemeinsam oder individuell anschauen, erfüllt Multimedia die Kriterien des Verbrauchers. Zwischen Empfindungen wie „Das finde ich toll", „Es ist wie für mich geschaffen" und „Weiß Gott, ich habe es verdient" kann sich jeder gut vorstellen, wie sehr eine multimediale Darstellung für Produkte, Informationen, Unterhaltung, Training etc. geeignet ist. Somit liegt es auch nahe, dass eine gezielte Anwendung von Multimedia eine willkommene und erfrischende Form der Kommunikation darstellt. Die Frage ist nur, wie komme ich dahin?

Eine Voraussetzung für Multimedia ist die Notwendigkeit, die Dinge im holistischen Sinne, also ganzheitlich, zu betrachten. Für diejenigen Leser, die mit dieser Anschauung nicht vertraut sind, möchten wir zunächst ein paar Worte über Holismus und Problemlösung verlieren.


Die Philosophie kennt zwei grundsätzlich unterschiedliche Ansätze, die Dinge zu betrachten: den atomistischen = elementaren und den holistischen = ganzheitlichen Ansatz. Die holistische Konzeption erlaubt die Gesamteinsicht in die inneren Strukturen einer Sache in ein und demselben Moment.

Der Großteil aller Menschen zieht eine atomistische bzw. elementare Vorgehensweise vor, weil die holistische Betrachtung sie oft hilflos erscheinen lässt. Bei der atomistischen Betrachtung verspricht man sich, durch das Verständnis der einzelnen Elemente

(Einzelteile einer Sache) das Ganze und deren Interaktionen begreifen zu können.

Abgesehen davon, dass man sich bei elementarer Betrachtung ständig von der gesamten Sache entfernt, während man ein Element studiert, besteht die Gefahr der methodenorientierten Vorgehensweise. Das heißt, man beschäftigt sich mehr mit dem Weg als mit dem Ziel. Das Ergebnis ist dann eine Sammlung von Paradigmen.

Im Gegensatz dazu bietet die holistische Betrachtung eine Problem- bzw. Aufgabenorientierung. Man sucht mehr die Interrelationen und Verhältnisse innerhalb einer Sache und somit eher auch die natürlichen Zusammenhänge und die unmittelbare Verbindung zu jedem Betrachter.

Wir haben das Buch so aufgebaut, dass die dargestellten Informationen einen elementaren Anschein haben. Dennoch werden immer wieder Ausflüge in den Holismus unternommen. Dadurch mögen einige Dinge wiederholt werden, jedoch stets aus einer anderen Perspektive.

*Methoden- oder aufgabenorientiert?*
*Was ist Ihnen lieber?*

# 1.2
# Ziele

Meistens werden Multimedia-Anwendungen mit einer konkreten Idee für einen bestimmten Zweck angedacht: um ein Produkt oder eine Dienstleistung zu verkaufen, Informationen zu vermitteln, für etwas zu werben bzw. den Benutzer zu unterhalten, zu unterrichten oder zu trainieren. Dies ist jedoch nicht der Zweck einer Produktion, sondern höchstens das zu behandelnde Thema. Wichtig ist es, von Anfang an eine klare Zielsetzung zu formulieren – und dies möglichst umfassend.

Multimedia-Anwendungen entwickeln ist wie Häuser bauen. Die Vielfalt der Möglichkeiten, Funktionen und Geschmacksrichtungen können leicht zur Verwirrung, Enttäuschung und Entmutigung führen, wenn sich nicht von vornherein eine klare Visualisierung des Projekts abzeichnet. Oft wird der Erfolg einer Produktion durch zu enge Fokussierung auf bestimmte technische Vorstellungen oder einseitige Betrachtung des Ziels unter Vernachlässigung von Didaktik, Design, Gestaltung, Anwenderanpassung sowie der gesamten Kommunikationsstrategie behindert. Deswegen ist es sinnvoll, gleich zu Beginn ein Pflichtenheft professionell zu erstellen, auch wenn dies etwas „kostet". Es sollte zumindest eine **Checkliste der globalen Ziele** erstellt werden:

○ Zielsetzung

○ Zielpublikum

○ Inhalt – Tiefe und Breite

○ Art der Didaktik, Gestaltung und Interaktivität

○ Globale Designmerkmale

○ Entwicklungssoftware

○ Fileformate

○ Medium

○ Plattform

○ Zeiträume

○ Budget und Ressourcen

Selbstverständlich können/sollen weitere Punkte wie Medienauswahl, -einsatz, -quellen, Standards für Datentransfer etc. angedacht, fixiert und ausdiskutiert werden.

Bei der Festsetzung der Ziele müssen all diese Punkte nicht bis in extenso geplant werden. Oft ist es sogar in diesem Stadium noch nicht möglich, zu allen Punkten endgültig Stellung zu nehmen. Jedoch ist es wichtig, dass alle Beteiligten die Ziele verstehen und dann die erforderliche Visualisierung des Vorhabens zustande kommt.

Immer wieder wird leider nur angedacht, mal hier mal dort Kontakt aufgenommen und sogar versucht, „kostenlos" ein Projekt zu definieren. Das gesamte Vorhaben wird durch eine mit Halbherzigkeit begonnene Projektrealisierung immer gefährdet. Denn eigentlich bildet diese komplexe Planung auch die Basis der Machbarkeitsprüfung, welche sinnvollerweise wiederum als Fundament für eine Realisierungsentscheidung dienen soll. Je mehr Gedanken und Mühe in dieser Phase hineingesteckt werden, desto wahrscheinlicher wird auch der Erfolg.

Es empfiehlt sich, in diesem Stadium in einen ernsthaften Dialog mit einem Produzenten zu treten. Es ist billiger, zielsicherer und befriedigender, gleich am Anfang den richtigen Pfad zu begehen als durch langwierige Debugging-Vorgänge „rückwärts" zum Produkt zu kommen.



Manche Firmen versuchen im Vorfeld einen Bedarfskatalog mit den erkennbaren Merkmalen des Projekts zusammenzufassen, um dann mit möglichen Produktionspartnern einen Erstkontakt zu pflegen, um ihre Eignung zu testen. Hierbei können spezielle Kenntnisse und Fähigkeiten, wie z.B. der Umgang mit chemischen Formeln, der Fachterminologie oder mit bestimmten Arten von Animation, gleich zu Beginn geprüft werden. Erfahrungen haben gezeigt, insbesondere wenn es sich um Fachwissen handelt, dass das schwächste Glied in der Kette der Know-how-Transfer ist.

Wenn auf beiden Seiten keine Verständigung über den Inhalt erzielbar ist, wird unabhängig von dem Zauber der Grafiken und Effekte nicht viel dabei herauskommen. Somit sollte frühzeitig auf die Kompetenz und Qualität der potentiellen Partner geachtet werden.



In diesem Zusammenhang muss ebenfalls frühzeitig der interne Ressourcenbedarf für eine Entwicklung geklärt werden. Aus der Begegnung mit Industriefilm und Video, PR-Aktivitäten usw. sind wir gewohnt, dass A-Z-Lösungen von Externen „geliefert" werden. Der Ablauf mit Briefing, Konzepterstellung und anschließender Abnahme wird bei Multimedia dagegen nur bedingt eingehalten, da eine Reihe von neuen Gesichtspunkten und Funktionen hinzukommen, wie z.B. Art der Ergonomie, Didaktik, Interfacedesign. Da die Erfahrungen und vor allem die Fähigkeit, sich derartiges vorzustellen, meist im Vergleich zu bekannten Prozessen, wie z.B. Videoproduktion, nur rudimentär ausgeprägt sind, kommt es immer wieder zu Missverständnissen, unscharfen Erwartungen und daraus resultierendem Zeitverzug. Aus diesen Gründen tritt bei Multimedia oft die Notwendigkeit auf, an dem Know-how-Transfer selbst mitzuwirken. Daher ist zumindest in frühen Phasen eine klare Beteiligung von Seiten des Auftraggebers notwendig.



Ein weiterer Rat richtet sich an die Adresse Kompetenz. In der Industrie wird dieser Begriff oft verwendet, jedoch meist mit unterschiedlicher Bedeutung. Es müssen sowohl Fach- als auch Sachkompetenz auf der Auftraggeberseite unmittelbar präsent sein. Ferner ist es wichtig, dass der Beauftragte über eine „Unterschriftskompetenz" verfügt, da sonst durch die mühsamen Wege des Signoffs Wochen und sogar Monate von Arbeit, Kreativität und Elan verloren gehen können. Die Auswirkungen dieser Faktoren haben einen unmittelbaren Effekt auf die Akzeptanz und Qualität des Endprodukts, da Motivation eine wichtige Rolle bei Multimedia-Entwicklungs-teams spielt.

Nun kann man den Eindruck gewinnen, dass die oben besprochenen Faktoren derartige Hindernisse darstellen, dass eine Produktion nicht machbar erscheint. Sowohl die persönliche Erfahrung als auch die Entwicklung in den letzten Jahren haben gezeigt, dass solche Befürchtungen nicht angebracht sind. Im Gegenteil, in fast allen Branchen gibt es wunderschöne, hochwertige Produkte für alle erdenkbaren Zwecke, und die Anzahl steigt täglich.

Selbstverständlich stellt der Gang zur multimedialen Kommunikation neue Anforderungen. Wenn man allerdings das Ganze im Kontext der Kommunikationsstrategie, der weltweiten Entwicklungen von Informationshighways und des Verhaltens der Kunden betrachtet, müssen beinahe alle Organisationen früher oder später eine entsprechende Anpassung finden. Vielleicht ist aber gerade die Multimediaentwicklung eine angenehme und hilfreiche Erfahrung für Unternehmen bei der Bewältigung derartiger Aufgaben.

Wenn Sie jetzt Ihre Ziele festsetzen wollen, versuchen Sie mit der folgenden **Checkliste Präsentation** eine Erstorientierung zu gewinnen:



○ Wer wird das Programm benutzen?

○ Wie wird es eingesetzt? (kontinuierlich, situativ)

○ Wie wird es gezeigt? (Monitor, Projektion, Mobilgerät)

○ In welcher Umgebung wird das Gerät stehen? (Licht, Bewegung, Lärm)

○ Welche Ebene der Interaktivität/Art der Interaktivität wird verlangt? (editoriell und/oder verlockend, Kontinuität und Geschwindigkeit)

○ Wie sind die Interfacecharakteristika? (Bildschirm, Hotspots, Cursorform, Fernbedienung, Touchscreen, Trackball, Tastatur, Maus, Text/Menü, Navigationswerkzeug, analoge Metaphern, didaktische Anwendung von Farbe und Schrift)

○ Wie lange soll die Information erscheinen?

○ Wie komplex soll der Inhalt sein? (Ebenen, Verbindungen, Hauptbotschaften)

# 1.3
# Mein Cyberspace und Mein Publikum



Multimedia ist immer etwas Persönliches. Denn der Anwender entscheidet, was, wann und wie oft abgerufen, erlebt und/oder verworfen wird. Diese Tatsache hat mancherlei Folgen, die zunehmend bekannt werden. Der wehrhafte Kunde steht in der Tür! Mache ich mein Programm spannend und interessant, aber nicht exzentrisch und verwirrend, packt es meinen Kunden, bei der Sache zu bleiben. Er/sie wird motiviert, durch das Programm zu surfen, sogar mehrmals, wenn wir die Applikation für ihn/sie persönlich erstellen.

Hier stehen wir an einem Wendepunkt der Werbung und Kommunikation. In den letzten Jahren hat man mehr Hard-Selling und dergleichen betrieben, und manche Kommunikation ist deswegen schlichtweg vom Standpunkt des Anbieters aus aufgebaut. Multimedia muss dem Kunden = Partner gefallen, sonst schaltet er ab. Einmal bedeutet dies, dass man Infotainment, Edutainment, möglicherweise auch Broadcastainment betreiben soll/muss. Zum anderen hat sich die Art, wie Information bereitgestellt wird, geändert. Aus dem Renaissance-Menschen, der gut 500 Jahre lang etwas über die Wichtigkeit des Individuums erfuhr, und dem Selektionszwang unserer Konsumgesellschaft entwickelte sich der wehrhafte Kunde.

Infolgedessen tut man sich leichter, Multimedia aus der Sicht des Endbenutzers zu entwickeln als aus dem Druck heraus, Unternehmensbotschaften zu vermitteln. Wenn wir uns die Anwendungsbereiche von Multimedia-Programmen vor Augen führen, sollten wir auch dabei nicht das Zielpublikum vergessen:

Anwendungsbereiche von Multimedia

○ Atlanten

○ Beratungsunterlagen

○ Datenbank

○ Edutainment

○ Firmeneinführung

○ Firmenpräsentation

○ Informationssysteme

○ Infotainment

○ Lernsysteme

○ Lexikon

○ Messepräsentation

○ Nachschlagewerke

○ Produktanleitung

○ Produktkataloge

○ Produktpräsentation

○ Reparaturanleitung

○ Spiele

○ Telearbeitsanleitung

○ Teleshopping

○ Unterhaltung

○ Verkaufstraining

○ usw.


## 1.4
## Impact und Image

Multimedia ist zweifelsohne Impact und Image. Eine Firma, fest entschlossen sich so zu präsentieren, gewinnt sofort an Prestige und Ansehen, gilt als modern und fortschrittlich. Natürlich ist es mehr, z.B.:

○ die Mitarbeiter werden in Self-learning und Action-learning geschult und trainiert, mit dem Effekt, dass ganze Führungsorganisationen, Kommunikations-/Informationssysteme und Strukturen geändert werden müssen. Diese Funktionalität wird unter dem Begriff „B2E" (Business to Employee) zusammengefasst;

O Information wird leichter verfügbar, was zur Folge hat, dass sich Hierarchien und gewohnte Umgangsformen ändern. Ob „B2B" (Business to Business) oder „B2C" (Business to Consumer) ausgerichtet, die Folgen der Abwandlung von Daten in verfügbare Informationen ist revolutionär. Datawarehousing; Web Portale, Marktplätze etc. sind einige Folgen dieses Fortschritts;

O allein die Entwicklung der ersten eigenen Applikation führt in die Welt des elektronischen Publizierens mit allen Vorteilen: digitalisierte Bilddateien, Datenbank der Assets, Know-how im Handling etc. – je nachdem wie tiefgreifend das Projekt angegangen wird.



Fest entschlossen diesen Weg zu begehen, sollte man auch dann nicht den eigenen Impact und das eigene Image verspielen. In dieser Hinsicht Kosten zu sparen, macht krank und wird sofort vom Anwender erkannt, registriert und nicht honoriert. Viele Firmen wollen ihr CD-ROM-Produkt für DM 40.000,– und sind dann enttäuscht, wenn der Partner (= Kunde) es nicht annimmt. Wir sagen immer: „Dann lieber für DM 70.000,–, man kann höchstens DM 30.000,– verlieren". Es soll nicht der Eindruck erweckt werden, dass alles Teure gut ist oder umgekehrt, aber eine vernünftige Basis für eine Entwicklung sollte bereits am Anfang gelegt werden.

Entsprechend hat sich auch die Investitionsbereitschaft für Titel-Entwicklung geändert. Während in 1994 die Mehrheit der CD-ROM-Budgets unter DM 20.000,– lagen, gaben sich 1998 nur 9% der Auftraggeber mit Budgets unter DM 10.000,– zufrieden; weit über 80% stellten Budgets von DM 50.000,– und mehr zur Verfügung.

Vergleichbares sollte insbesondere für Internet-Produkte gelten. Statische Schilder und billig erstellte Seiten erwecken wenig Aufmerksamkeit bei den Benutzern. Somit können auch sogenannte preiswerte Websites zwar „für den Einstieg" attraktiv erscheinen, aber in Realität wertlos sein. Denn längst sind die Tage der statischen Webpages vergangen. Heute werden immer mehr dynamisch generierten Sites mit aktuellem Inhalt und komplexer Struktur angeboten. Marktplätze, Portale und Databank-Content-Quellen sind nur der Anfang dieser Ausprägung. Mit dem Einmarsch von ADSL, UMTS und GSM sind diese Plattformen der multimedialen Kommunikation Gegenwart, durch das Angebot von Wireless Communication ergänzt und das Cross-Media-Publishing eine reelle Notwendigkeit geworden. Es lohnt sich daher, die Webpräsenz besonders gut zu planen und umzusetzen, denn im Web herrschen eigene Regeln und ein aufmerksames Publikum.

Kein Wunder, dass gute Firmenpräsentationen zwischen DM 250.000 und 1 Million kosten, um zu schweigen von der benötigten Investition für Marktplätze, die mittlerweile zwischen US$ 1 –10 Millionen liegen. Klar ist das alles momentan nur noch Sache für die Global 2000; dennoch fallen die Prise rasch. Sämtliche Player sind bemüht „out-of-the-box" Lösungen zu entwickeln, damit der unteren und mittleren Mittelstand mitmischen kann.

## 1.5
## Implementation

Multiplikationseffekte und Streuung sind Begriffe, die gern bei den Agenturen und vor allem in der Werbebranche, angewendet werden. Seit längerem wird hierzulande darüber gegrübelt, ob die Distribution oder der Markt für interaktive Medien wahrhaftig vorhanden ist.

Ohne jetzt auf das Thema Plattformen einzugehen, denn diese Entscheidungsstufe wird später diskutiert, sollten wir den momentanen Marktstatus betrachten.

Zweifelsohne ist die Preissituation für eine Basis-Multimedia-PC-Ausstattung akzeptabel. Mit ungefähr DM 1.400,– kann der Eintritt in die digitale Multimedia-Welt gesichert werden; etwa 1/3 billiger als letztes Jahr. Beinahe jeder Rechner verlässt heute mit einem CD-ROM-Laufwerk, einer Soundkarte, einer hochwertigen Grafikkarte und einem high-speed Modem den Verkaufsraum. Mittlerweile sind extrem leistungsfähige tragbare Einheiten (Laptops) auch erschwinglich. Die Kombination mit einem LCD-Beamer macht den Laptop zu einem Alltagswerkzeug des Verkäufers. Ebenfalls portable DVD-Abspielgeräte mit integriertem LCD-Screen bieten attraktive Vorführmöglichkeiten, die das praktisch verschwundene CD-i-System mittlerweile abgelöst haben.

Entsprechend hat sich die Industrie an das Medium angeschlossen. Die Anzahl der industriellen Benutzer von Multimedia für Geschäftszwecke ist deutlich gestiegen. Obwohl die Computerbranche die Liste noch anführt, stehen sie keineswegs allein. Bei einer Vielzahl von Sparten benutzen gut ein Drittel multimediale Firmen- bzw. Produktdarstellungen.

Zur Zeit verfügt ca. 38% der Bevölkerung in Deutschland über einen privaten PC, davon sind etwa 73% mit einem CD-ROM-Laufwerk und ca. 44% mit einem Modem ausgestattet. Der Zugriff auf einen privaten PC in Deutschland liegt somit im europäischen Durchschnitt. Lediglich Länder wie Luxemburg (43%), Dänemark (57%), die Niederlande (59%) und Schweden (60%) haben einen deutlichen Vorsprung beim Anschluss an den Information-High-way.

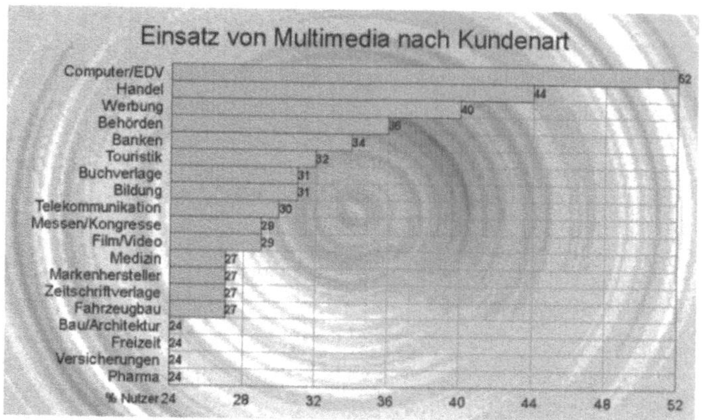


Klar hat sich der Markt für neue Medien auch in Deutschland etabliert: Während 1995 „nur" 12,3 Millionen CD-ROMs verkauft wurden, wechselten 1998 51,9 Millionen Stück die Hände. Somit hat sich der Absatz mehr als verdreifacht. Die Durchschnittsauflage liegt mittlerweile bei über 5.000 Stück [2].



In der Abbildung 1.2 sehen wir die Aufteilung von CD-Titeln nach Kategorien verglichen für das Jahr 1997 und 1999. TPPL Ltd. [3] in London verfolgt die Erscheinungen von kommerziellen Titeln und gibt jährlich eine solche Übersicht heraus. Während in 1997 „special interest" vorherrschte, wird jetzt quer durch die Bank gekauft. Interessanterweise kaufen Frauen in Deutschland mehr CDs als Männer, wenn man von Spielen absieht, und wenn man bedenkt, dass heute 42% der PC-Benutzer weiblich sind [4]. Multilingualität, rasches Updating, niedrige Versand- und Handlingkosten machen Multimedia für die bewusste Käuferschicht extrem attraktiv.



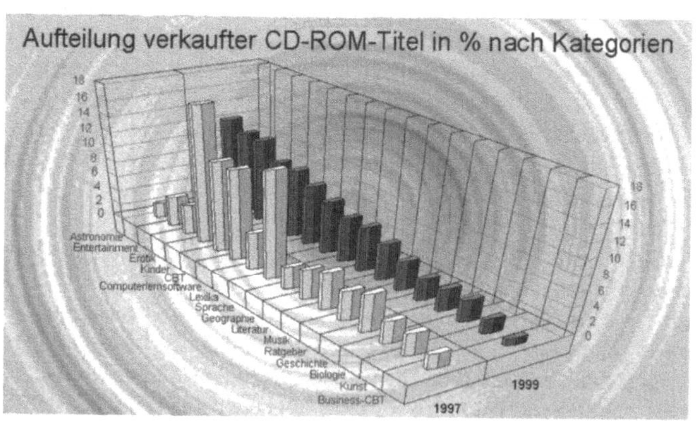

Die bereits hierzulande erzielten Erfolge mit CD-ROM-Katalogen, wie z.B. von Otto, bzw. mit POS-Systemen von Karstadt, Hertie oder BP zeigen den effektiven Weg zur Verlängerung der Geschäftszeiten. Unterhaltungs-/Infotainment-CDs, wie Discovery oder Hawkings „Eine Kurze Geschichte der Zeit", Ullsteins „Lexikon der Musik", Microsoft's „Encarta" oder Voyagers „P.A.W.S." zeigen, welchen Impact diese Form der Kommunikation ermöglicht. Erst recht gilt dies für Online-Angebote.

Im innerbetrieblichen Bereich werden Trainingtools, How-to-Produkte und Produktpräsentationen zunehmend im Alltag eingesetzt und sind praktisch nicht mehr wegzudenken. Überdies werden Datenbanken zunehmend häufiger als Grundlage der Geschäftskommunikation eingesetzt. Kein Wunder dass der Umsatz betrieblicher Information auf CD-ROM sich von 77 Millionen DM innerhalb der letzten 7 Jahren auf 710 Millionen DM in 1999 entwickelte.

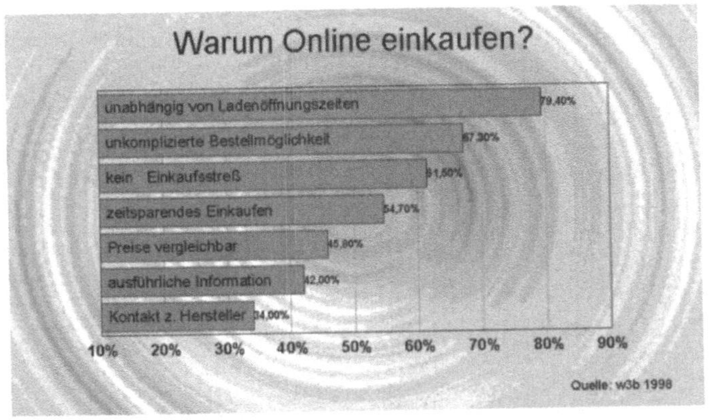


Abbildung 1.3
E-Commerce als zunehmend wichtiger Verkaufskanal in Europa

Ja, und das Web? Über 18 Millionen Web-Benutzer sind mittlerweile in Deutschland unterwegs. Dabei haben heute über 7,7 Millionen Haushalte Zugriff ins Web. Eine mehrfache Nutzung der Webangebote, z.B. Email, Online Banking, Shopping, etc., üben immerhin über 3,9 Million Bürger regelmäßig aus. Eine paneuropäische Umfrage über die durchschnittliche Anzahl der Nutzungstage ergab, dass Deutschland im Jahr 200 mit 11,4 Tagen pro Webbesucher und Monat die Liste führt; gefolgt von Dänemark mit 11,2, Schweden mit 10,8, Frankreich mit 9,3, Großbritannien mit 9 und Spanien mit 6,8 Tagen. Anscheinend wird nicht nur „just for fun" gesurft. In November 2000 haben sich etwa 34,2% der Webbesucher mit Wirtschafts-/Finanzangeboten beschäftigt. Die monatliche Nutzungsdauer (Stickiness) betrug sage und schreibe 83,3

Minuten!, weit vor den Kategorien „Entertainment", „News/Information" und „Retail".

Wie steht das Interesse der Europäer an E-Commerce? Eine UPS-Umfrage in 1998 ergab, dass 28% der befragten Europäer glauben, E-Commerce ist ein sehr wichtiger Verkaufskanal. Nur vier Monate später lag diese Schätzung bei 38%, wobei bereits 28% der Befragten Netz-Einkäufe getätigt hatten – eine rasante Entwicklung. In Abbildung 1.3 werden die Begründungen der befragten Deutschen dargestellt. Es ist offenbar nicht nur der Zugriff auf Ware, der Interesse erweckt. Auch die Qualität des Informationsangebots spielt eine wesentliche Rolle.

In der Tat wird heutzutage das Web kräftig als Einkaufsparadies eingesetzt. Im Jahre 2000 haben ca. 9,9 Million Kunden allein in Deutschland via e-Commerce eingekauft. In Abbildung 1.4 sehen wir die geschätzte Entwicklung im elektronischen B2C-Handel für das Jahr 2002. Hier handelt es sich um B2C, also Business-to-Consumer Zahlen; dabei wird die Welt des B2B, Business-to-Business noch nicht berücksichtigt. Multi-Channel-Retailing, Customer Relationship Management e-Logistik und mehr sind Themen der Zeit, die innerhalb von 5 Jahren zunächst als Spinnereien und nun Milliardenschwere Geschäfte geworden sind.

Abbildung 1.4
Nicht mehr weg
zu denken ist
e-Commerce in
B2C-Bereich

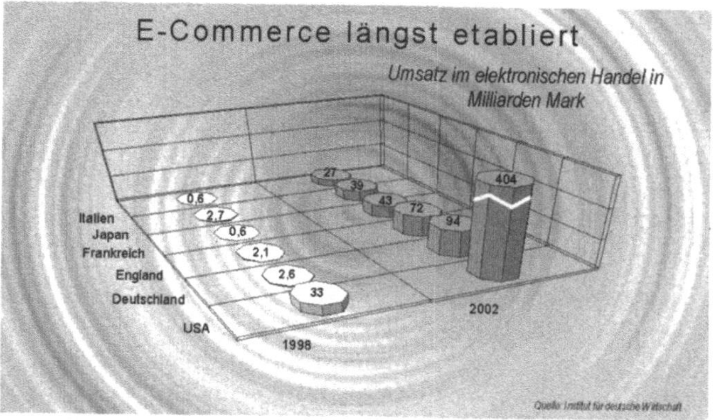


Schauen wir uns an, warum digitale Kommunikation hochgeschätzt wird. Eine eingehende Befragung von 500 Geldinstitutionen [6] kann man als stellvertretend ansehen. Neben Kostensparen sind effizienteres Arbeiten und mehr Kundennähe hervorzuheben.

Es ist offensichtlich, dass Cross-Selling, also das Angebot von mehr als nur dem Urgeschäft, auch hierzulande beheimatet ist. Man denke an Tchibo oder Eduscho. Ähnlich haben sich z.B. auch die Banken entwickelt, die heute neben den traditionellen Geldgeschäften Theaterkarten, Urlaubsreisen, Versicherungen usw. anbieten.

Entsprechend stellt der Käufer Erwartungen. Das Medium muss sich nah am Puls des Benutzers orientieren.

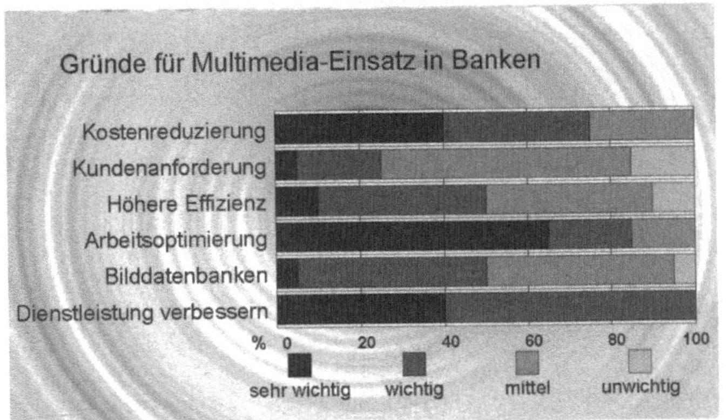



*Abbildung 1.5*
*Gründe für den*
*Multimedia-Ein-*
*satz*
*in Banken*

Entsprechend fallen auch die Erwartungen der Alltagsbenutzer aus. Abbildung 1.6 gibt ein klares Bild wieder – man will kompetente und umfangreiche Information rasch abrufen können. Deswegen sind gut strukturierte Datenhaltung und ansprechendes Design hoch in Kurs. Gemäß der Erwartungen werden die Angebote benutzt, wie Abbildung 1.7 demonstriert.

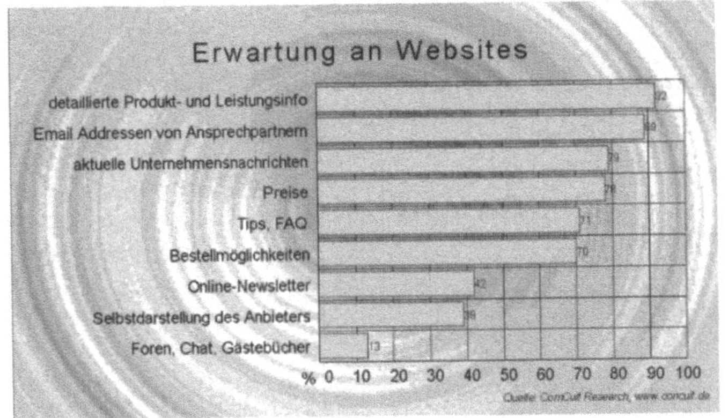



*Abbildung 1.6*
*Erwartung*
*Deutscher*
*Surfer an*
*Websites*

Passend zu Erwartung und Haltung ist die Altersverteilung der ca. 18 Millionen deutschen Online-Nutzer (Stand: Ende 2000). Zum Kreis der Angesprochenen gehören laut Umfragen mit Kaufkraft ausgestattete und interessierte, aufgeweckte Personen zwischen 20 und 45 Jahren. Hinzu kommen die Screenagers (ab 14 Jahre), von denen die Hälfte einen Computer zu Hause hat [7]. Neu ist die zunehmende aktive Schicht von „Senioren"-Surfern.

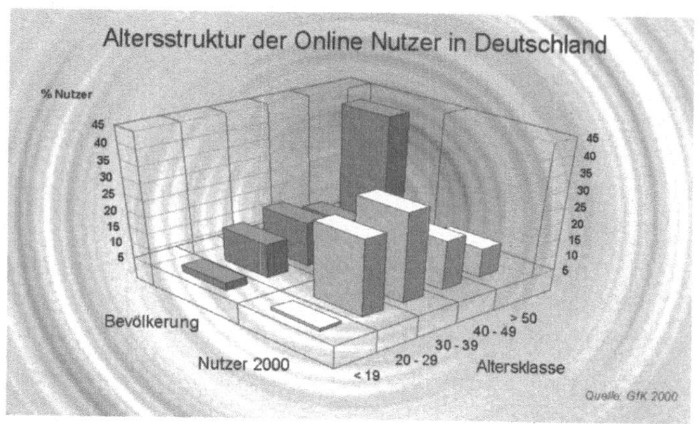


Entsprechend der Altersverteilung hat sich die Zahlungsmodalitä-
ten in Richtung Kreditkartenzahlung bewegt. Während vor einem
Jahr noch die traditionellen Lastschriftverfahren und Nachnahme-
zahlungen überwiegten, zahlen mehr als 70% heute mit Kreditkarte.
Diese Tendenz wird zweifelsohne mit der Einführung von sichere-
ren Zahlungssystemen wie SET drastisch unterstützt. E-Cash hat
sich zwar noch nicht etabliert; allerdings muss man auch hier mit
dem zunehmenden Engagement der Banken in Direktbank-Verfah-
ren und Electronic Banking sowie von den Kreditkartenfirmen
selbst damit rechnen, dass Cybergeld mehr und mehr an Bedeutung
gewinnen wird.

Auch wenn es im Zeitalter von BSE vielleicht verständlich ist,
dass man als Ernährer so viele Bürostunden mit (Moor-)Huhnjagd
verbringt, hat das Instrumentarium Web einen wichtigen Platz als
Werkzeug im beruflichen Alltag eingenommen.



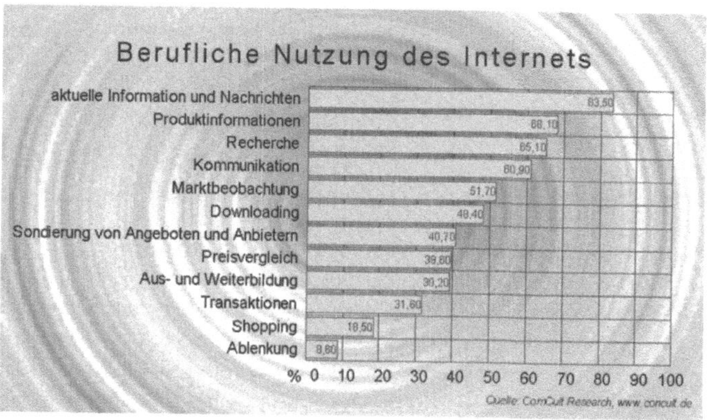

Wie sieht es beim Anbieter aus? Wie stehen die Chancen z.B.
Online auch Geschäfte zu machen? Bereits nach dem ersten Jahr
haben 16,7% der deutschen Online-Anbieter Profit mit ihrem
Angebot aufweisen können. Ein Viertel der jetzigen Anbieter rech-
nen innerhalb von ca. 2 Jahren mit erfolgreichem Geschäftsab-
schluss. Heute werden im Durchschnitt etwa 17% des Umsatzes im
Netz erzielt. Diese Firmen erwarten in den nächsten 2 Jahren eine
Verdopplung des Internet-Umsatzes. Mit der Einführung von
Online-Shopping haben sich die Europäer zunächst für den Online-
Einkauf von Büchern und Computer-Artikeln, wie in Amerika
bereits populär, aber auch für Flugtickets entschieden. Darüber hinaus ist der Einkauf von Lebensmitteln, Spielzeug und Haushaltsar-
tikeln hervorzuheben, denn diese Produkte genießen jeweils über
10% der Nachfrage.

Der Europäische Markt für das Online-Shopping zeigt große Gewinn-
chancen für Werbung, Reisen, Online-Publishing (kostenpflichtiger
Informationszugriff), Beratung/Dienstleistung und natürlich Endver-
braucherprodukte. Immerhin wurden 1997 in Europa 800 Mio. DM
Online umgesetzt. Im Jahr 2001 soll dieses Volumen bereits 112,7 Mrd.
Mark betragen [8].

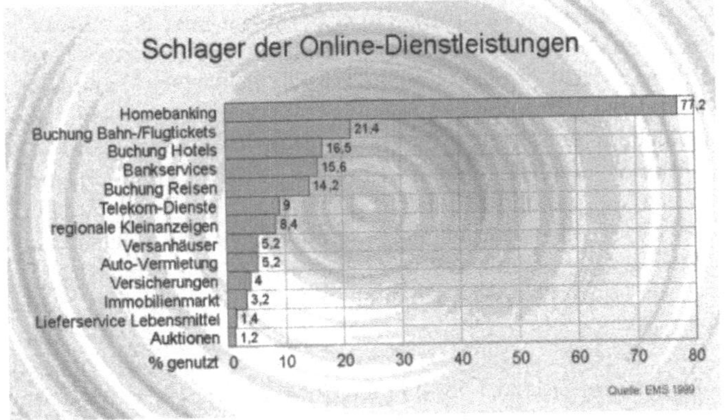


Abbildung 1.9
Kaufverhalten von
Europäern im
Netz

Mit welcher Dynamik diese Entwicklung stattfindet, wird durch das
Wachstum der Budgets für Online-Werbung ersichtlich. Während
eine unverkennbare Zurückhaltung in 1996 augenfällig war, ist das
Interesse an Online-Werbung seit 1998 explodiert. Heute neigt man
nicht mehr dazu, sich mit einem Banner abzugeben. Viel mehr sind
Sponsoring, Membership-Sites, Aggregationsmärkte und Lizenzen
als Werbung „in".

Nun stellen diese Ergebnisse aus der Einführungszeit nur der
zarte Beginn von E-Commerce dar. Die digitale Geschäftsabwick-
lung ermöglicht die Ausweitung der eigenen Absatzmärkte bei

gleichzeitiger Reduktion der Kosten. Gerade im Business-to-Business-Bereich erwartet man deswegen einen kolossalen Zuwachs. Denn E-Commerce unterstützt und automatisiert, wie kaum ein anderes Mittel, die Prozessvorgänge zwischen Marketing, Vertrieb, Buchhaltung, Produktion und Versand.

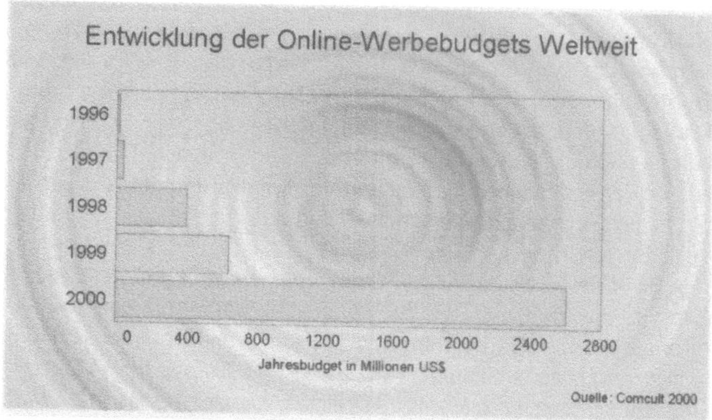




Nach einer Analyse der Marktforschungsgruppe *Jupiter MMXI* wird sich der Umsatz auf den Business-to-Business-Plattformen in den kommenden drei Jahren von 2000 Milliarden Euro auf 1800 Milliarden Euro erhöhen. Dabei wird sich die Anzahl der virtuellen Marktplätze, auf denen Unternehmen in Europa untereinander Handel treiben, auf weniger als 100 einpendeln. Der Schlüssel wird darin liegen, ein erfolgreiches Netz von Partnerschaften mit anderen Marktteilnehmern zu spannen.

Noch ist dies eine Domäne der umsatzstarken Unternehmen, jedoch ist mit zunehmender Verfügbarkeit von Standardlösungen zu erwarten, dass sich auch kleine und mittlere Unternehmen beteiligen werden.

Der Bereich Business-to-Consumer wird durch die direkten Angebote durch Hersteller und Großlieferanten Schritt für Schritt mit der Einführung von Enterprise-Management-Systemen (Lösungen für Business-to-Business) erweitert werden. Wir alle werden hiermit eine zunehmende Integration des Kunden in die Vertriebs- und Produktionsabläufe sowie eine starke Verbesserung des Kundenservice erleben. Dabei wird das Thema „CAS" (Computer Aided Selling) allgegenwärtig werden. Die Gründe, warum dies gerade im Online-Bereich stattfinden wird, liegen auf der Hand:

○ niedrige Schwelle für Ausstattung:

- handelsüblicher PC mit Browser und ISDN-Verbindung

- geringerer Aufwand zur Softwareverteilung und -wartung durch Network Computing

- zunehmende Auswahl leicht modifizierbarer Software-Werk-zeuge vorhanden

- leichte Anpassung an spezifische Belange der Partner (z.B. Performance und Sicherheitsaspekte)

○ Rationalisierungseffekte in der Abwicklung von Geschäftsprozessen (z.B. Auftragsarbeit)

- Beschleunigung des Informationsaustausches (z.B. durch E-Mail)

- höhere Aktualität der Daten (z.B. durch Online-Kataloge, -Angebote, direkte Auftragsbearbeitung)

- Schaffung neuer Kommunikationswege (z.B. Diskussionsforen)

*Abbildung 1.11
Enterprise-Management-System:
Die Prozesse Kunden-management, Finanzwesen, Personalwesen und Fertigung werden durch Datamanagement, Computer-Planung und Online-Angebot/Bestellwesen automatisiert und unterstützt.*

Es werden Wertschöpfungsketten gesucht, die persönliche, integrative Marketing-Prozesse unterstützen. Durch moderne Medien werden Geschäftsabläufe und Logistik zwischen Partnern gerade in dieser Hinsicht gelöst. Nach der Sicherstellung der Kommunikationskette zwischen Zentrale und Mitgliedsunternehmen stehen an:

○ der Einbezug von Endverbraucher und Einzelhandel

○ die Bereitstellung von Online-Katalogen, Produktinformationen, Bestellfunktionalität und Auftragsbearbeitung sowie die Auskünfte über die Lieferbereitschaft der Mitgliedsunternehmen

Die Akzeptanz solcher Systeme werden stets wichtiger sein als
die angewandte Technik. Kommunikationslösungen lassen sich
nicht durch DV-technische Neuheiten durchsetzen, sondern nur
über den wirklichen Mehrnutzen, den die Partner mit der Lösung
im Vergleich zu herkömmlichen Kommunikationswegen realisieren.

Ergo, binden Sie rechtzeitig sämtliche Partner ein und beherzigen, erarbeiten und erproben deren geforderte Funktionalität; erst danach sollten
Sie die DV-technische Architektur entwerfen. In diesem Sinne wollen
wir die erforderlichen Schritte und Prozesse für die Entwicklung solcher
Kommunikationen näher erforschen, beschreiben und einige Empfehlungen für die erfolgreiche Realisierung mitgeben.

## 1.6
## Management by Phantasy

Wir befinden uns bereits im Zeitalter der Phantasie und sind von
einer Generation umgeben, die eine neue Zukunftsqualität vorbereitet. Es ist die Generation der Kreativität, der Phantasie und des Ide-
enreichtums, und sie löst die Generation-X, wie x-beliebig, eine
Generation ohne Orientierung und Visionen, die Kids des Frusts
und der Lustlosigkeit, ab.

Wer mit auf den „Weg nach vorn" [10] will, muss auch die Tools
und Umgangsformen bedienen können. Als das Buch erstmals 1996
erschien, sah man viel von dem hier Beschriebenen nur als Dämme-
rung. Heute binnen nur weniger Jahre ist es alles Realität geworden.
Breitbandübertragung im Netz mit Geschwindigkeiten ähnlich
eines 28-fachen CD-ROM-Laufwerks und Wireless Communication, das einen vom Netz unabhängig macht, setzen den Horizont.
Nun kann jede Datenmenge multimedial aufbereitet und als Information, Unterhaltung, Referenz etc. interaktiv angeboten werden.
Die Tür zum völlig neuen Umgang mit Partnern, Kunden, Freunden
und Opponenten ist geöffnet.

Allein die Investitionen in UMTS unterstreicht dieses Szenario:
230 Milliarden Euro für die Lizenzen, Infrastruktur und Marketing
allein in Deutschland. Hinzu kommen etwa 500 Milliarden von
Banken, Anbietern von neuen Diensten und anderen Unternehmern
für die Umsetzung mobiler Internetsites.

Verlangt wird deswegen Management by Phantasy [11]. Multimedia verführt statt vorzuführen; Multimedia lässt Vergnügen zu
und gleichzeitig Meinungsänderung; Multimedia gestaltet.

# 1.7
# Hunger nach Wirklichkeit

MAC- und Windows-Oberflächen haben die Akzeptanz und das Verständnis für Multimedia geweckt. Ironischerweise werden MAC und Windows einander immer ähnlicher, während die Multimedia-Interface-Welt ein ganz anderes Erscheinungsbild annimmt. Multimedia versucht, den Bildschirm mit visuellen Sensationen statt mit „einfachen" Informationen zu bestücken.

Im Gegensatz zu den funktionellen, aber zugleich mondänen Interfaces der MAC/WIN-Betriebsoberflächen sind zunehmend Oberflächen mit Stehbildern, Videoclips und Animationen als Steuerungs- und Navigationsinstrumente im Einsatz. Wir finden *Screen-Metaphorik* und *grafische Designs* wie wir sie aus der Welt des Fernsehens, der Video-Games und des Films kennen. Mit diesem *Broadcast-Look* wird jedoch der Wunsch nach *Authentizität* geweckt und gekoppelt.

Aus diesem Grund versucht Multimedia immer mehr, *multiple Kontexte und Perspektiven* als eine Erscheinung mit angemessenem *Realitätsbezug* einzubauen. Aufgaben und Probleme werden in einen größeren Kontext eingebettet, der den Anwender in eine entsprechende Anwendungssituation versetzt. Es findet eine Wegentwicklung von linearen systematischen Vermittlungsprozessen statt.

Noch ist nicht absehbar, wohin das Ganze führen wird. Wird Multimedia-Design sich morgen wie Fernsehen mit Keyboards verhalten oder eher wie PCs mit komplexen audiovisuellen Informationen? Da das passive, lineare Medium Fernsehen die schlechteste Metapher für Interaktivität darstellt und nur eine „niveauvolle" Funktionalität des Computers den Drang nach Interaktivität erfüllt, wird die Entscheidung höchstwahrscheinlich zugunsten von PCs ausfallen.

Mit der Verbreitung von Multimedia-Anwendungen werden jedoch auch die Ansprüche an erkennbare funktionelle Interface-Designs sichtbar. Der Bedarf, noch komplexere Zusammenhänge via Multimedia darzustellen, wird eines Tages die Standardisierung der Interfaces notwendig machen. In der Zwischenzeit ist es zunächst dem Geschick eines jeden Einzelnen überlassen, den Hunger nach Wirklichkeit zu stillen.

Im Bereich der computergestützten Lehr-/Lernumgebungen hat man den problemorientierten Ansatz als effektivste Form der Darstellung gefunden. Die Übertragung dieser konstruktivistischen Pädagogik auf Produktdarstellungen, Kataloge, Edutainment, Infotainment, Verbraucherprogramme, POI/POR/POS/POP-System etc. ist sicherlich nicht immer gültig. Dennoch können einige Aspekte für das eigene Design von Interesse sein.

Die *Anforderungen an konstruktivistische Ansätze* sind die gleichen, mit denen Multimedia versucht, diese zu realisieren:



○ Authentische, reale Situationen.

○ Inhalte nicht verzerrt darstellen, sondern einen angemessenen Realitätsbezug herstellen (multiple Kontexte und Perspektiven).

○ Situative Aufgaben und Probleme im großen Kontext einbetten und den lernenden Benutzer in entsprechende Anwendungssituationen versetzen.

○ Glaubwürdigkeit in der logischen und informativen Darstellung erzielen.

○ Berücksichtigung und Pflege des sozialen Kontexts (soziale Kompetenz).

So einfach die Ansätze klingen, so schwierig sind sie zu erfüllen. Wir leben im Zeitalter der Medienmanipulation. Die Darstellung von Reellem und scheinbar Reellem kann nicht unterschieden werden. Deshalb werden Glaubwürdigkeit und Realitätsbezug extrem wichtig, wenn es um Informationsvermittlung geht. Multimedia, gerade in netzartiger Struktur, bietet Information in einem sphärischen Verhältnis an. Plötzlich wird die Reihenfolge der Darbietung nicht mehr vorgegeben. Information erhält ein neues assoziatives Gesicht. Gerade durch diese Kraft lässt Multimedia gestalten und (ver)führt zur Meinungsänderung. In diesem Zusammenhang kommt der Authentizität ein besonderer Stellenwert zu, was wiederum die Glaubwürdigkeit unterstützt.

Zur Gestaltung computergestützter Lehr-/Lernprogramme können folgende Darstellungsmethoden benutzt werden:



○ **Kognitives Modellieren**: Hier werden zwei Faktoren berücksichtigt: Zum einem ist es ein Modellieren von Expertenleistungen, d. h. eine erfahrene Person macht vor, wie man die zu lernende Tätigkeit durchführt; zum anderen handelt es sich um ein Modellieren von Prozessen, d. h. im Lernprogramm werden Systemvorgänge simuliert, die normalerweise nicht oder nur erschwert beobachtbar sind.

○ **Anleiten** (Coaching): Dies schafft die Voraussetzung, dass nicht nur beobachtet wird. Der Lernende kann zunächst durch kognitives Modellieren unmittelbar miterleben, wie ein Experte ein Problem löst oder eine Aufgabe bewältigt. Danach gibt es Möglichkeiten, das Beobachtete nachzuahmen. Dabei beobachtet „der Experte" den Lernenden, wenn dieser selbst eine Aufgabe übernimmt, und bietet zum geeigneten Zeitpunkt Hinweise, Vorschläge und Unterstützung an.

○ **Hilfestellung geben**: Mit Ablauf des Programms geht die Anleitung zunehmend in eine Unterstützung über. Dies kann bedeuten, dass der Experte dem Lernenden bei der Bewältigung einer Aufgabe konkrete Hilfestellung, z.B. bei der Gerätebedienung, gibt und ihm gegebenenfalls Teiltätigkeiten abnimmt, damit er die Aufgabe insgesamt zu Ende führen kann.

○ **Artikulation**: In dieser Phase erhält der Lernende Gelegenheit, in einer unterstützenden Umgebung sein Wissen zu erkennen zu geben, indem er seinen Denkprozess bei der Bearbeitung einer Aufgabe, so gut es geht, artikuliert. Durch ein solches Verbalisieren erhält das Wissen eine gewisse Struktur.

○ **Reflexion**: Der Lernende erhält die Gelegenheit, über seine Lernprozesse beim Lösen von Aufgaben nachzudenken, seine Vorgehensweise zu analysieren, vielleicht auch verschiedene Lösungsalternativen zu vergleichen und seine Strategie daraufhin gegebenenfalls zu ändern.

○ **Exploration** (Planspiele, Simulationen, Mikrowelten): Diese Methode erlaubt dem Lernenden, auf „Entdeckungsreise" – allerdings im Rahmen der vorgegebenen Ziele – zu gehen. Anhand von Simulationen können verschiedene Hypothesen zu einem vorliegenden Problem formuliert sowie verschiedene Vorgehensweisen zur Problemlösung ausprobiert und deren Auswirkungen beobachtet werden, jedoch ohne reale Konsequenzen. Hierdurch werden vielfältige, situative Erfahrungen im Umgang mit dem neuen Wissen gesammelt, was das Verstehen der neuen Inhalte sowie eine generelle Problemlösungsfähigkeit entscheidend fördert.

Kein Wunder, dass E-Lernen gerade im Bereich B2E (Business to Employee) so hoch im Kurs ist. Demnächst werden Lernsysteme mit der gleichen Selbstverständlichkeit ein Teil des Alltags werden wie Computer und Internet. Denn wie sollten Belegschaften den Umgang und Bedienung neuer (Kommunikations-)Systeme ohne Schulung aneignen? Stellen Sie sich vor, wie Ihr ERP-System oder Ihre Anbindung an einem Internet-Marktplatz im Betrieb verankert werden sollte! Nur E-Lernen ermöglicht zeitlich und örtlich unabhängiges, personifiziertes Training. Nun versuchen Sie Action Learning, Erlebnis-Lernen, Self-Service-Information sich ohne Multimedia vorzustellen.

*Back to the future!*

*Abbildung 1.12 E-Lernen gewinnt zunehmend an Bedeutung, denn ohne Schulung kann kaum eine neue Technologie im Betrieb verankert werden.*

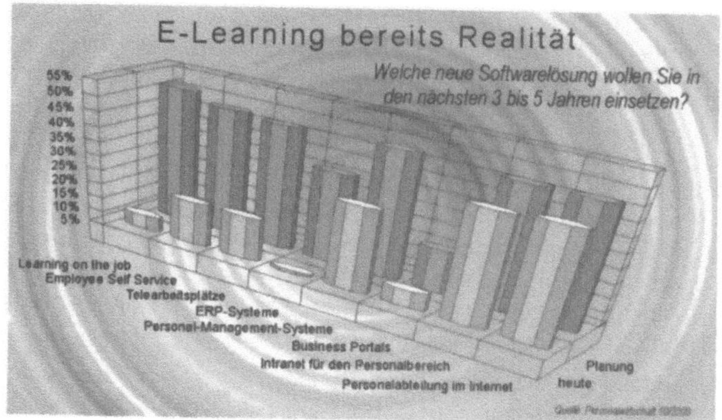

# Literatur

[1]   Popcorn, Faith: Der Popcorn Report, Heyne Verlag, München, 1992.

[2]   GfK-Nürnberg Marktforschung: Panel Services, 1999.

[3]   TPPL Ltd.: The CD-ROM Dictionary, London, 1999.

[4]   Institute der deutschen Wirtschaft, München, 2000

[5]   Claudia Pech, Diplomarbeit „Presse- und Öffentlichkeitsarbeit durch den Einsatz Neuer Medien", Reutlingen, 1999.

[6]   Deutsche Sparkasseorganisation, 1995.

[7]   GfK-Nürnberg Marktforschung, Nürnberg, 2000

[8]   GfK-Nürnberg Marktforschung: Online-Nutzer, Nürnberg, 1998.

[9]   European Information Technology, Reading 1998.

[10]  Gates, Bill: The Road Ahead, Viking Penguin, New York, 1995.

[11]  Aloys, Günther: Management by Phantasy, Workshop Ischgl, 1995.

# 2 Kommunikation mit neuen Medien



Die Art der multimedialen Kommunikation ist abhängig vom Adressaten. Zur ersten Orientierung fragt man sich:

○ Was soll das System erreichen?

○ Wer soll es benutzen?

○ Wie kann es eingesetzt werden?

Lassen Sie uns anhand eines Beispiels postulieren, was das Programm alles leisten soll. Nehmen wir an, es handelt sich um ein POI/POS-Informationssystem für die Autoindustrie. Das Programm soll einen potentiellen Kunden derart umwerben, dass, während der Kunde die Information erhält, er in seiner Kaufabsicht unterstützt, bewegt, ja bestätigt wird. Das Programm sollte

○ einfach genug sein für eine Alleinbetrachtung
(stand alone viewing),

○ unterhaltsam genug sein, um den Kunden zu motivieren,

○ emotional attraktiv sein, um die Bindung zum Objekt zu bestätigen,

○ ein Trainingstool für Verkaufsgespräche sein,

○ im Gespräch eine Unterstützung für den Verkäufer sein,

○ ein Coach oder eine Referenz für den Verkäufer im Gespräch sein und

○ einsatzfähig sein bei Schulungen, Training, Messen, Meetings.

Auf Anhieb liest sich die Liste wie eine vernünftige Marketingvorstellung. Selbstverständlich wäre auch eine derartige Multizweck-Applikation machbar. Während die Erstellung von „Info- und Demoteilen" und eine Mehrzahl der Multizweck-Anwendungen noch gut vorstellbar ist, beginnt es bei der Aufbereitung einer Datenbank-Version für individuelle Präsentationen schwieriger zu werden. Vielleicht sollte man sich die Frage stellen, ob die Kunden und/oder Verkaufsmannschaft mit all diesen Varianten zurechtkommen. Vielleicht könnte man in Modulen vorgehen und somit die Lernkurve verkürzen oder besser optimieren. Vielleicht erwartet man beim ersten Mal zuviel von der Applikation? Dennoch ist es wichtig, all diese Anforderungen auszudiskutieren, denn nur dadurch wird das Ziel definiert.

## 2.1
## Ziele: Heute und Morgen

Wie rasch zu erkennen ist, stellen sich mit dem Entschluss, multimedial zu kommunizieren, eine Reihe von neuen Aufgaben:



○ Zieldefinition der Anwendungen

○ Einsatzbereiche definieren und kreieren

○ Training der Mitarbeiter im Umgang mit derartigen Programmen

○ Hardware/Software-Erwerb, Einweisungen, Hotline-Support

○ Umstellung von Assetentwicklung auf digitale Medien

○ Ausnutzung von bereits digitalisierten Assets für Print, Werbung, tägliche Kommunikation

○ Ressourcenplanung

Viele Firmen planen und planen, erstellen weitläufige Ziele für das, was sie erreichen möchten, und werden dann gelähmt durch die Kosten, den Manpowerbedarf und den Zeitaufwand, der erforderlich erscheint. Oft erweckt es den Anschein, dass vergessen wird, dass sämtliche innerbetriebliche Erneuerungen Umstellungen erfordern und in Pilotprojekten, bzw. kleinen Schritten eingeführt, getestet und optimiert werden müssen.

Somit ist es empfehlenswert, in kleinen machbaren Schritten voranzugehen. Dies soll allerdings nicht bedeuten, jedoch wird es leider oft so ausgelegt, dass man dann mit einem Prototyp den „Markt" testet. Modelle und Vorreiter erlauben eigentlich keine Rückschlüsse für die weitere Kommunikation. Stellen Sie sich vor, Ihr Programm erfüllt nur 35 % von dem, was Sie wollen. Sie stehen daneben und erklären dem Kunden den „Rest", damit er das Wunderwerk auch gebührend betrachten kann. Seine Reaktion und die des Mitarbeiters dürfte vorhersehbar sein.



Besser ist es, Bereiche zu identifizieren, in denen man Multimedia einsetzen kann, ernsthafte Pilotversuche zu starten und gleichzeitig für ein ausreichendes Feedback zu sorgen, nach dessen Auswertung man eine Optimierung vornimmt.

Nachdem in England, Amerika, Italien und zum Teil auch in Frankreich beim Training, in der Schulung und bei der Informationsvermittlung das Thema Multimedia zunehmend alltäglich geworden ist, scheinen Berührungsängste und Skepsis hierzulande in bestimmten Breiten auch abzubröckeln. Sicherlich spielen hier Kultur und Charakter eine Rolle. Aber man ist auf dem sicheren Weg, denn

○ über 80 % der Geldinstitute setzen heute Multimedia POI/POS-Systeme bzw. Online-Angebote ein.

○ heute kommt kaum ein Kaufhaus ohne Verkaufsterminals aus.

○ eine Vielzahl von Magazinen werden von kostenlosen Werbe-CDs „begleitet".

○ fast alle Versicherungsimperien bestreiten diesen Weg.

○ sogar Tankstellenbetriebe bieten mittlerweile 24 Stunden täglich, sieben Tage in der Woche, multimediale Einkaufsmöglichkeiten an.

## 2.2
## Was Ihr Wollt oder Wie es Euch Gefällt

Der Entschluss, Multimedia-Kommunikation zu betreiben, wird meistens emotional und kreativ geboren. Diese Vision scheint weit verbreitet zu sein, jedoch vermisst man oft die nächsten Schritte, um das Ganze fassbar zu machen. Um einen roten Faden in den Konzeptionsprozess einzufädeln, benötigt man eine bescheidene Übersicht der anfallenden Überlegungen und Entscheidungsprozesse.

Der Produktionsablauf selbst sieht schematisch logisch aus und lässt sich auch in Phasen aufteilen (s. Kap. 2.10).

Wichtig ist es, gleich zu Beginn die Vorstellungen zu visualisieren. Das bedeutet, dass zunächst ein Konzeptpapier erstellt werden muss, in dem das vorausgegangene Brainstorming zum Projekt zusammengefasst wird. Haben wir die Ziele, wie in Kap. 1.2 geschildert, identifiziert, werden danach die Inhalte in Informationsflüsse strukturiert, wobei Form der Interaktivität, Art der eingesetzten Medien, Gesamtdesign (grafisch und ergonomisch) und Standards für die Produktion festgelegt werden.

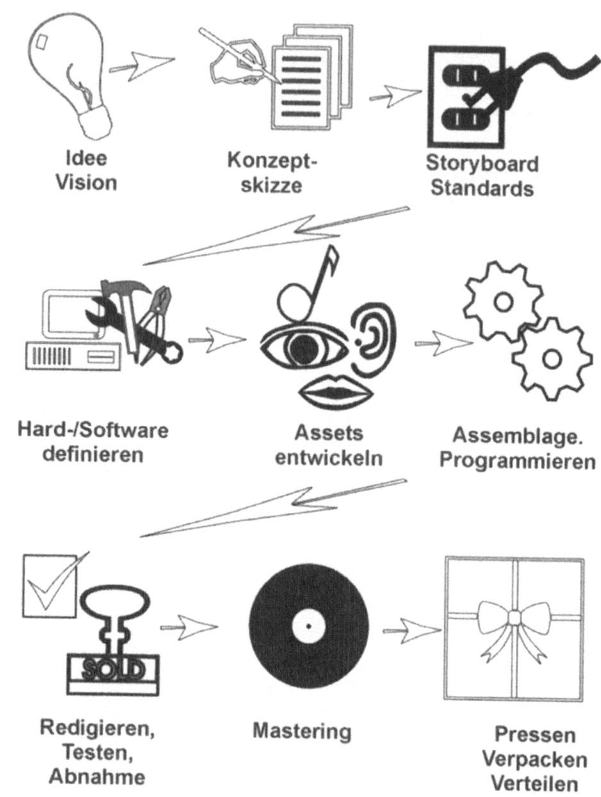


Die notwendigen Schritte für die Entwicklung eines Storyboards werden in Kap. 8 eingehend behandelt. Ohne die Bedeutung des Inhalts und dessen Entwicklungspfad außer acht lassen zu wollen, wenden wir uns zunächst den Überlegungen im Produktionsablauf zu, die den Rahmen für den Transport der Inhalte bilden.

Um die angestellten Überlegungen in dieser Konzeptionsphase etwas verständlicher zu machen, werden in den folgenden Abschnitten Schlüsselentscheidungen besprochen. Da der Erfolg der Anwendung von der Akzeptanz des Benutzers abhängt, wird in Kap. 2.3 mit dem Thema Ästhetik im Design begonnen.

Danach wird in Kap. 2.4 auf die Auswahl von Interaktivitätsformen und Programmstrukturen eingegangen, um Verständnis für die passende Form der eigenen Anwendung zu wecken.

In Kap. 2.5 werden einige Überlegungen zu multilingualen und – regionalen Anwendungen diskutiert, da diese Anforderungen früh-

zeitig bestimmte Handhabungen im Programmdesign sowie in der
Hard- und Software-Auswahl nach sich ziehen können.

Die Vorteile und Möglichkeiten von Tracking bzw. Marktforschung in Multimedia-Anwendungen werden in Kap. 2.6 ausführlich vorgestellt. Funpower oder Spieltrieb wird in Kap. 2.7 kurz
beschrieben.

Entscheidungskriterien für das Publishing-Medium und die
Plattform werden in Kap. 2.8 besprochen, in Kap. 2.9 wird die Auswahl von Entwicklungssoftware diskutiert. Kapitel 2.10 widmet
sich den Wegen und Fallgruben der Produktion, um schließlich in
Kap. 2.11 die Frage zu stellen, wer die Produktion führt?

## 2.3
## Darf es etwas Ästhetisches sein?

Im Jahre 1997 erschienen ca. 19.000 CD-ROM-Titel auf dem deutschen Verbrauchermarkt, seit 1994 insgesamt 64.000 Titel!
Betrachtet man die Entwicklung, stellt sich rasch heraus, dass ab
1990, als das Ganze mehr oder minder anfing, sich eine klare Linie
der Akzeptanz abzeichnete. Zunächst wurde aus Neugier fast jede
Scheibe erworben, angeschaut und dann weggestellt. Damals gab es
ca. 1.500 Titel, und jeder CD-ROM-Laufwerkbesitzer hatte stati-
stisch gesehen 10–15 Titel erworben.

Die Kaufbereitschaft nahm allerdings schlagartig ab, als die
Neugier befriedigt war und allmählich ein ästhetisches Bewusstsein
aufkam. Ein neuer Trend zeichnete sich ab, der jedoch erst im Jahr
1994 erste Auswirkungen zeigte:

Zunehmend lässt sich nur Qualität veräußern!

Die Infotainment-, Hobbytainment und Edutainment-Sektoren
haben es vorgemacht. Beinahe alle Topselling-Titel sind ästhetisch
hochwertige Produkte, bei denen ein hoher Aufwand an Design,
Tonqualität, Typographie und Interaktivität erkennbar ist. Sicherlich wird zu Recht experimentiert und „eigene" Vorstellungen
immer wieder ausprobiert. Dennoch haben sich die Erwartungen an
„Geschmack" gerade durch den zunehmenden Einfluss der Unter-
haltungsindustrie und der Großverlage etabliert.

Welche Bedeutung dies auf Ihre eigene Entwicklung hat, dürfte
klar sein. Will man in Wettbewerb treten, muss man sich auch dem
Markt stellen.

Auch die betriebliche Weiterbildung ist hiervon betroffen. Denn
die Motivation, mit einem Selflearning- Programm zu arbeiten, leitet sich im Unterbewusstsein automatisch von Vergleichsmomenten

*Qualität gewinnt!
Frisbees gibt es
genug!*

ab. Hat der Mitarbeiter bereits „tolle" Sachen erlebt, wird er Rückschlüsse auf die Firmenapplikation ziehen.

Ähnliches passiert in der Werbung. Sogenannte kostenlose Begleitdisketten zu Zeitschriften werden zunehmend wegen der fast immer vorhandenen Geschmack- und Einfallslosigkeit sofort zur Müllhalde getragen, es sei denn der (Zwangs)-Empfänger besinnt sich auf den Umweltschutz.

*Somit muss man immer damit rechnen, auch wenn man selbst bisher wenig Berührung mit Multimedia hatte, dass das Zielpublikum sich „auskennt".* Der Erfolg Ihres Programms hängt einzig und allein von der Akzeptanz des Zielpublikums ab.

Infolgedessen können wir nur raten, auf die Ästhetik des Designs und der Funktion genau zu achten. Auch hier gilt: Kostensparen macht krank. Machen Sie Ihre Applikation verlockend, vielleicht preiswert, aber nicht billig!

# 2.4
# Kraft der Navigation



Die Entscheidung über die *Produktionsstruktur = Navigationsform* ist sehr wesentlich. Multimedia zeichnet sich zweifelsohne durch die Möglichkeit von offenen, nicht-linearen Strukturen aus. Gerade dieses Merkmal ist oft ausschlaggebend für den Einsatz der Kommunikationsstrategie. Welche der denkbaren Variationen hiervon gewählt wird, ist sehr entscheidend, sowohl für den Einsatzzweck als auch für den Einklang zwischen Inhalt und Benutzer.



Wir sprechen hier nicht nur über die Art der Verknüpfung von Informationen und Inhalten. Vielmehr meinen wir gleichzeitig das Screendesign, aus dem die Plausibilität der Funktionsweisen, das intuitive Verständnis für Orientierung und das sog. „Konditionieren" des Benutzers (das Erlernen wann, wo, wie und was zu tun ist, um an Informationen des Programms zu gelangen) entstehen.

Gemeinsam mit der Lesbarkeit der Schrift, dem Farbeinsatz, den Layout-Faktoren, der Dauer des Informationsangebots, den eingesetzten Überblendtechniken und den verwendeten Metaphern bilden die Navigationsstruktur und deren Bedienungselemente die ergonomischen Charakteristika der Anwendung.



*Man sollte sowohl über die Auswahl der Navigationsart als auch über die Navigationsinstrumente gründlich nachdenken. Die Navigationsart sollte zum Inhalt passen. Ziel ist es, durch geeignete Navigation einen idealen, auf die entsprechende Zielgruppe zugeschnittenen Inhaltstransfer zu ermöglichen.*

Navigation kann kryptisch sein oder neue Perspektiven eröffnen.
Beide Formen haben ihren Reiz und ihre Wirkung. Es empfiehlt
sich jedoch, die Auswahl nach ergonomischen Gesichtspunkten zu
treffen. Wichtig ist es, sich pudelwohl in der Navigation zu fühlen!
Zur Verdeutlichung führen wir unseren Kunden gern die folgende
Abbildung (leider hier nur in schwarzweiß) vor. Links sehen wir
aus der Chicagoer Parallel Vision Malergruppe das schöne krypti-
sche Bild von Alfonso Ossorio „The & Thy Shadow" und rechts
das prachtvolle „House of Mirrors", gebaut von Clarence Schmidt,
auf einem Grundstück in Sichtweite der damaligen Bühne in Wood-
stock.

Zunächst einige Worte zum Verständnis einer Programmstruktur.
Grundsätzlich können Programme lineare oder non-lineare Strukturen haben. Welche Struktur für die Vermittlung Ihrer Information
am geeignetsten ist, zeichnet sich meist in der ersten Konzeptionsphase ab. Die gängigen Strukturen und ihre Eigenschaften sind:

**Lineare** Anwendungen, wie Videos oder Dia-Shows, eignen sich
insbesondere für Präsentationen auf Messen und Vorführungen bei
Kunden, da die Zielgruppe die Darstellung lediglich „betrachtet".
Gerade auf Messen oder bei Präsentationen, wo man mit wechseln-
dem Publikum rechnen muss, wirkt die lineare Form informativ.
Der Nachteil ist natürlich, dass im Falle eines erweiterten Informa-
tionsbedarfs keinerlei Zugriff auf weitere Informationen unterstützt
wird. Selbstverständlich kann eine lineare, auch im Loop laufende
Demo innerhalb einer interaktiven Applikation eingebaut werden.

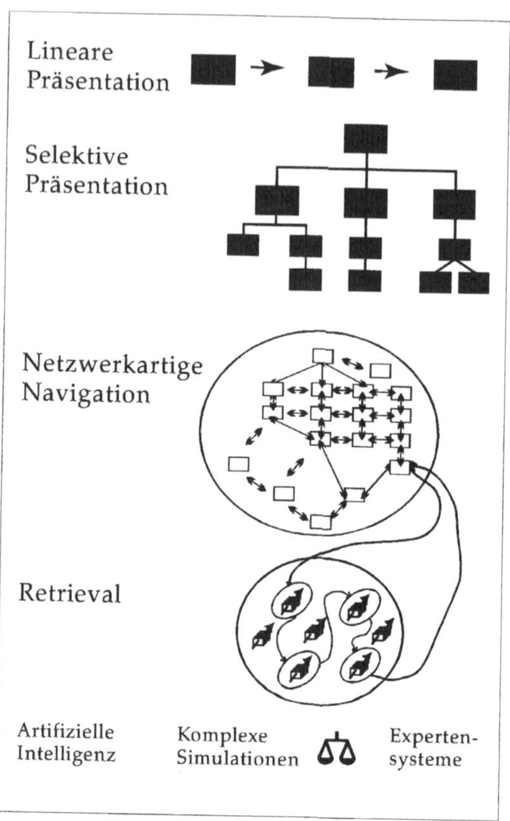




**Hierarchische non-lineare** Anwendungen werden oft in Verkaufs-gesprächen, Lehr-/Lernumgebungen, Trainings etc. eingesetzt. Sie bieten den Vorteil des direkten Zugriffs auf einen gewünschten Themenkreis, der dann meist in linearer oder in leicht strukturierter Hierarchie unterteilt ist. Typische Merkmale der hierarchischen Anwendungen sind einfache Baumstrukturen mit Navigation nach Interesse oder Motivation, wie z.B. in einem Spiel, um die nächste hierarchische Ebene zu erreichen. Selektionsbäume eignen sich für fast alle POI/POS-Installationen. Die Mehrheit vorhandener Multi-media-Programme basiert auf dieser Navigationsart. Der Grund hierfür liegt darin, dass jedes Zielpublikum mit einem Selektions-baum leicht zurechtkommt und der Design-, Entwicklungs- und Programmieraufwand im Vergleich zu netzartigen Applikationen überschaubarer ist.

**Offene, netzwerkartig verknüpfte, non-lineare Anwendungen** sind das Feld der Nachschlagewerke, Lexika, Sammlungen und Informationsanwendungen. Das freie „Abrufen" von gewünschten Informationen oder die gezielte Vorselektion von passenden Ergänzungsthemen sind typische Formen der non-linearen Navigation.

Die Non-Linearität kann durch Verbindungsarten (z.B. Datenbankfunktionen, Retrievalfunktionen, Hypertext/-medien), Ebenen (Tiefe oder Unterteilungsmuster der Informationen) und die Möglichkeit der Individualisierung (Multizweck) ergänzt werden. Fast immer werden Orientierungs-/Führungsinstrumente benötigt, um eine optimale Bedienung zu erzielen.

Ob dies durch suggerierte bzw. assoziierte Hyperlinks, Fuzzy-Intelligenz, Auswahlalgorithmen oder aufs Geratewohl unterstützt, gesteuert und/oder zugänglich gemacht wird, ist nicht allein eine Frage des Geschmacks. Man muss sich vorstellen, dass die Informationen in einer derartigen Datenbank wie in einer dreidimensionalen Sphäre schwimmen. Sowohl die Reihenfolge als auch die Pfadrichtung gewählter Informationen kann beinah beliebig gestaltet werden. Hierdurch kommt eine enorme Anzahl von neuen Gedankenassoziationen zustande. Die Frage nach dem Sinn darf zwar diskutiert werden, dennoch ist es oft verblüffend, wie sonst getrennt gehaltene Gedanken in einer anderen Perspektive neue Aussagekraft gewinnen.

Die Gefahr von netzartigen Informationen ohne Browserfunktionen und Selektionsalgorithmen liegt auf der Hand: Komme ich nicht rasch und bequem zu meiner Information, benutze ich das System nur unter Vorbehalt. Dann muss der Leidensdruck schon enorm sein! Übrigens für den echten Multimedia-Experten fängt das Leben mit netzartigen Strukturen erst richtig an. Bei allen drei Navigationsformen muss man überlegen:



○ Welche dramaturgischen Elemente sollen eingesetzt werden?

○ Wie lange soll die Information erscheinen (Geschwindigkeit)?

○ Wie komplex soll der Inhalt sein?

○ Wie komplex sollen die Bedienungsfunktionen sein? (Datenbankfunktionen, Hypertext, Hypermedien)

○ Wie plausibel sind die Funktionen?

○ Wie intuitiv sind das Verständnis für Orientierung und das sog. „Konditionieren" des Benutzers? (das Erlernen wann, wo, wie und was zu tun ist, um an Informationen des Programms zu gelangen)

○ Wie soll ausgewählt werden? (Tastatur, Maus, Trackball, Stichwortverzeichnis, Gesamtindex, Infografik)

○ Wie verhindert man Fehleingaben auf Tastaturen?

○ Welche Fehlermeldungen sollen erscheinen? (nur Error, Error mit Begründung, Error mit neuem Auswahlvorschlag)

○ Wie kann das System den Benutzer bei seiner Suche sinnvoll unterstützen? (Suchfilter, Fuzzy-Intelligenz, künstliche Intelligenz)

*Da Entscheidungen bezüglich der Navigationsform Auswirkungen auf alle Inhalte, Verknüpfungen und Assetdesigns haben, muss vor der konzeptionellen Storyboardarbeit eine klare Definition vorliegen.*



Als *Faustregel* für die Navigations-Ebenentiefe gilt: nicht mehr als drei Informationsstufen. Gerade in umfangreichen non-linearen Anwendungen besteht sonst die Gefahr der Orientierungslosigkeit bzw. der Frustration durch Fehlbedienung. Dies sollte man tunlichst vermeiden, denn die Betrachtungszeit und Wiederverwendbarkeit der Applikation hängen unmittelbar von diesen Faktoren ab. Lieber eine erweiterte Menübreite ansetzen als eine Menütiefe. Man findet sich schneller zurecht, kann die intuitiv erlernte „Standardbedienung" immer wieder einsetzen, und vor allem das Gefühl der Auswahlfreiheit wird unterstützt. Der Nachteil der Menübreite liegt natürlich in der gestalterischen Herausforderung der Platzaufteilung.

Wenn Sie Ihr Programm gemeinsam strukturieren, bedenken Sie, dass nicht nur die Inhalte in sich schlüssig und verlockend sein sollten, sondern auch die Führung durch das Programm unterhaltend wirken sollte. Ambiente ist nicht alles, aber Ambiente entscheidet darüber, ob sich jemand länger, häufiger, wohlwollend oder überhaupt mit dem Produkt auseinandersetzt.

Wenn Sie an die Aufteilung Ihrer Information denken, berücksichtigen Sie bitte, die Inhalte in „Häppchen" zu gestalten. Setzen Sie dabei Prioritäten, so dass Inhalte in einer Rangfolge erscheinen:

○ absolut Erfahrenswertes

○ interessante Ergänzungen

○ gute Begleitinformation und

○ etwas für den Experten

Erfahrungsgemäß gilt: je heterogener das Publikum ist, desto flacher die abgefragte Informationstiefe. Um dennoch eine Expertise anzubieten, strukturieren Sie Ihr Programm mit Informationsniveaus, benutzen Sie Hyperlinks und/oder Retrievalfunktionen.

*So kann Spannung durch Navigationsinstrumente erzeugt werden.* Ferner dienen Pop-up/Rollover-Menüs mit Audioeffekten, ver-

Faustregel:<br>Navigiere lieber<br>breit als lang

Spannung durch<br>Navigation

steckte Highlights, animierte Hotspots, gelegentliche humorvolle
Einwürfe, schön gestaltete Auswahlflächen etc. nicht nur der Bud-
getdefinition. Die Betrachtungszeit und die Wiederverwendungs-
zeit der Applikation stehen fast direkt in Relation zueinander. Vermeiden Sie Langatmigkeit, versuchen Sie eher Tempo zu machen.
Lassen Sie Ihren Partner auf Entdeckungsreise gehen! Ein japani-
sches Sprichwort, das wir gern als *Faustregel* benutzen, lautet:
*„Das Schönste am Reisen ist die Anreise"*.

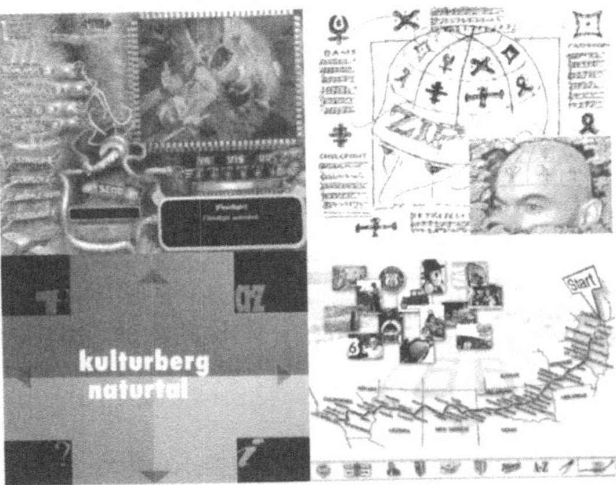




Abbildung 2.4 gibt vier Interfaces wieder. Im Encounter (oben
links) finden wir die analoge Steuerung in der Oberfläche integriert.
Somit erscheinen keine „Knöpfe". Man kann sowohl Themen auswählen als auch Funktionen aus diesem Bildschirm abrufen. Bei
dem interaktiven Magazin „Unzip" (oben rechts) bemerkt man
gleich, dass das Gehirn als Schaltfläche dient. Pop-Ups verraten,
was hinter jedem Symbol steht.

Ähnlich funktioniert „Tirol" (unten links). Über Farbflächen hat
man direkten Zugriff auf Themenbereiche, oder man nutzt die (ver-
steckten) Ecken, die im Pop-Up-Verfahren Zugang zu Index,
Datenbank, Hilfe, allgemeiner Information gewähren. Die zarte
Windrose suggeriert fast intuitiv, wie man Hierarchien und Blätter-
funktionen überwindet. Bei „Route 66" können Sie direkt auf der
Straßenkarte Ihr Ziel anklicken oder über die konventionelle Steuerung an der unteren Leiste vorgehen.

Alle vier Interfaces laden ein, in das Programm einzusteigen.
Man ahnt bereits auch, wie es weitergeht. Dies ist ebenfalls ein
wichtiger Faktor. Während der Betrachtung wird der Benutzer
„konditioniert". Das gelingt am besten, wenn dies intuitiv
geschieht. Sind viele Erklärungen oder lange Einleitungen zur
Bedienung des Programms notwendig, steigt man gewöhnlich vorher aus.

Für das Pflichtenheft sollten Navigationsinstrumente und Flow-charts festgelegt werden. Darin sollten die Navigationstools klar definiert und bestimmten Inhalten zugeordnet sein. Passen Sie aber auf, dass Sie sich nicht einwickeln lassen. Leicht hat man sich unzählige „Knöpfe" ausgedacht, und die Seite ist überproportioniert voll.

Stellen Sie sich vor, Sie hätten 72 Auswahlmöglichkeiten auf einer Seite. Wie viele würden Sie aktivieren? Wenn Sie auf dieses Problem stoßen, probieren Sie, die Informationen anders aufzuteilen. Versuchen Sie, sich einen Themen- und Lösungsansatz hierfür auszudenken. In Kap. 9 stellen wir eine Lösung vor.

## 2.5
## Multilingual?/Multinational?

Kaum ein anderes Medium eignet sich so sehr für multilinguale und/oder multinationale Anwendungen. Oft können, je nach Umfang, Auswahl von Publishing-Plattform und Komplexität des Programms, mehrere Sprachen gleichzeitig in einer Anwendung vorhanden sein. Ähnliches kann für regionale bzw. nationale Spezifikationen gelten.



Nehmen wir an, Sie möchten ein Automodell in Europa anbieten. Die diversen Länderspezifikationen verlangen unterschiedliche Funktionen, Sicherheitsmerkmale und Eigenschaften des Autos. Ferner mögen aus Marketinggründen die möglichen Zusatzausstattungen ebenfalls von Land zu Land variieren. Es ist gut vorstellbar, dass der Benutzer das Land (Nation), in dem er lebt und das Auto anmelden möchte, auswählt, womit er anschließend das passende Modell und die zugehörige Information selektiert, obgleich er die Information vielleicht in seiner Muttersprache oder in der aktuellen Landessprache wünscht. Eine derartige Anwendung kann z.B. sowohl auf einer nationalen wie auch internationalen Messe eingesetzt werden. Durch eine Selektionsfunktion kann sogar das Angebot an Information situativ eingeschränkt werden. Somit funktioniert das Programm wie eine Datenbank für unterschiedliche Zwecke.



Beim Publishing-Medium CD-ROM kann zum Beispiel ab einem bestimmten Datenumfang die Mehrsprachigkeit wegen Speicherplatz, Synchronisieren Bild/Ton, Einblendung Schrift in Grafik etc. problematisch sein. Deswegen ist es wichtig, bereits am Anfang der Entwicklung über dieses Vorhaben Bescheid zu wissen. Denn die Adaptation und das nochmalige Mastering der Applikation können vereinfacht werden, wenn die vorgesehenen Sprachen im voraus bekannt sind.

Multilingualer und multiregionaler Einsatz hat möglicherweise einen Einfluss auf die Auswahl von Authoring-Tools, Publishing-Medium und auf den Aufbau des Programms. Zum Beispiel lassen sich Module für Präsentationen besser „lokalisieren" als verschachtelte Programme. Emotionsorientierte Applikationen, z.B. Info-/ Hobbytainment, können oft nur unter erheblichem Aufwand lokalisiert werden, da die kulturellen und sprachlichen Aspekte adaptiert werden müssen. Immer muss man frühzeitig entscheiden, ob multilinguale Texte und Sprache eingesetzt werden sollen und wie. Gewöhnlich gibt es drei Einsatzarten:

○ getrennte Sprachversionen

○ Sprachauswahl am Anfang

○ Online-Sprachauswahl

Die getrennten Sprachversionen sind die einfachsten, da je nach Anzahl der Sprachen entsprechende Anwendungen entwickelt werden. Es gibt keine komplizierte Synchronisationsarbeit und keine Textplatzierungsprobleme etc., weil für jede Sprache eine „optimale" Lösung gefunden wird.



Bei der Sprachauswahl am Anfang werden sämtliche Pfade für Textobjekte und Tondateien der gewählten Sprache aktiviert und bleiben so bis zum Ende der Betrachtung bestehen. Je nach Authoring-Tool muss auf einer CD-ROM, um z.B. durchgehenden Ton zu erzeugen, die Tonspur als „Film" eingebunden werden. Die Bilder werden exakt zur Zeitachse des Films eingeblendet. Das technische Drehbuch muss somit auf die Sekunde genau die Variationen in der Spurablaufzeit aufzeigen, damit für die zweite oder dritte Sprache die Bildeinblendung entsprechend genau erfolgt. Welche zeitlichen Unterschiede auftreten können, wird deutlich, wenn wir die Sprachdauer bzw. den Speicherplatz pro Sprache anschauen. Meistens sind englische Texte am kürzesten. Dann folgt Deutsch mit nomineller Verlängerung. Französische Texte sind etwa 15 % länger, während italienische bis etwa 40 % mehr Speicherplatz benötigen.



Im Online-Verfahren müssen die Sprachen „on the fly" gewechselt werden. Hier entsteht eine erhebliche Mehrarbeit an Synchronisation, Design und Programmierung sowie die Notwendigkeit zumindest einen „Knopf" für den Sprachwechsel ständig im Screen zu positionieren.



Für die Abhandlung von eingeblendetem Text auf grafischen Oberflächen gibt es zwei Möglichkeiten. Entweder die Texte werden als **Bitmap-Texte** erstellt oder als **Text-Objekte** auf die Oberfläche „platziert". Unabhängig von der Methode muss für den jeweils längsten Text der Raumbedarf definiert und gestaltet werden. Im Bitmapverfahren sollte man unbedingt die „leeren" Hintergrundscreens gut aufheben und immer in sog. „Ebenen"-Technik die Texte in den Hintergrund setzen und das entstandene Bild exportieren. Somit kann man, auch im nachhinein, mit geringem Aufwand die zusätzlichen Sprachversionen anfertigen.

Achten Sie dabei bitte auf die gewählte Nomenklatur für die Text- und Tondateien, damit die Sprachvarianten nicht durcheinander geraten.

Im Text-Objekt-Verfahren werden die Texte während des Abspielens über das Hintergrundbild „generiert". Obwohl sich am Anfang solche Gedanken komplex und „weitschweifend" anhören, ist ein Austausch in der Ebenen-/Overlaytechnik um Größenordnungen billiger als z.B. 500 Bitmapscreens in einem Bild-Bearbeitungsprogramm zu „putzen" und neu zu beschriften. Auch wenn kein unmittelbarer Bedarf für die Übersetzung besteht, jedoch die Option im Hinterkopf schlummert, kann nur empfohlen werden, den technischen Drehbuchaufbau und die Dokumentation insgesamt hierauf auszurichten, um eine eventuelle spätere Arbeit zu erleichtern und am Ende beachtliche Kosten zu sparen.

Somit gilt auch hier die *Faustregel:* Kostensparen macht krank. Lieber etwas über den Tellerrand hinausschauen als hinterher das Nachsehen haben. Jedoch laden Sie sich den Teller nicht zu voll, der Weg bis zum Tisch kann sehr abenteuerlich sein.

## 2.6
## Egonomics

Wenn man mit Marketingfachleuten zusammenkommt, stellt man fest, wie wichtig es ist, auf den Markt zu reagieren. Wer kennt den Markt? Wie gut sind die Marktforschungserhebungen? Die Fragen kennen wir alle. In diesem Zusammenhang stellte die Beantwortung dieser Fragen bisher ein großes Problem dar. Werbung, Kommunikation, Botschaften wurden passiv in den Raum gestellt, und keiner wusste, ob sie wahrgenommen werden oder nicht.

*Promise her anything give her Multimedia*

Aus der Marktforschung kennen wir Tracking, Awareness – spontan und gestützt, Penetration etc. Auch kennen wir den Begriff „Streuung". Dass zwischen Multimedia und passiver Werbung (ganz gleich ob Plakat, Film, Radio, 3D-Display etc.) ein gewaltiger Unterschied besteht, macht in der Branche langsam die Runde. Die Folgen liegen auf der Hand, fast zwei Drittel aller Werbeagenturen in Amerika setzen jetzt auf Multimedia.

Warum? Weil Multimedia zum ersten Mal in der Geschichte der professionellen Kommunikation direkte, persönliche Kommunikation ermöglicht. Ich kann mich in einem Raum befinden, in dem der tollste Film abläuft, und nichts von dem Film mitkriegen. Bei Multimedia ist das zwangsläufig anders; ich muss entscheiden, handeln und, sofern ich bei der Sache bleibe, auch darauf achten, was dabei abläuft. Somit eröffnen sich neue Dimensionen der Kommunikation und Möglichkeiten der Marktforschung.

Im Zeitalter des Egonomics, also des selbstorientierten Denkens und Handelns, kommt das Persönliche gerade recht(zeitig). Da der Produzent bzw. Auftraggeber eines Titels auch „was davon haben soll", liegt es nahe, das Medium für Tracking und Marktforschungszwecke auszunutzen. Gerade Kiosksysteme, POI/POS-Systeme und Online-Applikationen, aber auch Desktopapplikationen erlauben detailliertes Tracking.

Typische passive Erhebungsdaten sind:

○ Anzahl der Benutzer

○ Uhrzeit

○ Häufigkeit der Bedienung im Programm

○ Interessengebiet

○ Pfad der Betrachtung

○ Dauer der Betrachtung – gesamt und differenziert

*Hinzu kommen die aktiven Daten, wie Alter, Geschlecht, Name, Adresse, Einkommen usw., die durch Abfrage mit der Eingabemöglichkeit erworben werden können.*

*Tracking: Der Schlüssel zu Egonomics*

BMW hat 1994 ihre Boxer-Diskette unters Volk gestreut und erhielt über 100.000 Antworten mit allen persönlichen Daten, die abgefragt wurden. Seither gibt es einen regelmäßigen Dialog mit dem engen Interessentenkreis. Auch mehr als nur ein (Motor-)Rad hat sich seitdem drehen lassen.

Es liegt auf der Hand, dass man somit direkt Interessensgebiete, Trends, sogar Geschäftsfelder identifizieren und bestätigen kann.

Natürlich begibt sich nicht jeder an eine Infosäule. Dennoch, der Nutzerkreis, der so etwas tut, ist aktiv, entscheidet selbst und scheint auch diesen Weg zu bevorzugen. BP hat z.B. nach weniger als drei Monaten Pilotversuch mit dem 24-Stunden-Einkauf beschlossen, das System und Angebot zu erweitern. Heute kann man Lebensmittel, Getränke, Bücher, CDs und sonstige Annehmlichkeiten bei BP kaufen. Morgen werden dort Bankgeschäfte erledigt, Versicherungen abgeschlossen, Theaterkarten und vieles mehr gekauft werden können. Ich fahre nicht mehr in die Stadt, um dann in einer Schlange vor der Kasse zu stehen. Tracking hat die Entscheidung herbeigeführt.

Abbildung 2.5
Multimedia:
aktive,
persönliche Kom-
munikation

## 2.7
## All That Meat and No Potatoes

Andreamentena Razafinkeriefo war nicht hauptverantwortlich für die Lyriken, als er, alias Andy Razaf, Ed Kirkeby und der „unsterbliche" Thomas „Fats" Waller jenes Lied 1941 schrieben. Ob sie die typische amerikanische Feldmahlzeit oder mehr die Traumfigur eines begehrten Models im Hinterkopf hatten, überlassen wir der Interpretation des Lesers. In beiden Fällen wäre es nicht verkehrt, je nach Neigung ein paar Idahos oder Yams auf der Hand zu haben. Ähnlich ist es mit Multimedia. Zu viel Fleisch sättigt schnell und nachhaltig. Mit Humor und Spaß zwischen den Mahlzeiten tut man sich leichter.

*Funpower*

Immerhin ist die Mehrheit aller elektronischen Titel auf Funpower ausgerichtet. Spiele, Abenteuer, Info-, Hobby- und/oder Edutainment sind auf fast jeder Disc zu finden. Nun ist zwar die Zeit, als Spiele und Unterhaltung die Nummer 1 auf der Wunschliste der Benutzer waren, vorbei. Heute steht Training weltweit auf der obersten Stufe – aber eine Animation ist immer willkommen!

Warum nicht? Entspannung, Spaß und Durchhaltevermögen liegen nah beieinander. Wenn Sie ein Spiel als Bonbon, Motivation oder auch als Fleisch zu Ihrer Anwendung andenken, ist dies nicht ganz verkehrt.

Über die Struktur von Spielen, deren Performance-Profile und Erfolg könnte man Bücher füllen. Die meisten sind hierarchisch strukturiert mit eingebauten Belohnungselementen (advance organizers), welche dem Anreiz dienen, um a) durchzuhalten und b) immer besser (Zeiteffizienz und/oder Geschicklichkeit) zu werden.

*Spiel mir das Lied vom Geld*

Die wahrhaft guten Spiele wie Doom, 11th Hour, Wing Commander etc. zeichnen sich dadurch aus, dass sie eine akribisch ausgearbeitete Oberflächengestaltung besitzen und ausgeprägt hohe Performance aufweisen. Diese Oberfläche wird mittels hochqualitativer Grafikarbeit meist auf einer UNIX-Ebene entworfen. Die

Einbindung und sogar die grafischen Designs werden in Hochsprachen (Programmierung) nahe am Betriebssystem entwickelt. Beide Vorgänge sind kostspielig, aber wenn sie gut gemacht sind, erfolgversprechend. Gute Videospiele haben Entwicklungsbudgets ab DM 400.000,– und skyhigh aufwärts; 2D-Spiele, wie Marlboros „Blue" sind für ca. DM 50.000,– pro Folge zu haben.

Hochwertige 3D- und Videospiele verlangen extrem hohe rechnerische Kapazitäten, um die Vektorisierung der Bewegtbilder rasch folgen zu lassen und die multifunktionellen Tastenbefehle für Echtzeithandlung zu unterstützen. Aber das macht auch den Witz bei Nintendo, Sega, Sony und X-Box aus. Ähnliche Performance auf dem PC verlangt a) Downrendering von Bildqualität, b) Anpassung an Computer-Bitraten (Verlangsamung des Spiels) und c) weniger Steuerfunktionen als z.B. auf einem 32- bzw. 64-Bitgerät.

Unter den weltweit zehn bis zwanzig erfolgreichen Titeln finden wir immer wieder Spiele. Ebenfalls ist der Markt mit Shareware-Spielen beinahe überflutet (sowohl off- als auch online). Bedenken Sie dies bei Ihrer Wahl. Seit 1995 gibt es unzählige Topwerbespiele auf dem „Markt", größtenteils von der Industrie (Cleanman, Capitän Zins, Abenteuer Atlantis, Blue Code I & II, Top Challenge etc.), aber auch von der Bundesregierung zum Zweck der Aufklärung (Helicopter Mission, Dunkle Schatten etc.). Alle waren wirklich top! Denn mit Packman kann man nicht mehr aufwarten, auch dann nicht, wenn neben dem Fleisch die Kartoffeln liegen.

<table>
<tr><td>○ Checken Sie, wie es geht: Spielen!</td><td rowspan="6">Checkliste:<br>Spiele</td></tr>
</table>

○ Checken Sie, wie es geht: Spielen!

○ Lassen Sie sich von den Kids erzählen, was los ist.

○ Schauen Sie sich das Umfeld an, studieren Sie es!

○ Machen Sie Corporate Identity – Spiele zum Produkt!

○ Lassen Sie etwas springen, denn ohne C/C++ o. ä. geht gar nichts.

○ Lassen Sie Ihr Spiel bei einem professionellen Spielmacher entwickeln.

# 2.8
# Auswahl von Publishing-Medien und Plattformen

Wie oben erwähnt, soll frühzeitig eine Auswahl von Publishing-Medien und -Plattformen getroffen werden. So einfach dies klingt, so schwierig ist es tatsächlich. Gerade die Auswahl entpuppt sich oft als Quelle für Fehleinschätzungen in der Planung.

**Kleine Programme** können auf **Disketten** verteilt werden, aber die vorhandene Kapazität und Fähigkeit, vor allem Multimedia zu portieren, ist extrem gering, da entsprechende Audio-, Video- und Bilddateien oft die Kapazität einer Diskette überschreiten. Dies macht umfassende Kompressionen, wenn überhaupt noch möglich, erforderlich, weswegen die Disketten meist auf einer Festplatte „geladen" werden müssen und somit auch Installationszeit und Platz in Anspruch nehmen.

Bei **größerem Programmumfang** erfolgt eine Auswahl des Publishing-Mediums. Welcher Weg gewählt wird, hängt von folgenden Überlegungen ab:



○ Wer ist die Zielgruppe?

○ Wo befindet sich die Zielgruppe?

○ Wie ist der Endverbraucher ausgestattet?

○ Wie viele Einheiten sollen produziert werden?

○ Wie werden die Daten benutzt?

○ Wie rasch soll der Zugriff sein?

○ Wie kann eine eventuell erforderliche Datensicherheit gewährleistet werden?

○ Wie erfolgt die Gewährleistung, dass die Daten transportabel sind?

○ Wie umfangreich ist die Applikation?

○ Welche Asset-Medien werden eingesetzt? (z.B. Video?)

○ Wie erfolgt die Distribution?

*Faustregel: Ausschlagend für die Entscheidung über das Publishing-Medium ist immer die Zielgruppe und deren Standort!*
Bei nur **einzelnen oder wenigen Installationen**, insbesondere bei großem Umfang, bieten sich Festplatten, magnetische und optische Speichermedien oder Videodisc an.

Die **Festplatte** erlaubt einen schnellen Zugriff, leichte Datenerweiterung und Aktualisierung und kann auf die Datenmenge abgestimmt werden. Sie ist kostspielig, muss installiert werden und bietet keine Datensicherheit.



**ZIP und JAZ Disketten** haben sich weltweit etabliert. Die 100 bzw. 250 MB Disketten bieten eine unkomplizierte Umgebung für die Distribution in nicht vernetzen Umgebungen. Die größere JAZ-Disketten dienen wie wechselbare Festplatten.

**Magnetische und optische Medien** besitzen mittlere bis hohe Kapazität und erlauben eine leichte Datenerweiterung und Aktualisierung. Sie sind ebenfalls kostspielig, müssen installiert werden und bieten keine Datensicherheit.

Bei hochqualitativen Videos bietet sich nach wie vor die **Videodisc** an. Sie besitzt eine hohe Kapazität und höchste Wiedergabequalität. Nachteile sind teure Abspielumbungen, teure Mastering-Kosten und langsamer Datenzugriff.

Wird eine **weitere Distribution** erwünscht, kommen CD, DVD und Online/Netzwerk-Distribution in Frage.

**Compact Disc** bietet eine hohe Kapazität, leichte Distribution, Datensicherheit und eine kostengünstige Erstellung. Sie setzt ein Abspielgerät voraus, ist vergleichsweise langsam zur Festplatte und benötigt oft eine (Teil-)Installation auf einer Festplatte. Welches Format der CD gewählt werden soll, ist unabhängig von der Plattformwahl.

**Digital Versatile Disc** (DVD) bietet eine noch höhere Kapazität bei gleicher Größe als die CD. Somit hat man die Speicherkapazität einer großen Festplatte auf 12 Gramm Speicherplatz! Allerdings muss ein gesondertes Laufwerk an jedem Abspielplatz installiert sein.

**Online-/Netzwerk-Distribution** bietet eine einfache und kostengünstige Inhaltsaktualisierung; doch eine Vielfalt von Technikstandards, langsame Zugriffsgeschwindigkeit und eine selten adäquate Audio-, Video- und Animationsqualität wirken sich nachteilig aus.

Zweifelsohne können im Zeitalter des „Sowohl-als-Auch" **Online/Offline-Hybride** eingesetzt werden, um rasches Updating bei geringen Kosten zu ermöglichen. Somit können z.B. Terminals oder POI/POS-Applikationen mit datenbankartiger Applikation per Festplatte oder CD-ROM auf hochwertiges Medienmaterial zurückgreifen und aktuelles über ein Modem laden. Je nach notwendiger Geschwindigkeit der Aktualisierung kann dies eine ISDN-Standleitung sein oder durch eine gezielte Anfrage erfolgen.

Mit dem Einzug von UMTS ist das Thema **Wireless** extrem heiß geworden. Wahrscheinlich wird in den nächsten 2 Jahren WAP (Wireless Applicaion Protocol) genauso beliebt sein wie Internet heute. Stellen Sie sich vor: überall erreichbar sein, überall auch teilnehmen können!



Die Frage nach der **Publishing-Plattform** richtet sich meist nach folgenden Kriterien:

○ Welche Plattform besitzt/benutzt die Zielgruppe?

○ Kann der Inhalt auf dieser Plattform vermittelt werden?

○ Wird die Applikation multilingual?/multiregional?

○ Sind die notwendigen Entwicklungstools und Kenntnisse verfügbar?

○ Liegen die Assets für die Plattform vor, oder müssen sie adaptiert, verarbeitet und/oder konvertiert werden?

Ein allgemeingültiger Rat für die Plattformentscheidung ist schwer zu erteilen. Denn es gibt mehr Dinge zwischen Himmel und Erde als wir uns träumen lassen, und die Zukunft der Plattformen bringt weitere Änderungen. Eins ist mittlerweile sicher: Cross-Plattform und Cross-Media-Publishing sind mittlerweile Standard, weswegen das Thema gleich bei der Strategiefixierung beheimatet werden sollte.

Wir empfehlen unseren Kunden, sich an die Faustregeln zu halten und dann im Zusammenhang mit den Qualitätsspezifikationen sowie dem Spektrum und der Tiefe der vorgesehenen Kommunikationsstrategie zu entscheiden. Die Erfahrung hat gezeigt, dass Konvertierung, Rendering und Adaption und vieles *mehr* möglich ist und sogar in Expansionsschritten geplant werden kann.



Allerdings muss dabei berücksichtigt werden, dass Upscaling viel schwieriger ist als Downscaling. Deswegen empfehlen wir die beste angebrachte Qualität als die beste ökonomische Wahl, da die anschließende Konversion zu diversen Plattformen eine sekundäre Entscheidung und keine Barriere darstellt. Aus diesem Grunde empfehlen wir, auf die am besten geeignete Höchstplattform in der strategischen Planung zu setzen, um dann bei Bedarf auf andere umsatteln zu können. *Dieser Rat gilt auch für die Assetstandards, Dokumentation und eingesetzten Entwicklungstools.*

Gerade bei den nachfolgenden Lokalisationen können die Kosten mehr als halbiert werden, wenn zu Beginn darauf geachtet wird. Leider denken viele Erstauftraggeber am Anfang nicht an diese Folgen und erleben am Ende böse Überraschungen. Auch mancher Entwickler hält sich mit diesem Vorschlag zurück, da er durch die damit anfallenden zusätzlichen Entwicklungskosten um das Projekt bangt.

Um die Dinge nicht komplizierter zu machen, sondern den wahren Vorteil zu verdeutlichen, soll auf die Variante Cross-Media-Nutzung nochmals hingewiesen werden. In diesem Zusammenhang denkt man an die Vernetzung, z.B. Multimedia und Print oder Internet und WAP aus den gleichen Inhaltsbeständen. Diese Form des Electronic Publishing schreibt allerdings für die zunächst jeweils vorgesehenen Zwecke völlig unterschiedliche Formate, Qualitäten und Vorgehensweise vor. Die Manövrierbarkeit liegt diesbezüglich in der Plattformentscheidung. Ein gemeinsamer Nenner für Crossmedia-Publishing stellt XML Content Management dar. Solche Systeme erlauben eine Trennung zwischen Inhalt und Format, so dass ein und der selbe Inhalt für unterschiedliche Plattformen gleichzeitig vorbereitet und verteilt werden kann.

Die Publishing-Plattform verhält sich ein bisschen wie ein „Geist" in der Flasche. Habe ich davon keine Kenntnis, bin ich zunächst glücklich. Ist er einmal draußen, kann man ihn nicht mehr zurückhalten. Nun muss nicht alles wie in „1001 Nacht" extravagant sein, aber man sollte auch am Anfang etwas über den Tellerrand blicken. Denn das wiederholte Einscannen, Verarbeiten und Handling von Bildmaterialien und Grafiken sowie das Schneiden und Encoding von Videos, Audiodateien, Animationen etc. können extrem kostenintensiv werden. Schade ist es, wenn man vom ersten Tag an nicht beschlossen hat, dem entgegenzuwirken.

Welche **Plattformen** gibt es? Die häufigsten sind:

Häufige<br>Plattformen

○ Apple Macintosh

○ DOS

○ OS/2

○ Windows 3.x, 95/98/2000,NT

○ UNIX

○ CD-I; DVD

○ PhotoCD, Portfolio-PhotoCD

○ World Wide Web (WWW)

○ WAP

○ et cetera

*Immer muss man eine minimale Systemkonfiguration = Systemleistung festlegen (RAM, Prozessorleistung, Grafikkarte, Videokarte, Art des CD-ROM-Laufwerks und Zusatzhardware, z.B. MPEG-Decoder), da es außer dem CD-i-System (Green Book) bzw. DVD keine internationalen Standards gibt.*

Welche immensen Auswirkungen diese Entscheidungen haben können, ist evident:

○ Ob Grafiken/Bilder 256 oder 16,7 Million Farben haben, ist ein wichtiger emotioneller Unterschied.

○ Kratziges 11 kHz Mono-Audio oder Dolby Surround Sound lässt die Musik einfach anders wirken.

○ Ob die Animation, wie Jurassic Park, von einer Silicon Graphics oder die Bild-Überblendung aus Windows Paintbrush stammt, mag entscheidend sein.

○ Ob Full-Screen-Full-Motion, Broadcastquality, stechend scharfe Videos oder vermeintlich erkennbare briefmarkengroße Bewegtbilder, kann den Impact definieren.

❍ Ob die Daten (recht-)zeitig geliefert werden (Performance) oder ich zwischendurch Brezeln holen kann, kann entscheiden, wie lange und wie oft ich ins Programm gucke.

## 2.9
## Harte Entscheidung – Software

Nachdem alle anderen Aspekte der Produktion bereits entschieden sind und uns der Kopf schon langsam raucht, bleibt noch die Entscheidung über die geeigneten Entwicklungstools. Diese Entscheidung ist in der Tat einfach, sie wird anhand der gewünschten Programmstruktur und der Anwendungsmerkmale getroffen.

*Authoringtools*

Lineare Programme lassen sich, sofern keine „sonderbaren" Medien eingesetzt werden, mit einfachen Authoringtools, wie Microsoft Powerpoint, Corel Show, Adobe Acrobat oder anderer Diashow-artiger Software, realisieren. Diese Programme sind preiswert, einfach zu bedienen und flexibel genug für rasche, kleinere Änderungen.

Wenn man allerdings mehr Effekte zeigen, mehr Medien einbinden und auf qualitativ höherwertige Darstellung zurückgreifen möchte, dann öffnet sich der Weg zu hochwertiger Entwicklungssoftware wie Director, Flash oder Authorware von Macromedia, Asymetrix Toolbox bzw. zu in Hochsprachen entwickelten Applikationen (ScriptX, C/C++, Delphi, Visual Basic, etc.).

Hochwertige Entwicklungssoftware ist auf jeden Fall einzusetzen, wenn z.B.

*Checkliste:*
*Entwicklungstools*

❍ ein Runtime-Modul erforderlich ist (damit das Programm auf einem fremden Rechner laufen kann)

❍ wenn eine Fernsteuerung durch ein externes Gerät, z.B. einen Projektor, vorgesehen wird

❍ wenn Editierungen erforderlich sind

❍ wenn Performance-Kriterien gesetzt werden

Anspruchsvolle non-lineare Applikationen können nur mit hochwertigen Authoring-Tools entwickelt werden. Die Auswahl an Funktionen sollte nach Bedarf getroffen werden:

❍ Welche Plattform(en) wurde(n) ausgewählt/sind vorgesehen?

❍ Welche Performance-Merkmale sind vorgesehen? (schnelle Performance z.B. bei Spielen oder bei großen Multimedia-Bilddatenbanken ist ausschließlich unter Anwendung von Hochsprachen erreichbar).

❍ Ist eine Datenbank-Einbindung vorgesehen?

○ Wird das Programm regelmäßig aktualisiert?

○ Werden alle Formate und vorgesehenen Medien unterstützt?

○ Werden Hypertexte integriert?

○ Sollen scriptorientierte oder iconorientierte Tools verwendet werden?

## 2.10
## Wege und Verwirrungen

Multimedia-Programme bedürfen einer interaktiven Zusammenarbeit zwischen Auftraggeber und Entwickler. Das Ziel wird erreicht, wenn eine transparente Kooperationsbasis zu finden ist. Dies beinhaltet offene und freie Diskussionen in allen Phasen der Entwicklung. Der Dialog ist in jedem Falle der Schlüssel zum Erfolg.

*Multimedia ist nicht gleich Cut & Paste*

Ob die eigene Organisation die Planung, das Storyboard, das Design etc. vornimmt, Teile der Produktion auslagert oder „lediglich" die „Cut & Paste"-Funktion an eine externe Organisation vergeben möchte, ist intensiv zu prüfen. Denn die gewonnene Erfahrung bei der Erstellung von Multimedia-Anwendungen hat gezeigt, dass die Vielfalt an *Überlegungen, Know-how* und *Möglichkeiten* oft den Erfahrungsstand des Einzelnen überschreitet. Somit werden derartige Anforderungen nur im Team und im Laufe der Zeit bewältigt.

Die Erfahrung hat ferner gezeigt, dass eine Art „Zusammenwachsen-Lernkurve" während jeder Produktion entsteht. Um diesen Prozess zu fördern, empfehlen wir den Einsatz von Projektmanagement-Abläufen mit klaren Verantwortlichkeiten.

*Multimedia ist Dialog in Team(s)*

Zu glauben, dass ein Programm von allein entstehen kann und dass die beauftragten Entwickler immer die richtige Zauberei zustande bringen können, ist nicht realistisch. Um die eigene, oft erst zum späteren Zeitpunkt entdeckte, Erwartung umsetzen zu können, bleibt nur der Dialog als sichere und zufriedenstellende Lösung.

Warum wird dieser Punkt hervorgehoben? Weil die Entwicklung eines Programms mehr einem Theaterstück ähnelt als einer Filmproduktion. Multimedia ist kinästhetisch. Da Information aus ungewöhnlichen Richtungen, Zusammenhängen und Kontexten je nach Bedienung des Programms herausgeholt werden kann, muss jeder Akt in sich und im gesamten stimmig sein. Dies erfordert ein Konglomerat von Einflüssen und Kenntnissen.

Woher stammen Multimedia-Entwickler-Teams? Zumeist kommen diese Gruppen aus einer der drei Ecken Film, Graphik/DTP oder Technik. Je nach Herkunft haben sie unterschiedliche Stärken, und die Betonung auf Programmerkmale ist genauso unterschiedlich. Ähnliche Bedingungen trifft man meist auch beim Auftraggeber. Das Universalgenie wird zwar gewünscht, ist aber selten anzutreffen.

Wir empfehlen daher, je nach Organisation, interner Teamzusammenstellung, sowie Kenntnisstand von Multimedia und interaktiver Kommunikation, dass eine komplementäre Mannschaft für die Projektdauer aufgebaut und geführt wird, um bestmögliche Voraussetzungen zu haben. Die Spannbreite ist naturgemäß abhängig vom Budget. Hollywood-Budgets erzielen auch Hollywood-Produkte. Mit einem kleinen Budget kommt man eben nur soweit wie das Geld reicht.



Auf Knopfdruck erfolgt gar nichts in der Computerwelt, auch wenn sämtliche Anzeigen und Zeitschriftenartikel das Gegenteil behaupten. Es kann Phasen einer Produktion geben, die nahtlos und problemlos ablaufen; doch irgendwann, irgendwo tauchen plötzlich Probleme auf, die zunächst Zeit, Energie, Geduld und Ressourcen kosten und einem manchmal auch Glauben abverlangen. Doch arbeiten Sie zügig. Was Sie in einem halben Jahr als Thema nicht abhandeln können, schaffen Sie gewöhnlich auch nicht innerhalb von zwei Jahren.

Wir handeln im Cyberspace. Etwas, was viele nicht immer gleich verstehen, jedoch jeder nutzen möchte. Hinzu kommt, dass jede Produktion aus der heutigen Sicht „unique" ist, denn es gibt leider keine einheitlichen Publishing-Standards hierfür. Autoring-Tools hin oder her, meist sind es die gewünschten Effekte und Aspekte eines Programms, die sowohl den „Pfiff" als auch die Probleme aufwerfen. Dies soll nicht bedeuten, dass Produktionen unmöglich, unzuverlässig oder unrealisierbar sind. Es gibt einfach eine Reihe von Ursachen und Umständen, die auftreten können und trotz aller Vorsicht, Bedachtsamkeit und Voraussicht zu Verzögerungen in einer Produktion führen können. Oft führen sie auch zur Verzweiflung. Dem muss man Rechnung tragen.

Das Einbauen von ausreichenden Puffern ist eine wichtige Erkenntnis. Wie oft werden die Inhalte erst auf den letzten Drücker geliefert und übermorgen beginnt die Messe? Wie oft liegen Welten zwischen Absprachen über Medieneinsatz und tatsächlichen Lösungen? Wie oft werden intern Dinge erarbeitet, aber erst Wochen später von den Hierarchien freigegeben? *Ungeduld kann Vorsprung bringen. Gehen Sie aber vorsichtig damit um.*

Nehmen Sie sich etwas vor, was Sie auch realisieren können. Immer wieder wird nach ausgefallenen Animationen oder tollen Videoausschnitten gefragt. Jeder will Sie haben, möglichst als Archivware, selten als Produktionskosten. Setzen Sie reelle Standards und Ziele; machen Sie Ihre eigenen Erwartungen greifbar.

Konzentrieren Sie sich auf die Emotion/Spannung, die im Programm entsteht, denn dies ist Ihre Visitenkarte.

Oft werden wir gefragt, ob diese oder jene zusätzliche Funktion auch dabei sein könnte. Dass so etwas mit zusätzlichem Aufwand verbunden ist und in den meisten Fällen mehr Arbeit darstellt als das gesamte Vorhaben selbst, wird oft in diesem Moment nicht erkannt. Nicht selten entsteht der Wunsch sogar erst während der Entwicklung. Dadurch fallen zusätzliche „Forschungs- und Entwicklungskosten" an.

Um diese Problematik zu verkleinern, empfehlen wir, stets modular an Programme heranzugehen, wobei jedes Modul mit einem Preis versehen werden kann. Auch hier sollte in Dialogverfahren versucht werden, rechtzeitige und realistisch machbare Entscheidungen zu treffen. Sonst können sich Produktionszeiten/-kosten ins Unendliche verschieben. Wenn man realistisch plant, spart man einiges an unnötigen parallelen Aktivitäten, wie etwa falsch angesetzte Marketing/Werbekampagnen etc. In Zusammenhang mit Multimedia kann man auch von Kompromissbereitschaft sprechen.

Modulares Vorgehen

Überhaupt, in diesem Kontext sollte man nicht an „schlüsselfertige" Produkte denken, sondern an Entstehungsphasen. Wir sehen meist etwa neun Phasen vor und bieten unseren Kunden an, die Produktionskosten auch phasenweise aufzuteilen, um alle der oben diskutierten Punkte zu berücksichtigen. Als Checkliste empfiehlt sich folgende:

O Projektdefinition – grob und fein

O Konzeption/Recherche

O Storyboarding

O Medienakquisition (externe Copyrightklärung)

O Medienerstellung

O Medienintegration

O Redigieren, Testen, Optimierung, Endabnahme

O Mastering, Dokumentation

O Replikation, Verpackung und Verteilung

Checkliste:
Produktions-
phasen

*Als Faustregeln schlagen wir folgendes vor, um Wege aufzuzeichnen und Verwirrung zu vermeiden:*

O Wenn es Ihre erste Anwendung ist, seien Sie bescheiden.

O Machen Sie die Applikation zügig und mit Gusto.

O Nehmen Sie sich nur das vor, was Sie wirklich realisieren können.

Zwölf Gebote

○ Machen Sie das Programm aktiv, interaktiv und nicht hyperaktiv. Wenn man flippern will, geht man in die Spielhalle; wenn man Multimedia macht, achtet man auf den Inhalt, nicht auf die Knöpfe!

○ Vermeiden Sie überzogenes Design; strukturieren Sie lieber lebendig und verlockend. Benutzen Sie Module.

○ Fesseln Sie das Publikum.

○ Lieber Inhalt exkludieren als inkludieren.

○ Was aufs Papier passt, gehört nicht auf die CD!

○ Denken Sie in Serien und Sequenzen. Wenn Sie sich nur eine Applikation vorstellen können, lassen Sie es lieber.

○ Erstellen Sie ein preiswertes Produkt mit hoher Qualität, seien Sie nicht billig.

○ Bedenken Sie, CDs sind „Futter für Online"; „Das Format ist tot! Es lebe der nächste Standard!"

○ Testen, Testen, Testen!

## 2.11
## Wer führt?

Nun haben wir nahezu alle Überlegungen der Konzeptphase angestellt und stehen vor dem nächsten operativen Schritt: Projektmanagement des Produktionsablaufs. Bisher war es möglich, vieles im kleinen Kreis zu diskutieren und zu verabschieden. Ab jetzt fängt es an, multikomplex zu werden, da die Vielzahl der erforderlichen Einzelleistungen von diversen Teams und Persönlichkeiten erledigt werden. Dabei besteht die Neigung, die Steuerung des Projekts dem „Initiator" aus den Händen zu reißen.

Ob dies für das Produkt gut oder schlecht ist, können und wollen wir nicht entscheiden, da dies viel mit der bestehenden Unternehmenskultur zu tun hat. Es ist generell empfehlenswert, das Projekt und den Projektmanagementstil in den jeweiligen Arbeitsgruppen gestalten zu lassen. Zweifelsohne werden dadurch unterschiedliche Menschen die Führung des Projekts zeitweise übernehmen müssen, mal aus dem internen Kreis und mal aus dem externen Outsourcing-Kreis. Fragt man, wer eigentlich das Projekt führt, sagen wir: Der Endverbraucher. Wenn man sich immer wieder auf die Zielgruppe konzentriert, fallen viele nebensächliche Überlegungen und scheinbare Probleme weg. Wenn Sie das Glück besitzen, Projektleiter zu sein, versuchen Sie die professionelle Kreativität der Mitwirkenden anzuregen, damit sich diese entfalten kann und sich auf den Projektinhalt ausrichtet!

# 3 Projekt-Management-Handbuch

*- Love´s Labour´s Lost*
*- Vergebliche Liebesmüh*

Jedes Projekt ist einzigartig, ebenso hat jede Organisation eigene Ansprüche an Projektmanagement, Qualitätssicherung und Organisationsstrukturen. In diesem Kapitel wollen wir typische Bestandteile des Projektmanagements kurz skizzieren. Diese Übersicht soll als Einleitung dienen. Im Sinne des Qualitätsmanagements werden Strukturen, Funktionen, Kompetenzen und Erwartungen der jeweiligen Beteiligten angesprochen. Für weitere Details empfehlen wir das ebenfalls im Springer-Verlag erschienene Buch „Projektmanagement" von Keßler und Winkelhofer [1].

## 3.1 Was ist ein Projekt?

Als **Projekt** kann jede Aufgabe bezeichnet werden, die einen **definierten Anfang** und ein **definierbares Ende** besitzt, die den Einsatz mehrerer Produktionsfaktoren für jeden der einzelnen, miteinander verbundenen und wechselseitig von einander abhängigen Teilvorgängen erfordert, die ausgefüllt werden müssen, um das dieser Aufgabe **vorgegebene Ziel** zu erreichen. Laut DIN-Norm 69 901 sind Projekte Vorhaben, die im wesentlichen:

*DIN-Norm 69 901*

○ Neuartig sind,

○ komplex in ihrem Umfang sind,

○ eine klare Zielsetzung verfolgen,

○ zeitlich begrenzt sind, d.h. deren Anfang und Ende feststehen,

○ an denen mehrere Stellen bzw. Abteilungen oder Bereiche beteiligt sind,

○ von Konkurrenz um Ressourcen geprägt sind,

○ für die ein ausdrücklicher, schriftlicher Auftrag vorliegt,

○ für die eine spezifische Organisation geschaffen wurde.

# 3.2
# Was ist Projekt-Management (PM) ?



Eine Methode zur Lösung komplexer und zeitlich befristeter Aufgaben, deren Planung und Durchführung die Zusammenarbeit mehrerer Bereiche, Abteilungen, Gruppen erforderlich macht. Das PM umfasst neben der **Ablauforganisation** von Projekten auch noch deren **Aufbauorganisation.** Nach DIN-Norm 69 901 ist Projekt-Management die Gesamtheit von Führungsaufgaben, -organisationen, -techniken und -mittel für die Abwicklung sowohl aller Projekte als auch eines einzelnen Projektes.

# 3.3
# Gründe für Projekt-Management

○ Komplexe Aufgaben können mit der herkömmlichen Organisation nicht gelöst werden

○ Kosten- und Zeitplanüberschreitung durch ungenaue Planung und verteilte Verantwortung

○ Immer kürzere Lebensdauer für vorhandene Produkte und „Know-how"

○ Bestmögliche Nutzung vorhandener Ressourcen

# 3.4
# Projektmerkmale

○ Projektinhalt

○ Projektbeteiligte

○ Projektkomponenten

○ Projektphasen

# 3.5
# Projektinhalt



○ Was wird gemacht?

○ Wie wird es gemacht?

○ Wann wird es gemacht?

○ Was wird nicht gemacht!

# 3.6
# Projektbeteiligte

Zur Projektorganisation gehören:

O Projektauftraggeber

O Projektsponsor = Paten

O Projektausschuss

O Projektleiter

O Projektgruppe / Kernteam

O Experten

O Auftragnehmer für Arbeitspakete

## 3.6.1
## Projektauftraggeber

Auftraggeber kann eine Einzelperson oder auch ein Ausschuss sein. Der Auftraggeber ist die oberste Kontroll- und Weisungsinstanz für das Projekt. Er gibt die Rahmenziele für das Projekt vor (Leistungen, Kosten und Termine) und erteilt inhaltliche Weisungen bezüglich der Projektziele an den Projektleiter.

*Der Auftraggeber: Kontrollmedium Weisungsinstanz Vollmacht*

Der Auftraggeber vereinbart mit dem Projektleiter die Art und Weise des Berichtswesens als Kontrollmedium. Die Kontrollfunktion des Auftraggebers ist Führungsfunktion und nicht delegierbar (Dies im Unterschied zum Controlling, welches eine Teilfunktion der Projektleitung ist).

Projektauftraggeber kann nur sein, wer die Kompetenz (Vollmacht) hat, die durch das Projekt verursachten Kosten zu genehmigen, und wer gleichzeitig in der Lage ist, die Ergebnisse/Folgen des Projektes gegenüber der Gesamtorganisation zu verantworten.

Der Projektauftraggeber entscheidet über den Projektstart, die Fortführung oder Beendigung des Projektes.

## 3.6.2
## Projektsponsor = Pate

Der Pate ist ein Befürworter für das Projekt. Er hat ein besonderes Interesse an dem Projekt oder an den Projektzielen. Die Rolle und Aufgabe des Paten ist es das Projekt emotionell sowie hierarchischen und durch politischen Einfluss zu unterstützen.

*Der Pate mehr als nur ein freundlicher Onkel*

An Entscheidungen, die das Projekt betreffen, nimmt der Projektsponsor nur dann teil, wenn er gleichzeitig in einem offiziellen Projektorgan vertreten ist.

Der Pate ist für das Projekt der disziplinarische Vorgesetzter des Projektleiters.

Der Pate ist die erste Instanz bei Konflikten zwischen Projektleiter und Linienvorgesetzter. Die letzte Instanz bildet der Projektausschuss.

### 3.6.3
## Projektausschuss



Der Projektausschuss ist die oberste Konfliktlösungsinstanz für das Projekt. Er beschließt die Einstufung einer Aufgabe als Projekt, das Auswahlverfahren für die Identifikation eines Projektleiters und ernennt den Projektleiter. Der Projektausschuss kontrolliert die Planung sowie den Sachstand des Projektes hinsichtlich Leistungen, Terminen und Kosten und überwacht die inhaltliche Realisierung des Projektes durch den Projektleiter.

Im Projektausschuss werden projektbegleitend die interdisziplinären Schnittstellen des Projektes diskutiert. Die Regelkommunikation und das Berichtswesen werden im Projektauftrag festgelegt.

Der Projektausschuss sollte nur aus leitenden Führungskräften bzw. Kompetenzträgern aus wesentlichen betroffenen Bereichen/ Disziplinen des Projektes bestehen. Wichtige Funktionen und Verantwortungen des Projektausschusses:

○ Vertretung des Projektes gegenüber der Linie und den Umfeldern

○ Schutz des Projektes vor nicht zweckdienlichen Einflussmaßnahmen

○ Interessenausgleich zwischen den Fachbereichen und Partikularinteressen

○ Konfliktbearbeitung zwischen den Fachbereichen und Partikularinteressen

○ Multiplikation und Implementierungsunterstützung für den Projektleiter

○ Verträglichkeitsprüfungen und Sicherstellung der Kompatibilität der Projektergebnisse mit anderen Projekten/Aufgaben/Prioritäten

Im Projektausschuss können die nachstehenden Controllingfunktionen durch die Mitglieder ausgeübt werden:

- ○ Strategisches Controlling
- ○ Operatives Controlling
- ○ Nutzen-Controlling
- ○ Ergebnis-Controlling
- ○ Qualitätscontrolling
- ○ Prozess-Controlling

## 3.6.4
## Projektleiter

Für den Projektauftrag ist der Projektleiter der Auftragnehmer. Der Projektleiter wird mit folgenden Vollmachten bzw. Weisungsbefugnissen ausgestattet:

*Weniger der Hauptindianer als Mädchen für alles*

- ○ Verfügung über das Budget
- ○ Weisungsbefugnis gegenüber der Linie bezüglich Leistungen für das Projekt
- ○ Führungsbefugnis für die Mitglieder der Projektgruppe
- ○ Ausarbeitung und Vorbereitung der Kontrahierungsfähigkeit für Arbeitspakete und Leistungsvereinbarungen (Verträge)

Ausgenommen werden:

- ○ Das Recht, Verträge juristisch zu vereinbaren (Kontrahierungsfähigkeit für Arbeitspakete und Leistungsvereinbarungen = Vertragsvollmacht)
- ○ Juristische Vertretungsvollmacht für alle mit dem Projekt zusammenhängenden Vereinbarungen

Diese beiden Vollmachten werden aus technischen, geschäftsführenden Gründen formell dem Projektausschuss bzw. einem seiner Mitglieder übertragen.
Zu den Verantwortlichkeiten des Projektleiters gehören:

- ○ Der Projektleiter ist verantwortlich für die Erreichung der Projektziele mit den vereinbarten Ressourcen und der vorgegebenen Rahmenbedingungen. Er ist nicht verantwortlich dafür, ob das Projekt „sinnvoll" ist oder sich im nachhinein als „nützlich" erweist. Diese Verantwortung liegt beim Auftraggeber.
- ○ Mit der Genehmigung des Projektes erhält der Projektleiter die unbeschränkte eigenständige Verfügungsmacht über den genehmigten Betrag und die genehmigten Ressourcen.

○ Der Projektleiter ist verantwortlich für die Planung und Steuerung des Projektablaufes und insbesondere für das jeweils erforderliche situative (Krisen-)Management.

○ Der Projektleiter ist verantwortlich für die Früherkennung von Konflikten und Krisen im voraussichtlichen Projektverlauf und für das geeignete Management. Insbesondere ist er verantwortlich für die Früherkennung und Berücksichtigung von Veränderungen in den Rahmenbedingungen und/oder den Nutzenerwartungen an das Projekt, die eine Fortführung des Projektes grundsätzlich gefährden oder die Weiterführung des Projektes wirtschaftlich unsinnig machen könnten. Hierüber berichtet der Projektleiter dem Projektausschuss, regelmäßig, sowie über Projektverlauf und Projektstand (Rechenschaftspflicht, Informationspflicht, Berichtspflicht).

○ Das Projektcontrolling ist Aufgabe des Projektleiters. Wichtige Aufgaben sind die Kalkulation, die Budgetierung und die Transparenz der Verwendung der Mittel.

○ Die disziplinarische Führung der ganz und überwiegend für das Projekt abgestellten Mitarbeiter ist eine Aufgabe des Projektleiters. Für diesen Personenkreis übernimmt der Projektleiter für die Dauer des Projektes die Verantwortung für die persönliche Bildung und Entwicklung der Mitarbeiter.

○ Die personenbezogene Personalentwicklungs- und Karriereplanung ist unter einer langfristigen Perspektive angelegt. Der Anteil, der während der Projektlaufzeit ansteht, ist mit den ursprünglichen Linienvorgesetzten der Projektgruppenmitglieder und der Personalabteilung zu klären.

○ Bei Beendigung des Projektes oder beim Ausscheiden eines Mitarbeiters aus der Projektgruppe beurteilt der Projektleiter die ganz oder überwiegend für das Projekt abgestellten Mitarbeiter; mit den anderen Mitarbeitern führt der Projektleiter im Beisein ihrer Vorgesetzten Gespräche mit dem Ziel, die projektbezogene Leistungen des Mitarbeiters in die allgemeine Leistungsbeurteilung und spezielle Personalentwicklungsplanung mit einfließen zu lassen (Management by Objectives).

○ Der Projektleiter verpflichtet sich über unerwartete Schwierigkeiten an den Projektausschuss zu berichten. Er soll solche Ereignisse mit dem Projektpaten (Supervision) besprechen.

## 3.6.5
## Projektgruppe / Kernteam

Die Projektgruppe besteht aus dem Projektleiter und den Personen, die vom Projektleiter zur Realisation des Projektes und zur Unterstützung des Projekt Management ausgewählt und beauftragt wurden.

○ Kernteam
Das Kernteam bildet der Projektleiter und die Personen der Projektgruppe, die während der gesamten Projektlaufzeit unverändert bleiben.

○ Projektteam/Projektgruppe
Das Projektteam/die Projektgruppe umfasst das Kernteam und weitere Personen, die für bestimmte Aufgaben oder Phasen des Projektes vom Projektleiter in das Projektteam berufen werden.

○ Die Projektgruppe sollte klein gehalten werden (max. 5-7 Personen): Wenn mehrere Personen aus einem Funktionsbereich einer Projektgruppe angehören, können diese untereinander eine bestimmen, die gegenüber dem vertretenen Funktionsbereich als Sprecher auftritt.

○ Die Mitglieder der Projektgruppe werden vom Projektleiter bestimmt. Sie unterstehen für die Dauer des Projektes fachlich dem Projektleiter. Die Mitglieder, die zum überwiegenden Teil oder ganz für ein Projekt abgestellt sind, werden für die Dauer der Projektarbeit vom Projektleiter auch disziplinarisch geführt.

○ Die Projektgruppe ist verantwortlich für die kompetente Unterstützung des Projektleiters und die Berücksichtigung der unterschiedlichen Sichtweisen und Lösungsansätze der verschiedenen Disziplinen.



## 3.6.6
## Experten

Gemäß der Notwendigkeit können interne bzw. externe Experten beauftragt werden, bestimmte Aufgaben zu erledigen und/oder Phasen des Projektes zu begleiten.

Die Identifikation der Experten und die erforderlichen Vereinbarungen liegen in der Verantwortung des Projektleiters. Experten unterstützen Projekte durch ihr Fachwissen und durch ihre Erfahrungen aus dem jeweiligen Bereich.

# 3.7
# Lieferungen und Leistungen seitens Dritter



Lieferungen und Leistungen seitens Dritter muss der Projektleiter rechtzeitig und verbindlich definieren und beauftragen. Hierzu gehört, die erforderlichen Verträge (mit Externen) bzw. Leistungsvereinbarungen (mit Internen) zu treffen. Die Vereinbarungen müssen enthalten:

- ○ Gegenstand der Leistung
- ○ Menge der Leistung
- ○ Qualitätsmerkmale/-anforderungen
- ○ Frühester Lieferungs-/Leistungstermin
- ○ Spätester Lieferungs-/Leistungstermin
- ○ Leistungsort
- ○ Gefahrenträgerschaften
- ○ Haftungsvereinbarungen
- ○ Schadenersatz bei Nicht-/Schlechterfüllung
- ○ Weisungsbefugnisse
- ○ Kooperationsabsprachen
- ○ Terminvereinbarungen
- ○ Geheimhaltung
- ○ Preis
- ○ Bezahlungsprocedere
- ○ Gültigkeitsbedingungen

## 3.7.1
## Auftragnehmer für Arbeitspakete

Gemäß der Notwendigkeit können interne bzw. externe Auftragnehmer für Arbeitspakte beauftragt werden.

Die Identifikation der Arbeitspakete und die erforderlichen Vereinbarungen liegen in der Verantwortung des Projektleiters. Die Anforderung der Partner richtet sich nach dem Profil für Experten.

# 3.8
# Projektkomponenten

Das Projekt-Management umfasst folgende Komponenten bzw. Teilbereiche:

○ Das Lösen von Problemen, die Organisation und Steuerung von Arbeit und die Gestaltung psychologischer Einflüsse

○ Das Management der Inhalte und Ziele des Projektes (Sachebene), die Art und Weise des Vorgehens und des Prozesses (Methodenebene) sowie die Interaktionen und Beziehungen (Personenebene) steuern

○ Das gemeinsame Verständnis, die organisatorischen Bausteine, die Zielsetzungs-, Weisungs- und Entscheidungsbefugnisse allgemein festlegen

○ Vorgehensrahmen, die Methoden und Instrumente bereithalten

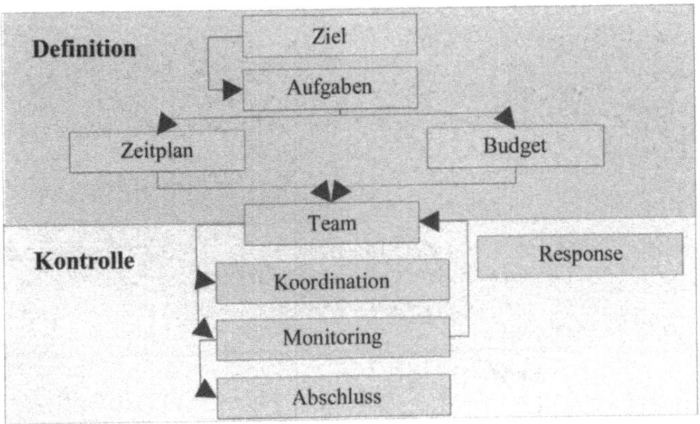

*Abbildung 3.1 Komponenten eines Projektes geteilt zwischen Definitionsaufgaben und Kontrollfunktionen*

Grundsätzlich besteht ein Projekt aus Definitions- und Kontroll-Komponenten. Eine ständige Anpassung des Projektes erfolgt durch das Monitoring mittels Feedback- und Response-Management.

*Projekt-Management umfasst die 3 Ebenen: Sache, Methode und Mensch*

# 3.9
# Reichweite des Projekt-Managements

Die Reichweiten des Projekt-Managements sind:

○ Das Projektumfeld
○ Das Projekt im engeren Sinne
○ Die Leitung des Projektes

| Reichweiten Ebene | Projektumfeld | Projekt im engeren Sinn | Leitung des Projektes |
| --- | --- | --- | --- |
| Sachebene | Vernetzung und Implementierung der Projektierung des Projektprozesses und des Projektergebnisses | Schrittweise Realisation des Projektzieles | Sachlogische Verknüpfung von Teilen zum Ganzen |
| Methodenebene | Veränderungsmanagement, Implementierungsmaßnahmen | Projektstrukturierung, Projektorganisation, Projektcontrolling | Planung, Beauftragung, Leitung, Kontrolle, Überwachung |
| Personenebene | „Politik", Beziehungspflege, Organisationswiderstände bearbeiten | Integrations- und Konfliktmanagement, Intergruppenprozesse | Motivation, Information, Reflexion, Führung, Teamentwicklung |

# 3.10
# Projektorganisationsformen

*Jedes Projekt benötigt seine eigene Organisationsform. Oft muss die Form im Laufe der Zeit modifiziert werden, um neue Anforderungen zu erfüllen.*

Bei der Gestaltung der Projektorganisation muss sowohl das Prinzip der Stabilität als auch das der Flexibilität in ausreichender Form beachtet werden. Dabei bedeutet Stabilität, dass so viele Projektaktivitäten wie möglich im Rahmen festgelegter Regelungen und Einrichtungen abgewickelt werden. Dadurch wird das Vorgehen in einem Projekt vereinheitlicht, transparent, besser kontrollierbar und effizienter. Flexibilität bedeutet in diesem Zusammenhang, dass es der Projektorganisation möglich sein muss, sich an schnell verändernde Anforderungen anzupassen.

In der Theorie gibt es drei unterschiedliche Organisationsformen für Projekt Management. In der Praxis wird immer eine Mischung dieser drei Grundformen bevorzugt, die die Anforderungen der jeweiligen Unternehmung oder des jeweiligen Bereiches bestmöglich berücksichtigt.

## 3.10.1
## Reines Projekt-Management

Im reinen Projekt-Management wird das Projekt befristet fest in die Aufbauorganisation des Unternehmens integriert. Diese Form des Projekt-Management kennzeichnet sich durch:

○ Mitarbeiter aus unterschiedlichen Abteilungen sind temporär für die Dauer des Projektes fachlich und personell dem Projektleiter unterstellt.

○ Der Projektleiter hat in der Regel die Verfügungsgewalt über alle Projektressourcen (Sach-, Termin- und Kostenziele) und trägt dafür die Verantwortung.

○ Das Projekt ist eine selbständige Einheit.

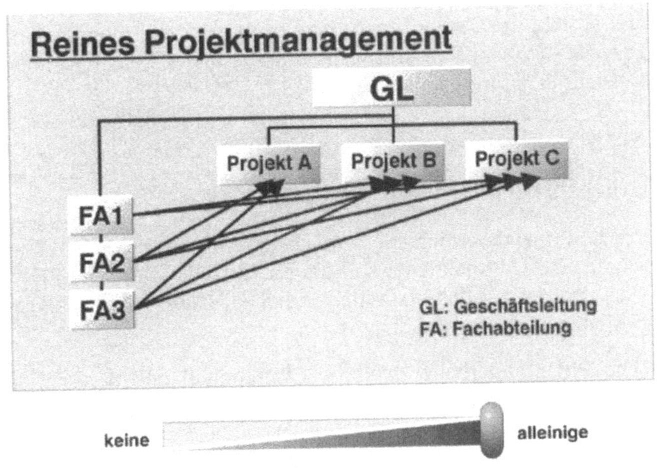


Abbildung 3.2
Organisations-
struktur rein nach
Projektmanage-
ment gerichtet.

Einsatzmöglichkeiten bei:

○ Projekten mit hohem Risiko

○ Full-Time-Projekten

Vorteile:

O Der einheitliche Wille durch die Linienautorität des Projektleiters.

O Der Projektleiter hat alle Kompetenzen und damit die besten Voraussetzungen für eine erfolgreiche Projektabwicklung.

O Die schnelle Reaktionsfähigkeit bei Projektabweichungen, Störungen und/oder andere Eventualitäten.

O Die Identifikation der Mitarbeiter der Projektgruppe mit den Projektzielen.

Nachteile:

O Wiedereingliederung der Mitarbeiter nach Ablauf des Projektes in die Linie

O Mit der Auflösung des Projektteams kann das Know-how verloren gehen.

O Die „normale" Linienorganisation wird u.U. mit völlig neuen und anderen Aufgaben konfrontiert.

O Es besteht die Gefahr von Synergieverlusten im Unternehmen, da jedes Projektteam „für sich" arbeitet und der Informationsaustausch darunter leidet.

## 3.10.2
## Projektkoordination

Bei der Projektkoordination wird keine eigene Projektstruktur geschaffen. Der Projektleiter soll die Projektziele kraft seines Einflusses und des Einflusses Dritter erreichen. Diese Form des Projekt-Management kennzeichnet sich durch:

O Die Projektmitarbeiter bleiben – funktionell und personell – dem Linienvorgesetzten unterstellt. Der Projektleiter hat kein Weisungsrecht.

O Der Projektleiter übt beratende und berichtende Funktion aus.

O Der Projektleiter ist verantwortlich für den Informationsstand des Entscheiders sowie für die Qualität der Entscheidungsvorlage.

O Der Projektleiter hat vielfach eine Stabsstelle inne.

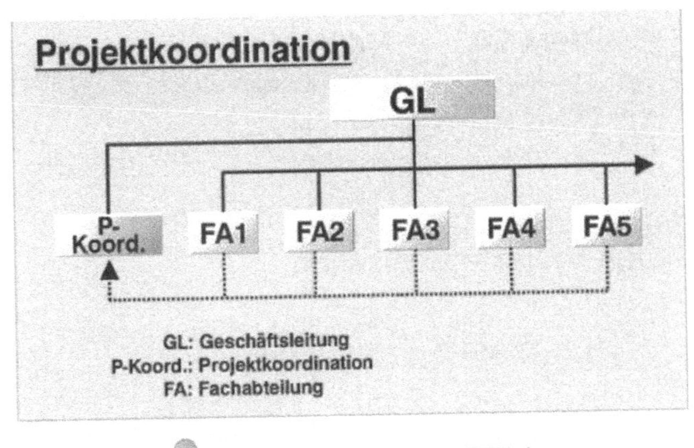



*Abbildung 3.3 Geschäftsordnung strukturiert nach Projektkoordination. Der Projektleiter fungiert lediglich als „Berater".*

Einsatzmöglichkeiten bei:

○ Kleineren und mittleren Projekten

○ Teamorientierte Führungsstrukturen

Vorteile:

○ Flexibler Personaleinsatz, da das Personal ohne größere organisatorische Schwierigkeiten gleichzeitig in verschiedenen Projekten mitarbeiten kann.

○ Organisatorische Umstellungen sind nicht erforderlich.

○ Mitarbeiter mit thematisch ähnlichen Arbeitsgebieten kommen häufiger miteinander in Kontakt, was Synergieeffekte ermöglicht und die Gefahr von Doppelentwicklungen reduziert.

○ Das Verhältnis zwischen Führungskräften und Mitarbeitern bleibt unverändert.

Nachteile:

○ Es fühlt sich niemand für das Projekt voll verantwortlich.

○ Die Reaktionsgeschwindigkeit bei Projektabweichungen ist gering, da alle Entscheidungen in den zuständigen Fachabteilungen getroffen werden.

○ Das Bedürfnis der Mitarbeiter der Projektgruppe gegenüber, Schwierigkeiten über die Abteilungsgrenzen hinweg gemeinsam zu überwinden, sind gering.

O Die Führungskräfte der Linienorganisation werden nicht nach dem Projekterfolg sondern nach dem Abteilungserfolg beurteilt.

O Ein schneller Informationsfluss innerhalb des Projektes ist schwierig zu erreichen.

O Es ist schwierig, den momentanen Projektstatus festzustellen.

## 3.10.3
## Matrix-Projektorganisation

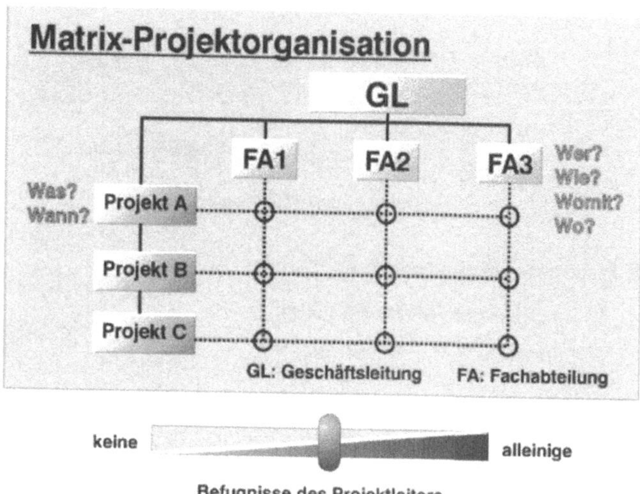



*Abbildung 3.4 Die Matrix-Projektorganisation wird häufig angetroffen. Es bedarf reelles Verantwortungsbewusstsein und Verständnis für Projektmanagement im ganzen Betrieb.*

In der Matrix-Projektorganisation sind neben dem Projektleiter meist auch Linien-/Fachvorgesetzte weisungsbefugt. Die Aufgabe des Projektleiters ist es, die Entscheidungen der entsprechenden Personen herbeizuführen. Diese Form des Projekt-Managements kennzeichnet sich durch:

O Die Mitarbeiter werden von der Linie in das Projekt delegiert und dem Projektleiter fachlich unterstellt. Personell bleiben sie beim Linienvorgesetzten.

O Der Projektleiter ist verantwortlich für Termine und Kosten. Die Projektmitglieder sind für die Sachinhalte verantwortlich.

O Der Projektleiter ist in der Linie integriert.

Einsatzmöglichkeiten bei:

O einer hohen Anzahl von laufenden Projekten und

O stark abteilungsübergreifenden Projekten.

Vorteile:

O Der Projektleiter und sein Stab fühlen sich für das Projekt voll verantwortlich.

O Es ist ein flexibler Personaleinsatz möglich.

O Spezialwissen und besondere Erfahrungen können gezielt aufgebaut und eingesetzt werden.

O Es gibt keine Reintegrationsprobleme der Projektmitarbeiter, sie bleiben weiterhin ihrer Linieneinheit zugeordnet.

O Die Weiterqualifizierung der Mitarbeiter kann kontinuierlich fortgeführt werden.

Nachteile:

O Es kann an den Schnittstellen zwischen den projektbezogenen und den funktionsbezogenen Weisungssystemen zu Weisungskonflikten kommen.

O Eine große Planungssicherheit ist sowohl aus der Projekt- als auch aus der Liniensicht erforderlich und für den Projekterfolg entscheidend.

O Die Mitarbeiter sind gleichzeitig zwei Führungskräften unterstellt.

O Die Projektabwicklung wird häufig durch Linienarbeit gestört.

O Der Projektleiter hat hohe Verantwortung aber nicht immer die entsprechende Befugnisse.

# 3.11
# Projektphasen

Die Anzahl von Phasen, die Sie für ein Projekt benötigen, hängt natürlich von der Thematik, Komplexität und dem Umfang des Projektes ab. Generell teilt sich ein Projekt in:

O Projektvorschlag

O Projektantrag

O Definitionsphase

O Konzeptphase

O Gestaltungs-/Spezifikationsphase

O Realisierungsphase

O Auswertungsphase

## 3.11.1
## Projektvorschlag

○ Projekttitel

○ Grobes Projektziel

○ Grobe Projektbeschreibung

○ Projektnutzen – USP

○ Chancen und Risiken

○ Grobe Projektschritte mit Zeitraster

○ Grober Investitionsbedarf (Abschätzung)

○ Ansprechpartner

## 3.11.2
## Projektantrag

○ Projektbeschreibung

○ Projektziele

○ Projektbegründung

○ Projektressourcen

○ Synergiepotentiale der Firmengruppe

○ Zielerreichungsstrategie

- Strategische Stoßrichtung

- Kundennutzen

- Wettbewerbsposition

- Kommerzielles Potenzial

○ Risikobewertung

- Risiken

- Voraussetzungen für Risikominimierung

○ Berichtswesen

- Projektleistungen

- Projekttermine

- Projektkosten

- Projektstatus

○ Projektteam

- Projektleiter

- Projektteam
  - Projektpate
  - Lenkungsausschuss
- Ressourcenbedarf
  - Technologie
  - Interne Dienste
  - Externe Dienste
- Budget
- Arbeitsplan
  - Zeitrahmen und -planung
  - Projektphasen
  - Aktivitätsplan
  - Ergebnis

Phasenende ist:

- Projektantrag
- Rahmenvorgaben/Rahmenheft

## 3.11.3
## Definitionsphase

- Projektbeschreibung (Eckdaten):
  - Start- und Enddatum
  - Leiter und Verantwortlicher
  - Hintergrundinformationen
  - Warum dieses Projekt?
- Ziele
  - Was soll erreicht werden?
  - Wesentliche Aktivitäten und Meilensteine
  - Störfelder / Gefahrenquellen identifizieren
  - Was für Etappen sind zur Zielumsetzung erforderlich?
  - Budget / angestrebtes kalkulatorisches Ergebnis
  - Kritische Erfolgsfaktoren und Maßnahmen
- Projektbegründung
- Synergiepotenziale der Firmengruppe

○ Zielerreichungsstrategie

- Strategische Stoßrichtung
- Kundennutzen
- Wettbewerbsposition
- Kommerzielles Potenzial

○ Risikobewertung

- Risiken
- Voraussetzungen für Risikominimierung

○ Projektteam

- Projektleiter
- Projektpate
- Lenkungsausschuss

○ Budget

- Personalkapazitäten
- Mittel
- Kosten und deren Finanzierung
- Rahmenbedingungen

○ Projektressourcen

- Technologie
- Interne Dienste
- Externe Dienste

○ Arbeitsplan

- Zeitrahmen und -Planung
- Projektphasen
- Aktivitätsplan
- Ergebnis

○ Meilensteine des Projektes

- Zwischentermine
- Methodik des Projektmanagements
- Ablaufplan

○ Art und Weise des Berichtswesens

○ Vollmachten und Weisungsbefugnisse des Projektleiters

O Messgrößen des Projekterfolges

- Qualitätsanforderungen

- Quantitäten, Mengen

Phasenende ist:

O Schriftlicher Projektauftrag

O Lastenheft

O Projektleiter und Projektteam werden mit der Durchführung des
Projektes beauftragt.

### 3.11.3.1 Machen Sie Ihre Ziele SMART

**S**pezifisch

**M**essbar

O Formulieren Sie Ihre Ziele präzise und unmissverständlich.
**A**nspruchsvoll

O Setzen Sie Ihre Ziele nicht zu niedrig an: Nur Herausforderun-
gen spornen an.

**R**ealistisch

O Setzen Sie Ihre Ziele nicht zu hoch an: Ziele müssen innerhalb
Ihrer Gesamtplanung umsetzbar sein.

**T**ermingerecht

O Strukturieren Sie Ihre Ziele nach Anfangs- und Enddaten, und
setzen Sie Meilensteine

### 3.11.3.2 Kritische Erfolgsfaktoren

Erarbeiten Sie die Leistungsmerkmale des Projektes

O Botschaften

O Chancenlisten

O Konsistenz

O Kundensegmentierung

O Vermarktungsprinzip

### 3.11.3.3 Achten Sie auf SWOT

O Strenghts (= Stärken)

O Weaknesses (= Schwächen)

○ **O**pportunities (= Chancen)

○ **T**hreats (= Risiken)

## 3.11.4
## Konzeptphase

○ Team

- Verzeichnis der Kontaktanschriften und Telefonnummer interner und externer Projektbeteiligter

- Verantwortlichkeiten bestimmen

- Rolle der Beteiligten (Entscheider, Berater, Ausführender)

- Anforderungsprofil der Beteiligten

- Aufgabe/Leistung klar formulieren

- Informationsbedarf der Beteiligten – Was müssen Sie noch an Information weitergeben?

○ Plan erarbeiten

- Ist-Analyse

- Problemnetz bzw. Ursachenanalyse

- Zielnetz, Ermittlung des Soll-Zustandes

- Lösungsideensuchen und konkretisieren

- Lösungsalternativen entwickeln

- Projektplanungsmatrix erstellen

○ Meilensteine setzen

○ Zeit und Budgetrahmen fixieren

Phasenende ist:

○ Pflichtenheft

○ Feedback

○ Konzept wird genehmigt

○ Projektleiter und Projektteam werden mit der Fortführung des Projektes beauftragt.

# 3.11.5
# Projektplan

| Bezeichnung der einzelnen Aktivitäten | Budget | Verantwortlichkeit | Eventuell benötigte Ressourcen | Zeitrahmen Start und Ende |
|---|---|---|---|---|
| | | | | |
| | | | | |



Für die Entwicklung des Projektplans gibt es eine Reihe nützlicher Tools und Formulare. Die Aufstellung eines Aktivitätsplan mit Verantwortlichkeiten ist sehr empfehlenswert.

Ebenso ist die Aufstellung und Führung einer Übersicht des Projektstatus sinnvoll. Dabei soll das Gewicht auf Termine und Erläuterungen gelegt werden. Denn die Fixierung der akzeptierten Gründe für einen Schritt bei deren Verabschiedung ist wichtig, insbesondere wenn eine spätere Beurteilung des Vorgangs notwendig sein wird.

**Projektstatus**

| Aktivität | Verantwortlicher | Starttermin | | Endtermin | | Budget | | Erläuterung |
|---|---|---|---|---|---|---|---|---|
| | | Geplant | Ist | Geplant | Ist | Geplant | Ist | |
| | | | | | | | | |



Die Erstellung eines Gantt-Charts mit der Reihenfolge der Schritte, Abhängigkeit der individuellen Schritte und Kennzeichnung von Meilensteinen, kritische Schritte hilft die Übersicht zu gewähren. Sogenannte Meilensteine helfen ferner den Fortschritt des Projektes zu visualisieren und das gesamt Projekt zu koordinieren. Wichtig ist vor allem die reelle Einschätzung von Ablaufzeiten. Die Berücksichtigung von Puffern (ausreichende Zeit zwischen geplanten Schritten) und Ressourcen-Einteilungen erleichtert die Realisierung.

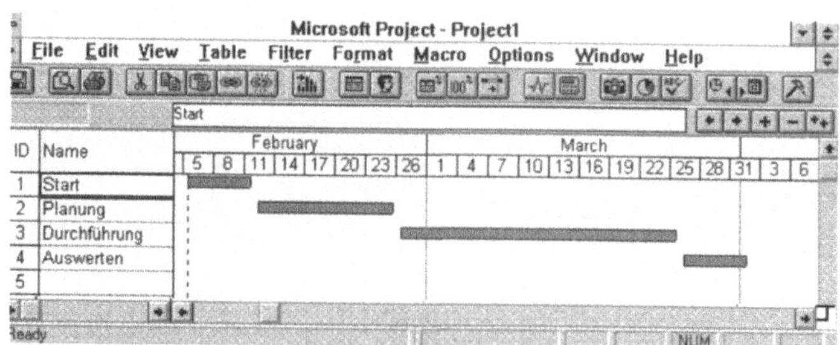



Ähnlich hilft die Pert-Darstellung (Netzplan) für die Überwachung von Terminen und Abläufen:



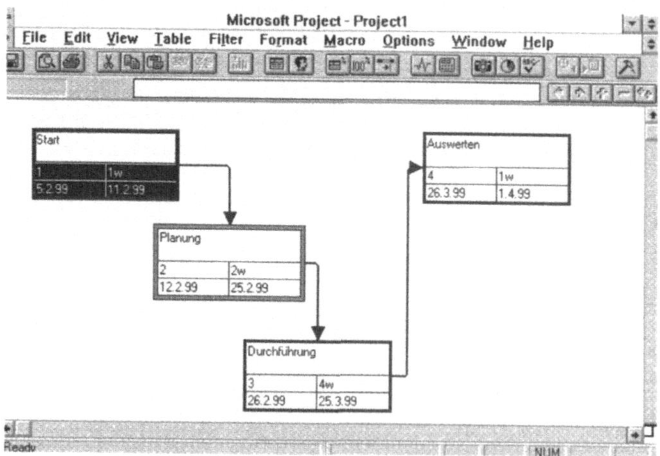



## 3.11.6
## Gestaltungsphase/Spezifikationsphase

○ Ziele der Phase

- Feinspezifizierungen der Funktionen

- Kosten-Nutzen-Schätzung

- Projektwertanalyse

- Vereinbarung konkreter Arbeitspakete/ Subaufträge/ Teilprojekte

- Meilensteine-Feinplanung

- Kapazitäts- und Ressourcen-Feinplanung

- Management der Abhängigkeiten

- Planung des Prozesses
- Planung des Projektcontrollings
- Planung des Berichtswesens
- Berichtszeitraum definieren/einhalten
- Raum-, Ort- Terminplanung des Projektmanagements
- Ablauf-Feinplanung (Netzplan)
- Endgültige Leistungsbeschreibung

Phasenende ist:

○ Freigabe der endgültigen Leistungsbeschreibung zur Realisierung

○ Projektleiter und Projektteam werden mit der Fortführung des Projektes beauftragt.

## 3.11.7
## Realisierungsphase

○ Führen
○ Motivieren
○ Übersicht behalten
○ Geplante Aktivitäten/Meilensteine aufzeigen
○ Nächste Schritte bzw. Modifikationen aufzeigen
○ Einfluss der kritischen Erfolgsfaktoren kritisch durchleuchten
○ Erläuterung für Meilenstein- und Budgetabweichungen
○ Abarbeitung der Arbeitspakete gemäß der Feinplanung
○ Qualitätssicherung
○ Termin- und Kosteneinhaltung
○ Implementierung des Projektergebnisses in die Gesamtorganisation
○ Funktionalität des Projektergebnisses her- und sicherstellen
○ Erreichung des Projektergebnisses im Zeit- und Kostenplan
○ Durchgeführte Aktivitäten bzw. besondere Ereignisse dokumentieren

Phasenende ist:

○ Abnahme des Projektes
○ Entlastung des Projektleiters und des Projektteams

## 3.11.8
## Auswertungsphase

○ Projektdokumentation

○ Abrechnung Kosten-Nutzen

○ kritische Analyse des Ablaufes (fachlich, organisatorisch, methodisch)

- Erfüllung der ursprünglichen Ziele
- Erreichung der Meilensteine
- Auswertung der endgültigen Kosten
- Auswertung der erfolgten Koordinationsprozesse
- Einfluss der kritischen Erfolgsfaktoren
- Auswertung der benötigten Zeit/Ressourcen
- Gesamtbewertung des Projektes
- Verbesserungen für die Zukunft

○ Sicherstellung der Pflege und Wartung der Projektergebnisse

○ Volle Integration des Projektergebnisses in die Organisation

Phasenende ist:

○ Abschlussbericht, endgültige Projektdokumentation

○ Auflösung der Projektstrukturen

## 3.11.9
## Hauptrestriktionen des PM

Die Hauptrestriktionen beim Projekt-Management zeigt das abgebildete Dreieck. Es gilt in der vorgesehenen Zeit mit dem verfügbaren Budget das beste Ergebnis zu erzielen. Nur Projekte, die keine Überschreitung der jeweiligen Restriktion aufweisen, können erfolgreich sein.

*Abbildung 3.9 Jedes Projekt soll das beste Ergebnis bei den vorgesehenen Zeit- und Budgetvoraussetzungen erzielen.*

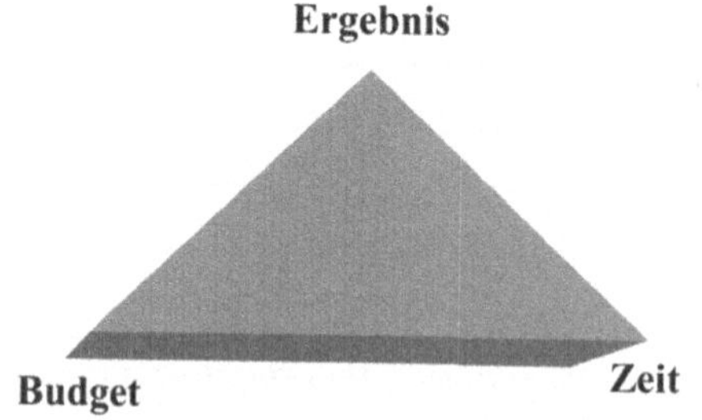

# 3.11.10
# Projekt-Management Methodik

Projekt-Management umfasst auch die Methodik zur Lösung komplexer Probleme. Unter Methodik wird die Logik einer bestimmten Vorgehensweise verstanden, z.B. vom Groben zum Feinen, vom Unstrukturierten zum Strukturierten, vom Allgemeinen zum Konkreten, vom Großen zum Kleinen, etc.

Projekt-Management benötigt dazu Methoden, Verhalten, Techniken und Instrumente zum Entwurf, zur Planung, zur Steuerung, zur Leitung, zur Durchführung und zur Implementierung von Projekten sowie zur Dokumentation und für das Berichtswesen. Die Methoden des Projekt-Managements umfassen auch die Methoden zur Gestaltung von Beziehungen, zur Projektstrategie und zur Teamentwicklung.

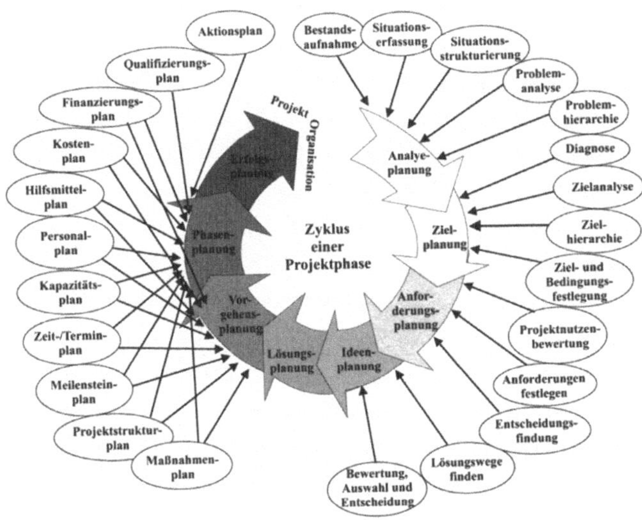


*Abbildung 3.10*
*Die Arbeits-methodik im Projekt entscheidet oft über den Erfolg.*

In der Abbildung 3.10 wird eine Systemplanung dargestellt, die unterschiedliche Methoden zusammenfasst, die auf der sachlichen bzw. fachlichen Ebene die unterschiedlichen Stationen in der Problemlösung modellieren helfen. Die inhaltliche Klärung in den einzelnen Projektphasen ist Voraussetzung, damit im Anschluss der weitere Projektfortschritt formal, d.h. ablaufbezogen geplant werden kann.

# Literatur


[1]    Keßler, H., Winkelhofer, G.: Projektmanagement, Leitfaden zur Steuerung und Führung von Projekten. 2. Aufl. Berlin Heidelberg: Springer-Verlag, 1999.

[2]    Thomsett, M.C.: The Little Black Book of Project Management. New York: Amacom, 1990.

# 4 Qualitätsmanagement

*- Food for powder*
*- Kanonenfutter*

## 4.1
## Glücksspiel versus Sicherung

Eine der Ursachen für missglückte Produktionen liegt in fehlender bzw. mangelhafter Qualitätssicherung. Während vor einigen Jahren das Thema als lästiges „Klotz-am-Bein" und Ursache von Zusatzkosten angesehen wurde, stellt es heute ein wesentliches Kriterium für eine Vielzahl Auftraggeber, insbesondere auf internationaler Ebene, dar. Leider ist das Thema zu umfangreich, um hier im Detail abgehandelt zu werden.

*Merkmale der Qualität bei Multimedia-Projekten*

Was ist Qualität bzw. wie soll man sie definieren? In Verbindung mit Multimedia assoziiert man Qualität unter anderem mit Bild, Grafik, Text, Ton, Didaktik, Interaktivität, Technologie, Design, Medien, Medieneinsatz, Redaktion, und Preis/Leistungsverhältnis. Haben diese Merkmale aber die gleiche Bedeutung für Auftraggeber und Produzent? Wie weit klaffen die Vorstellungen auseinander?

Es wird klar, dass Qualität immer eine Eigenschaft sein wird, die für jede Produktion neu definiert werden muss. Dabei sollte man die drei wichtigsten Merkmale der Qualität beachten:

○ Kundenorientierung

○ Produktbezogene Anwendbarkeit

○ Dienstleistungsbezogene Anwendbarkeit

*Qualität und Leistung*

Da Leistung ein neutraler Begriff ist, tut man gut daran, diese so klar wie möglich zu beschreiben, z.B. in einem Pflichtenheft oder Projektleistungsplan. Hierdurch wird eine Messgröße kreiert, aus der sich die Qualität ableiten lässt. Qualität wird dann ein Werturteil, inwiefern sich die erbrachte Leistung mit den Anforderungen deckt.

○ Qualität ist eine Eigenschaft, die jeder Art von Leistung zugeordnet werden kann. Sie wird erzielt durch die Erfüllung der leistungsbezogenen Kundenanforderungen und Kundenerwartungen.



Die ISO 9000 bzw. DIN-Qualitätszertifizierung hat sich mittlerweile eingebürgert. Wenn diese auch noch nicht für absolute Qualität garantiert, gewährt das Siegel zumindest einem potentiellen Auftraggeber einen Einblick in die Philosophie des produzierenden Unternehmens und dessen Produktionswege/-prozeduren. Ob die Produktionsfirma sich an ihre eigenen „Spielregeln" hält, ist ein Zeichen der Seriosität und möglicher Zuverlässigkeit. In erster Linie dient jedoch die Zertifizierung dem Kunden, denn hierdurch gewinnt er einen Einblick in die Produktionsfirma.

Durch eine methodische und systematische Durchführung profitiert der Auftraggeber, da er sowohl im Vorfeld wie auch während des Prozesses mehrfach Gelegenheit erhält, Abläufe und Reviews zu durchleuchten. Bei Produktionen mit mehreren Auftragnehmern besteht die zwingende Notwendigkeit der Koordination der verschiedenen Disziplinen, um ein homogenes Ergebnis sicherzustellen. Auch hierfür dient Qualitätsmanagement.

## 4.2
## Kundenerwartungen

Nach wie vor haben die meisten Kunden eine unscharfe Vorstellung davon, was sie eigentlich erwarten. Dies liegt zum Teil an der „Unerfahrenheit" des Kunden, d.h. der Kunde verfügt oft über nur rudimentäre Vorstellungen über Technologien, Möglichkeiten und Kosten der Multimedia-Produktion. Deswegen kann es leicht zu „Unzufriedenheiten" zwischen Auftraggeber und Produzenten kommen. Typische Kundenerwartungen sind:



○ Das Produkt/Projekt soll erfolgreich sein.

○ Das Produkt/Projekt soll einmalig sein.

○ Das Produkt/Projekt soll möglichst fehlerfrei sein.

○ Das Produkt/Projekt soll nicht zu teuer sein.

○ Der Dienstleister soll einen guten Service haben.

○ Der Dienstleister soll den Kunden besonders schätzen.

○ Dem Dienstleister will der Kunde langfristig vertrauen können.

Die Erfahrung hat gezeigt, dass Kunden intensive Beratung benötigen, um unbestimmte Erwartungen in definierte Anforderungen zu bewegen. Dabei gibt es zwei besondere Paradigmen zu beachten:

○ Print ist nicht Multimedia.
  Bisherige Erfahrungen des Kunden mit Print- und ggf. Video-Medien führen nicht unbedingt dazu, eine erfolgreiche bzw. leistungsstarke Multimedia-Applikation zu entwickeln.

○ Multimedia-Projekte müssen nicht unbedingt anders sein als das, was der Kunde für angepasst und sinnvoll hält.

Die Lösung liegt in der Beratung und Vorgehensweise beim Kunden gleich zu Beginn des Auftrags. Somit empfiehlt sich ein Qualitätsmanagement-System im Vorfeld zu etablieren.

## 4.3
## Checkliste: Q-Management-System

Hier die Checkliste für die wichtigsten Schritte zur Entwicklung eines Qualitätsmanagement-System:

1. Setzen Sie die Einführung Ihres Systems als Projekt auf. Dies ist die ausschließliche Aufgabe der Unternehmensleitung. Bestandteile sind: Grobplanung, Motive, Ressourcen, Finanzierung, Zeitplan und Materialplan. Ziel des Vorhabens bleibt, ein System zu etablieren, das den Erfolg durch erkennbare Besserung der Qualität unter kontrollierter Rentabilität sicherstellt. Diese Planung und deren Entwicklung soll dokumentiert und in der Einleitung des Qualitätsmanuals wiedergegeben werden.

2. Legen Sie fest, wo Qualitätsmanagement greifen soll. Die Auswahl der Prozesse, Firmenbereiche und Prozeduren liegt ebenfalls bei der Unternehmensleitung. Es ist ratsam, komplexe, bereichsübergreifende Prozesse ausführlich zu beschreiben und als Standard Operating Procedures zu fixieren.

3. Schulen und motivieren Sie Ihre Mitarbeiter. Alle betroffenen Mitarbeiter müssen einbezogen werden. Dabei müssen sie über Aufgaben, Zielsetzungen, Hintergründe und Inhalte ausführlich informiert sein.

4. Machen Sie es positiv. Ziel ist es, eine verbesserte Produkt- und Prozessqualität zu entwickeln, nicht Kritik zu üben. Je mehr Mitwirkende sich im Prozess wiederfinden können, desto höher sind die Chancen auf Erfolg.

5. Bilden Sie eindeutige Arbeitskreise und Verantwortlichkeiten. Hierfür muss jemand mit ausreichender Autorität ausgestattet werden, um Konfliktsituationen regeln zu können.

6. Legen Sie fest, nach welcher Methode gearbeitet und dokumentiert werden soll.

7. Entscheiden Sie sich für die Art der Zertifizierung und Form der nötigen externen Beratung. Planen Sie ein entsprechendes Budget dafür, denn ohne Investition wird es nicht gehen. Erfahrungsgemäß bringt dies aber höhere Kosteneinsparungen.

8. Benchmarking – schauen Sie sich andere Unternehmen an. Meistens geben bereits zertifizierte Unternehmen gern Auskunft über sich. Nutzen Sie diese Möglichkeit, Ihre Vorstellungen mit geprüften Vorgängen zu vergleichen.

9. Verbinden Sie sich mit Qualitäts-Partnern. Man kann zusammen mit anderen Unternehmen den Prozess der Qualifizierung durchführen, um Kosten zu sparen und das Ergebnis zu verbessern. Eigene Partner, die bei Aufträgen zusammenwirken, sollten sich mit zertifizieren lassen. Falls dies nicht gelingt, sollte man im eigenen Qualitätsmanagement die Schnittstellen nach außen und die Verantwortlichkeiten mit externen Partnern exakt abstimmen und dokumentieren.

10. Ist-Prozesse sollen dokumentiert werden. Dabei können Flowcharts, Checklisten und Workflow-Systeme große Hilfe leisten.

11. Ebenfalls müssen die Soll-Prozesse für wichtige Schritte beschrieben werden. Dies soll dazu führen, dass entsprechende Korrekturschritte eingeleitet und erneute Analysen angesetzt werden, um fortwährende Qualitätsverbesserungen zu erzielen.

12. Machen Sie das System **SMART**: Spezifisch, Messbar, Anspruchsvoll, Realistisch und Termingerecht.

13. Qualitätsmanagement muss durchführbar, einfach und eine echte Hilfe sein, sonst wird es nie eingehalten und artet in Bürokratismus aus.

14. Prüfen Sie Ihr System mit internen Audits. Hierbei unterscheidet man gewöhnlich zwischen Produktaudits, Prozessaudits und Systemaudits. Man kann ineinander greifende Abteilungen zu gegenseitigen Kontrollen aufrufen.

15. Lassen Sie Kundenaudits zu. Durch die internen Audits ist man für den öffentlichen Blick gewappnet. Lassen Sie auch mal Ihre

Kunden Einblick nehmen, um Ihre Kundennähe/-orientierung
zu prüfen.

16. Setzen Sie Ihre Bemühungen kontinuierlich fort. Qualitätsmanagement ist nicht mit einem Male erworben bzw. erreicht. Verfolgen Sie deswegen die Bemühungen engmaschig und dokumentieren Sie die Fortschritte jährlich.

## Literatur


[1]   Bruhn, M. Qualitätsmanagement für Dienstleistungsunterneh-
      men. Grundlagen, Konzepte, Methoden. 2. Aufl. Berlin Heidel-
      berg: Springer-Verlag 1997.
[2]   Merx, O.: Qualitätssicherung bei Multimedia-Projekten. Berlin
      Heidelberg: Springer-Verlag 1999.
[3]   www.quality.de
[4]   www.efqm.org
[5]   www.quality.org
[6]   www.qfd-id.de

# 5 Projekt-Management Workout

*- I hear, yet say not much, but think the more.*
*- Ich sage wenig, desto mehr denke ich.*

## 5.1
## Was steht an?

Die Erfahrung hat gezeigt, dass jedes Projekt einmalig ist. Jedes Projekt besitzt seine eigenen Spezifikationen und benötigt seine eigene Managementform, wie bereits im vorigen Kapitel besprochen. Da die meisten Organisationen hierarchisch aufgebaut sind, ergibt sich nahezu automatisch die Notwendigkeit von internem Projektmanagement, z.B. in Arbeitsgruppen, mit einer Besetzung dieser Gruppen aus den entsprechenden Abteilungen:

*internes Team*

○ General Management

○ Marketing

○ Expertise

○ Sales

○ Personal

○ Training

○ Kommunikation

○ EDV

Aus unserer Sicht sollte diese Gruppe über folgendes verfügen:

*Kompetenzen*

○ Budget und Unterschriftsberechtigung (Sign-off)

○ Firmenassets

○ ausreichende Kapazität

○ ausreichende Sach- und Fachkompetenz

*Liaison oder Champion*

Wir empfehlen, eine Person als Koordinator für die Produktionseinheit(en) einzusetzen. Dieser Person wird eine Sonderrolle zugeordnet, denn sie soll

○ das Produkt kennen.

○ das Produkt der Zielgruppe präsentieren können.

○ Kenntnis von Corporate Identity besitzen.

○ eigenständig im Namen der Arbeitsgruppe(n) handeln können.

○ aktiv nach innen und außen koordinieren.

Hieraus ergeben sich, je nach Umfang und Komplexität des Projekts, zeitliche und räumliche Voraussetzungen, die der Koordinator mitbringen muss. Will die Firma mit Multimedia kommunizieren, dann empfiehlt es sich, eine Person oder eine den Anforderungen entsprechende Anzahl von Personen kompetent auszubilden, um auf lange Sicht gesehen Produktionen organisieren, begleiten und/oder durchführen zu können. Handelt es sich um eine „Sonderaktion", z.B. nur für einen Einsatzzweck, eine Messe oder eine einmalige Schulung, reicht es, wenn der Koordinator die Firmenkultur und die Darstellungsform des Produkts vertreten kann.

Man tut sich leichter, wenn die externen Partner sich ähnlich verhalten. Wir bieten unseren Kunden ebenfalls ein Produktionsprojektteam an, das sich aus einem Produktionsmanager, Programmierer, Inhaltsexperten und Grafiker zusammensetzt. Eine dieser Personen wird als „Programmdesigner" für das Projekt designiert und dient als ständiger Koordinator. Es ist seine oder ihre Verantwortung, anfallende Topics mit dem gesamten Team und tiefergehend mit dem einzelnen Mitglied zu managen. Welche Expertise hierfür am geeignetsten ist, hängt etwas von den Fähigkeiten und vorhandenen Funktionen des Auftraggebers ab. Oft existiert eine hinreichende Projektmanagement-Funktion im Haus, jedoch besteht dringend ein Bedarf an Ergonomie, Grafik oder Interaktivität. Somit ist es am besten, die Koordinationspartner so auszuwählen, dass diese Aspekte ergänzt werden. In den meisten Fällen wird das Projekt von einem Produktionsmanager begleitet, da er einen Überblick über sämtliche Funktionen hat.

Oft stehen hinter den jeweiligen Mitgliedern ganze Arbeitsbereiche, die ihrerseits wiederum koordiniert werden müssen (siehe Infografik). Auch hier liegt es an dem Programmdesigner sicherzustellen, dass die Koordination zwischen diesen Einheiten stimmt, auch wenn die respektiven Verantwortungen bei den anderen Projektteammitgliedern liegen.

Betrachtet man die verschiedenen Aufgaben und Phasen eines Projekts, beobachtet man Wellen der Beteiligung der diversen Teammitgliedern. In der folgenden Abbildung sehen wir, wie die Phasen: Strategie, Design, Implementierung, Installation, Qualitätssicherung und Wachstum während eines Projekts überlappen. Gemäß der Kommunikationsstrategie wächst das Vorhaben nach Abschluss der ersten Programmentwicklung.

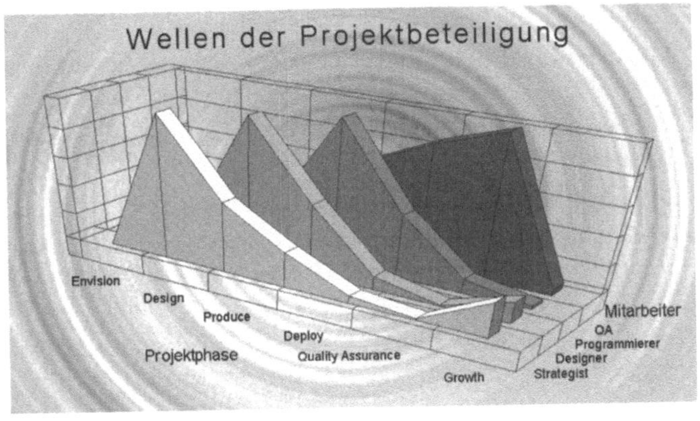


Abbildung 5.2 Wellen der Projektbeteiligung. Gemäß der Projekt-Phasen (Aufgaben) beteiligen sich die diversen Mitarbeiter.

Entsprechend muss man bei der Ressourcenplanung die Verfügbarkeit der jeweiligen Projektmitarbeiter rechtzeitig sicherstellen. Parallel dazu muss auf der Seite des Auftraggebers in jeder Phase ebenfalls sachkundige Mitarbeiter verfügbar sein, insofern Input und/oder Sign-Off anstehen.

## 5.2
## Wie geht es weiter

Hat man eine interne Arbeitsgruppe gebildet, empfehlen wir, wie in Kap. 1.2 besprochen, mit der Definition der Projektziele zu beginnen. Eine orientierende **Checkliste: Projektziele** kann wie folgt aussehen:



O Wer benutzt das Programm? (Kunde, Vortragende, Trainer etc.)

O Wie läuft es? (kontinuierlich, situativ)

O Wie wird es präsentiert? (Monitor, Screenprojektion, portables Display)

O Wo wird es installiert? (Lichtverhältnisse, Bewegung, Lärm)

O Welches Niveau der Interaktivität und welche Art der Interaktivität werden benötigt? (editoriell/verlockend, welche Geschwindigkeit, Kontinuität, Homogenität)

O Welche Charakteristika soll das Interface besitzen? (Screendesign; Hotspots; Cursorform(en); Steuerung: Remotecontrol, Touchscreen, Trackball, Keyboard, Maus etc.; Text/Menügestaltung; Navigationstools; analoge Metapher(n); didaktische Anwendung von Farbe, Fonts, Video und Audio)

O Wie lange soll die Information auf dem Bildschirm stehen? (display time)

O Wie komplex soll der Inhalt sein? (Niveaus, Links, Schlüsselbotschaften)

O Können die Themen (mit Tiefe) skizziert werden?

O Welche vorhandenen Assets können identifiziert, sortiert und zur Verfügung gestellt werden? (Photos, Grafiken, Film/Video, Animationen, Audiomaterial etc. – Copyrightrechte!)

O Welche vorhandenen Inhalte können identifiziert, sortiert und zur Verfügung gestellt werden? (Copyrightrechte!)

O Wie groß ist der Budgetrahmen?

O Wie sieht die zeitliche Produktionsplanung aus? (Kickoff-Datum und Abschlussdatum; ggf. Phasing)

O Ist die Planung realistisch?

Wenn intern nicht alle Punkte zur Zufriedenheit abgehandelt werden können, zögern Sie nicht, genau in dieser Phase Unterstützung von Externen zu holen. Es ist auch hier sinnvoll, rechtzeitig zu inve-

stieren, um Zeit, Meetingkosten und -effizienz zu optimieren, als
Woche für Woche ohne Ergebnisse verstreichen zu lassen. Die Pla-
nungs- bzw. strategische Phase soll zügig abgewickelt werden. Es
ist immer ein schlechtes Zeichen, wenn man bereits in dieser Phase
nicht vorankommt, denn Rückstand und Verzögerung entstehen von
ganz allein. Besser ist es, das Programm mit Elan und Begeisterung
ins Rollen zu bringen.

## 5.3
## Wann fällt etwas an?

Um die Produktion übersichtlich und greifbar zu gestalten, empfiehlt es sich, in Phasen zu arbeiten. Die Anzahl der Phasen hängt
von den eigenen Vorstellungen und der Erfahrung ab. Sinnvoll ist
eine Unterteilung in folgende Phasen:

*Produktionsablauf*

○ Akquisitionsphase

○ Orientierungsphase

○ Detaillierte Planungsphase

○ Produktionsphase

○ Postproduktionsphase

○ Testing, Optimierungs- und Debuggingphase

○ Mastering/Installation

○ Pressen, Verpackung, Versand (bei CD-ROM)

○ Dokumentation

In der *Akquisitionsphase* muss man dem potenziellen Auftraggeber das   *Akquisition*
Gefühl vermitteln, dass seine Wahl die richtige sei. Je transparenter die
Agenturleistungen sind und belegt werden, desto einfacher ist es für den
Auftraggeber zu entscheiden. Gute Grunde für zertifizierte Arbeitswei-
sen und klares Qualitätsmanagement. Aufgaben in dieser Phase können
beinhalten:

○ Kundenkontakt

○ Beratung

○ Anforderungsanalyse

○ Zeit- und Kostenschätzung nach Grobkalkulation

○ Wettbewerbe

*Abbildung 5.3 Produktionsablauf verteilt sich auf diverse Phasen*

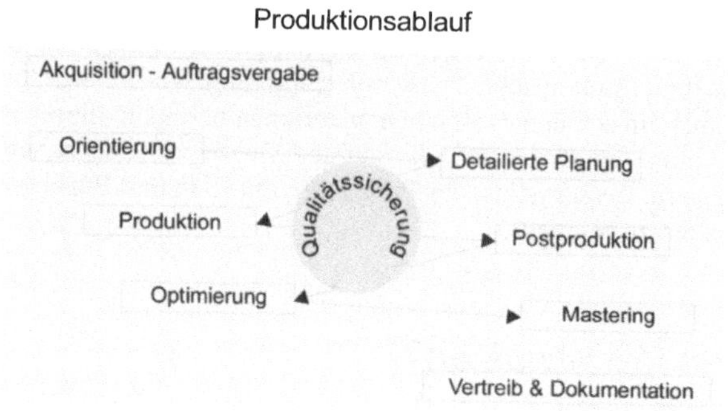

In der *Orientierungsphase* versucht man, vier Schritte zu behandeln:

*Orientierung*

○ Flowcharts über groben Programminhalt und Interactivity Design

○ Screendesign und/oder Storyboard

○ Beschreibung der Audio- und Videoelemente bzw. des Einsatzes von Medien

○ Budgetrahmen sowie seine Unterteilung

Manche Organisation ergänzt das Projekt um folgende Schritte:

○ Interne Überprüfung des Konzepts

○ Akzeptanz-Testen

○ Überarbeitung/ Anpassung des Marketing-Implementationsprogramms

Durch diese Schritte will man folgende konzeptionelle Funktionen erfüllen bzw. empfehlen wir folgende Methoden anzuwenden. Hierbei geht es in erster Linie um eine holistische Auffassung des Programms, damit Sinn und Zweck klar definiert werden. Erfahrungsgemäß wird im Laufe der Diskussionen und Workshops der ursprüngliche Umfang des Programms erweitert und neue Aspekte des Projekts entdeckt. Dies ist eine natürliche Folgerung der Erläuterung und Konkretisierung des Projektes. Auf jeden Fall muss zum Abschluss der Phase endgültig entschieden werden, welche Bestandteile verwirklicht werden sollen.

| Schritt | Vorhaben bzw. Zeile |
|---|---|
| Beratung | Workshops, Meetings, Schulungen |
| Flowchart | Bauplan, Orientierung, Benutzerführung |

| Schritt | Vorhaben bzw. Zeile |
| --- | --- |
| Storyboard | Informationsarchitektur, Inhalt |
| Online Redaktion | Inhalte mediengerecht aufarbeiten |
| Screen Design | Visuelle Regeln, Farbe, Bewegung |
| Interface-Design | Platzierung, Ergonomie |

Während der *detaillierten Planungsphase* werden folgende Schritte abgehandelt:

*Planung*

○ Zeit- und Ressourcenplan

○ Analysen (Wettbewerb, Markt)

○ Kundenmanagement

○ Workflow

○ Qualitätsmanagement

○ Detailliertes Storyboard

○ Liste aller einzusetzenden Medienelemente (Anzahl von Abbildungen, Photos, Grafiken, Dauer und Anzahl von Film/Animation/Audio etc.)

○ Prototyping von Interface, Screenorganisation und Navigation

○ Detaillierte Interaktivitätsdefinition

○ Prototypische Umsetzung der Schlüsselszenen

○ Eventueller, erneuter Feldakzeptanz-Test.

In der *Produktionsphase* erfolgen:

*Produktion*

○ Programmierung der Struktur in C, C++, Perl, JAVA, Java Script, VRML, etc.

○ Datenkonvertierung, Scans, 2D-/3D-Grafik, 3D-Modellling, Animation, Audio/Video

○ Feines Interfacedesign

○ Authoring in HTML, Shockwave, Programmierungstools

Eine *Review* dieser Aktivitäten kann auf verschiedene Art und Weise erfolgen:

*Review*

○ Schritt für Schritt vom Rohdesign zur Reproversion

○ Sampling

○ Supervision durch Schlüsselelement

Welches Reviewverfahren implementiert wird, hängt meistens direkt von der internen Kapazität und der Anzahl definierter Assets ab. Wir empfehlen eine frühzeitige Entscheidung für die Vorgehensweise, damit alle Beteiligten wissen, was auf Sie zukommt. Als Hauptziel gilt „no surprises"!

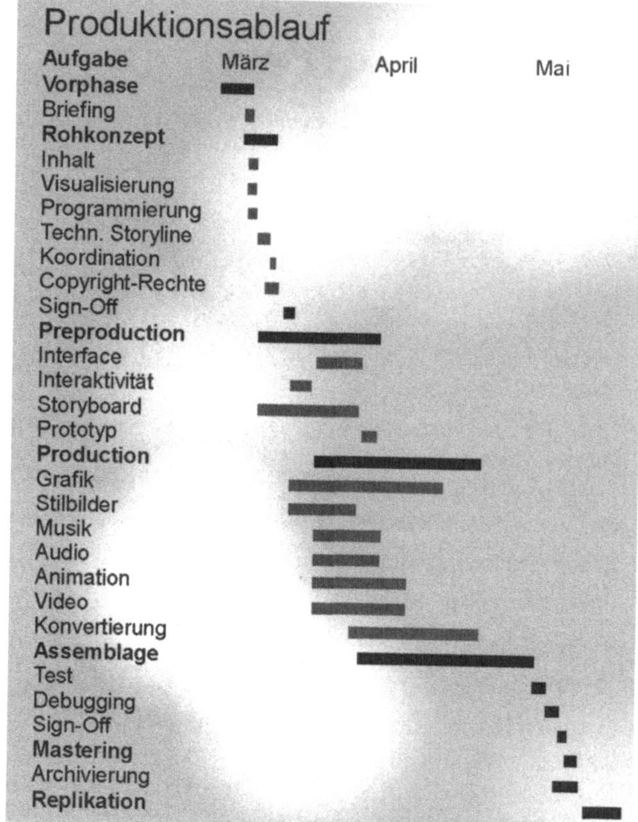


*Abb. 5.4 Schematischer Produktionsablauf einer CD-ROM*

Das Sign-off des Assets und Programmdesigns soll unbedingt vor der Integration des Materials erfolgen. Dies kann in einer Prototyp-Applikation oder einer rechnergestützten Simulation erfolgen. Es empfiehlt sich, im Reviewverfahren eine vordefinierte Menge der Repromaterialien und Videos unter die Lupe zu nehmen.

*Assemblage*  In der *Postproduktionsphase* werden alle Materialien in das Programm eingebaut und sämtliche Funktionen voll ausprogrammiert. In dieser Phase werden Bild, Ton, Grafik, Video und Animation in die geeigneten Formate konvertiert und eingebunden. Eine *Beta-Version* der Applikation entsteht.

Falls die Applikation auf einen Webserver bzw. LAN kommt, müssen ggf. folgende Faktoren berücksichtigt:

○ Servereinrichtung: Domain, Zugangsberechtigungen, Datentransfer, Schnittstellen,

○ Sicherheitsmanagement: Passwortschutz, Verschlüsselung, Benutzerauthentifizierung

Es folgt dann die *Testphase*, deren Ziele sind:

○ Internes Testen auf Performance und Funktionen

○ Optionales Feldtesten

○ Debugging und Optimierung

Wenn man einen Rat bei der Produktion beherzigen will, dann bitte diesen: Planen Sie genügend viel Zeit für die Testphase ein! Außerdem, testen Sie Ihr Programm auf allen verfügbaren Systemen, an die Sie kommen können – denn gerade beim PC gilt: lieber zehn mehr als eines zu wenig!

Zunächst gibt es eine Vielzahl von Funktionen und Abläufen im Programm selbst, die getestet werden müssen. Korrekturen in diesen Abläufen nennt man *Debugging*. Dieser Vorgang darf auf gar keinen Fall mit den sog. „last minute"-Korrekturen verwechselt werden! Obwohl vielen Firmen kurz vor dem letzten „Handshake" etwas einfällt, dass das Produkt angeblich noch besser machen könnte, gibt es in dieser Phase keinen Platz für „last minute"-Alterationen. Leider wird diese Phase vom Auftraggeber fälschlicherweise als „fortgesetzte Layoutphase" verstanden, obwohl es sich eigentlich um den Abschluss des Projekts handelt.

Darüber hinaus ist es unbedingt erforderlich, die Applikation an diversen Rechnertypen und -konfigurationen auszutesten, um eventuelle Probleme im Vorfeld zu erkennen. Nichts ist schöner als 1000 Disks in der Hand zu haben, die nur auf 80 % oder sogar nur auf 40 % der Rechner laufen, weil irgendeine Systemdatei fehlt.

Dies hat nichts mit der Funktionstüchtigkeit des tatsächlichen Programms zu tun, jedoch mit der erforderlichen Umgebungskonfiguration. Wird eine bestimmte Konfiguration vorausgesetzt, jedoch nicht erfüllt, müssen gezwungenermaßen, z.B. im Installationsprogramm, die entsprechenden Dateien mit aufgespielt werden. So unglaublich dies klingt, man entdeckt solche Notwendigkeiten oft erst beim Testen.

Gleiches gilt für die *Optimierung*. Manchmal entdeckt man, dass auf diversen Systemen Performance-Probleme sichtbar werden. Zum besseren Verständnis sollte man wissen, dass der Entwickler

Test<br>Debugging<br>Optimierung

in den meisten Fällen in extrem hochwertigen Computerumgebungen arbeitet, und somit ist es beinahe unmöglich für ihn vorauszusehen, wie dann das Ganze bei einem anderen Gerät bzw. auf einer anderen Plattform laufen wird. Da für Crossplattform-Hybrid-Erstellung die Konvertierung erst einer der letzten Schritte in der Entwicklung ist, werden solche Phänomene folglich erst in dieser Phase sichtbar.

Oftmals entdeckt man bei Hybridlösungen für MAC und PC – unabhängig davon, wie „sauber" man die Applikation entwickelt hat – dass dennoch technische Fehler auftreten, bestimmte Dateien oder Funktionen nicht abgerufen werden usw.

Manchmal erfordert dies eine Veränderung z.B. von Scriptbefehlen oder einfach nur eine neue Ordnung von Dateien in der Programmstruktur; manchmal muss man jedoch einiges „ausbügeln". Die Dinge lassen sich zumeist richten. Allerdings benötigt dies Zeit.



Anschließend wird ein *Master* erstellt, und die *Vervielfältigung*, Verpackung und Versandaktivitäten werden eingeleitet. Interessant ist, dass viele Organisationen gerade bei diesen Schritten einer zeitlichen Fehlschätzung unterliegen.

Mittlerweile ist man derart an digitale Druckergebnisse gewöhnt, dass man vergisst, wie zeitintensiv die Erstellung von Druckunterlagen und die Konfektionierung sind. Während die CD-Pressung selbst binnen 5–7 Tage über die Bühne geht, benötigen Label-Druck, Inlet-Druck, Booklet-Druck und andere Verpackungselemente in der Regel 3–5 Wochen, weil hier noch die Reprofilmherstellung, der Druck, das Falzen und das Binden etc. erfolgen müssen. Da diese Aktivitäten eigentlich vor der Replikation stattfinden sollten, ist die Vorlaufzeit entsprechend früh anzusetzen. Schade ist es, wenn alles brachliegt, weil die Verpackung noch nicht verfügbar ist. Holen Sie lieber rechtzeitig einen Termin im Presswerk ein; sichern Sie sich ab, dass die Druckprodukte rechtzeitig fertiggestellt sind und vor allem auch im Presswerk vorrätig vorliegen.

Halten Sie diese Termine streng ein! Bitte bedenken Sie, das Presswerk unterbricht die Produktion von Audio-CDs mit Auflagen um 500.000 plus, um Ihre 1.000 oder 5.000 CDs zu fertigen. Haben Sie Ihre Logistik nicht ordentlich abgestimmt, werden Sie in der Produktionsplanung (rücksichtslos) nach hinten geschoben. Die Einführung ist somit geplatzt oder glauben Sie, dass Sie gegen Michael Jackson, die Prinzen oder die Toten Hosen etwas entgegen setzen können?

# 5.4
# Kompetenzen, Unterschriften und Visionen

Es wird zahlreiche Meetings geben, in denen Ergebnisse und Vorhaben des Projekts diskutiert, geprüft und verabschiedet werden müssen. Es ist deswegen für alle Parteien extrem wichtig zu wissen, wer befugt ist, einzelne Abschnitte bzw. das Endprodukt freizugeben. Wir empfehlen deshalb, hiefür in der Unternehmensprojektgruppe eine klare Kompetenz und Entscheidungsbefugnis zu verankern.

Im Gegensatz zum Druck oder einer Filmproduktion muss man jeden Schritt in der Entwicklung als „Endstufe" betrachten. Dies bedeutet, dass einmal abgenommene Teile einer Entwicklung nicht mehr diskutiert oder verändert werden. Insbesondere gilt diese Regel für Interface- und Navigationsdesign, da diese Justierungen mit Zeit- und Personalaufwand/-kosten verbunden sind, die sicherlich die vorgesehene Entwicklungszeit und das Gesamtbudget überschreiten.

Als *Faustregel* gilt: „Do it right the first time around".

Die erste Stufe ist Endstufe

# 6 Technische und organisatorische Voraussetzungen

*- All the perfumes of Arabia*
*- Alle Wohlgerüche Arabiens*

## 6.1
## Publishing-Formate

Dieses Thema wurde bereits in Kap. 2.5 und 2.8 angeschnitten.
Entscheidungen stehen an für:

○ Publishing-Medium

○ Plattformauswahl

○ Entwicklungssoftware

Ausschlaggebend für die Entscheidung über das Publishing-Medium ist immer die Zielgruppe und deren Standort!

Will ich in Südamerika oder im ländlichen Bereich mein Programm einsetzen, ist damit zu rechnen, dass möglicherweise kein Hotline-Support für Hardware zu erwarten ist; somit kann die Plattformentscheidung z.B. zu Gunsten von DVD oder CD-Video ausfallen.

Eine Binsenweisheit für die Plattformentscheidung ist allgemein schwer zu erteilen. Die Ergebnisse aus der Checkliste ergeben in Verbindung mit dem Kriterienkatalog und den Qualitätsmerkmalen meistens automatisch die Entwicklungsplattform und ggf. die Publishing-Plattform. Die Entwicklung soll so hochwertig angesetzt werden, dass sämtliche Crossplattformwünsche erfüllt werden können, denn Downscaling ist einfacher als Upscaling, gerade wenn es um Medienqualität geht. Allerdings sollen sowenig Konvertierungs- und Anpassungsschritte wie möglich geplant werden, um auf die Publishing-Plattform zu kommen. Entsprechend muss auch die Auswahl für Assetsstandards, Dokumentation und eingesetzte Entwicklungstools ausfallen.

Abbildung 6.1
Ausgabe-
plattformen und
Bedienungs
geräte

| Präsentationsart | Plattform | | | | | Ausgabegerät | | |
|---|---|---|---|---|---|---|---|---|
| | CD-ROM | DVD | Festplatte | Online | on-/offline-Hybrid | Tastatur | Maus | Trackball |
| Atlanten | X | X | X | X | X | X | X | X |
| Beratungsunterlagen | X | X | X | X | X | (X) | X | X |
| Datenbank | X | | X | X | X | | (X) | X |
| Edutainment | X | X | (X) | X | X | X | X | |
| Firmeneinführung | X | X | X | X | | X | X | X |
| Firmenpräsentation | X | X | X | X | X | X | X | X |
| Informationssysteme | X | X | X | X | X | X | X | X |
| Infotainment | X | X | (X) | X | X | X | X | X |
| Lernsysteme | X | X | X | X | X | X | X | |
| Lexikon | X | (X) | X | X | | X | X | |
| Messepräsentation | X | X | X | X | X | (X) | X | X |
| Nachschlagewerke | X | | X | X | X | X | X | |
| Produktanleitung | X | X | (X) | X | X | X | X | |
| Produktkataloge | X | X | X | X | X | X | X | X |
| Produktpräsentation | X | X | X | X | X | (X) | X | X |
| Reperaturanleitung | X | X | X | X | X | X | X | |
| Spiele | X | X | X | X | X | X | X | X |
| Telearbeitsanleitung | X | X | X | X | X | X | X | |
| Teleshopping | X | X | X | X | X | X | X | X |
| Unterhaltung | X | X | X | X | X | X | X | |

Aus der obenstehenden Liste können Sie entnehmen, dass sich fast
alle Plattformen und Bedienerführungen für alle denkbaren Applikation eignen können. Die Optimierung Ihrer Wahl hängt viel mehr
von der Umgebung und den Zielsetzungen als vom Betriebssystem
ab. Die minimalen Überlegungen für die Auswahl Ihres Ausgabe-
Systems sind in der folgenden Tabelle zusammengefasst:

**Publishing Plattformauswahl**

Welche Plattform wird von meinem Zielpublikum verwendet?
Liegen die Assets bereits für eine bestimmte Plattform vor?
Lassen sich die Materialien für andere Systeme aufbereiten?
Unterstützt die Plattform die definierten Funktionen?
Sind die entsprechenden Entwickler-Tools verfügbar?

- Plattform auswählen
  - Systemplattform
    - Apple Macintosh 68k
    - Apple Macintosh Power-PC
    - Windows PC x86 Prozessor
    - Windows PC Pentium Prozessor
    - Unix Plattform
    - Andere Systeme (DVD, Gamekonsole, Online, Internet)
- Welche Systemleistung erfordert das Projekt?
  - Systemfunktionen
    - Netzworkeinbindung
    - Farbunterstützung
    - Multi-Channel-Sound
  - Hardwarefunktionen
    - CD-Laufwerk
    - Soundkarte
    - Videokarte
- Minimale Anwender-Konfiguration festlegen
  - z.B. Windows POC mit 486 Prozessor
  - 8 MB RAM, 5 MB freier Festplattenspeicher
  - CD-ROM-Laufwerk (doublespeed)
  - 8-Bit Farbmonitor mit 640 x 480 Bildpunkten
  - Soundblaster kompatible Soundkarte
- Art der Bedienerführung festlegen
  - Öffentlicher Zugang (POI)
    - Touchscreen, Sensortasten
    - Trackball, feste Tastatur
  - Begrenzter Zugang
    - Tastatur u/or Maus

*Abbildung 6.2 Auswahl Publishing-Plattform*

*Checkliste: Entwicklungstool-Funktionen*

❍ Ist ein Runtime-Modul erforderlich (damit das Programm auf einem fremden Rechner laufen kann)?

❍ Ist eine Fernsteuerung durch ein externes Gerät, z.B. durch einen Projektor, vorgesehen?

❍ Sind Editierungen erforderlich?

❍ Welche Plattform(en) wurde(n) ausgewählt?

○ Welche Performance-Merkmale sind vorgesehen? (schnelle Performance z.B. bei Spielen oder bei großen Multimedia-Bilddatenbanken ist lediglich unter Anwendung von Hochsprachen erreichbar).

○ Ist eine Datenbank-Einbindung vorgesehen?

○ Wird das Programm regelmäßig aktualisiert?

○ Werden alle Formate und vorgesehenen Medien unterstützt?

○ Werden Hypertexte integriert?

○ Sollen scriptorientierte oder iconorientierte Tools verwendet werden?

Die meisten Multimedia-Programme erfordern hochwertige Authoring-Tools, da die Fähigkeit des Einbindens von diversen Fileformaten/Medien und Performance mit der Möglichkeit der Portierung auf andere Plattformen direkt in Verbindung steht.

## 6.2
## Pflichtenheft – was ist mein Standard?



Wenn Sie den Begriff „*Format*" hören, denken Sie möglicherweise an Bildformate, wie z.B. .TIF, .PICT, .BMP, .PCX, .EPS, .GIF oder .JPEG. Natürlich gilt der Begriff „Format" auch für das Plattform-, Medium- sowie Medienformat und für viele mehr. Bereits in Kap. 2.6 und 2.7 wurden die Entscheidungswege für Publishing-Format, Mediumauswahl und Entwicklungstools besprochen. Dennoch dürfte immer noch etwas Verwirrung über den Begriff „Format" herrschen.

Welche *Standards* existieren und was mit einer Festlegung eigentlich entschieden ist, steht noch aus. Ferner sollte noch gefragt werden, welche *Qualität* innerhalb des Formats gemeint ist.

Außen vor lassen wir die Vielfältigkeit der Betriebssysteme und Festplatten und wenden uns zunächst dem sog. „Multimedia-Format": Compact Disc zu. Eine CD gibt es in zwei Größen, nämlich mit 8 oder 12 cm Durchmesser, wobei uns allen die 12-cm-Scheibe seit der Einführung der Audio-CD im Jahr 1983 geläufig ist. Diese CD bietet für 650–700 MB Platz und existiert in folgenden Formaten:

*Speicher-Formate:*

○ **CD-i** (Compact Disc interactive) basiert auf dem Green Book Standard. Hierbei wird das Betriebssystem OS/9 benutzt, das Sektoren-Interleaving erlaubt, welches ein paralleles „Abrufen" von Daten ermöglicht (auf einer CD-ROM werden die Dateien kontinuierlich gespeichert, während auf einer CD-i die Dateien in Sektoren abgelegt zur Verfügung stehen). Eine CD-i benötigt entweder ein CD-i-Player oder eine entsprechende Zusatzkarte mit kompatiblem CD-ROM-Laufwerk für den PC/MAC. Zwischenzeitlich ist CD-i eher ein historisches Medium geworden. Durch die weiter Entwicklung von DVD und CD-ROM ist CD-i weitgehend abgelöst worden.

○ **CD-ROM** hat als Grundlage das Yellow Book. Eigentlich gibt es hierfür keinen klaren Standard. Es muss immer eine minimale Systemkonfiguration definiert werden. Auch der Versuch mit dem High Sierra Format (ISO-9660) ermöglicht nur bedingt eine Basis für alle Multimedia-Zwecke, die mittlerweile auf dem Markt sind. Wenn Sie heute auf CD-ROM publizieren wollen, versuchen Sie innerhalb der ISO-9660-Grenzen zu bleiben, denn damit können Sie sich auf diverse integrierte Treibersoftware in den Betriebssystemen DOS/Windows stützen.

○ **CD-ROM-XA** (extended Architecture) ist eine Erweiterung des CD-ROM-Formats auf einen gemeinsamen Nenner. CD-ROM/XA erlaubt plattformübergreifendes Lesen. Das Format nutzt die Sektoraufteilung der CD-i und erlaubt ferner ein Multisession-Schreiben. Hieraus ergibt sich die Möglichkeit, z.B. eine PhotoCD nacheinander mit Bildern zu „füllen" und dann die einzelnen Bilder gesondert oder gemeinsam zu lesen. Die sog. „Bridge-Disc-Technologie" ermöglicht es, die Disc auf diversen Plattformen laufen zu lassen.

○ **Mix-Mode-CD** ist eine Vernetzung zwischen der CD-Audio und CD-ROM, wobei die Computerdaten auf Track 1 und die Tondateien auf den anderen Tracks liegen. Die Wiedergabe erfolgt entweder auf dem Computer oder auf einem CD-Audio-Abspieler, wobei gesichert sein muss, dass das Audioabspielgerät nicht auf Track 1 zugreift; andernfalls kann es zu einer Schädigung des Stereosystems kommen. Eine Erweiterung des Mix-Modes ist die **CD-Plus**, die eine Multisession-Erstellung zulässt. Die CD-Plus nimmt die Audioteile in der ersten und die Computerdaten in der zweiten Session auf.

○ **Hybrid-CD-ROM** kombiniert das ISO-9660-Format für PC und HFS (Hierarchical File System) vom MAC. Somit entsteht eine Scheibe, die auf beiden Betriebssystemen abspielbar ist. Selbstverständlich müssen sämtliche Files auf beiden Plattformen lesbar sein, ansonsten müssen die Dateien entsprechend doppelt abgelegt werden, was natürlich jeweils entsprechenden Speicherplatz in Anspruch nimmt.

○ **PhotoCD** ist ein von Kodak und Philips eingeführtes Format für die Speicherung von Bildmaterialien. Es werden zwei Formate benutzt: Das PhotoCD- bzw. Pro-PhotoCD-Format, das ermöglicht, hochauflösende Bilder in bestimmten Bildgrößen zu speichern; und das PhotoCD-Portfolio II, das verschiedene Bild- und Ton-Dateienformate (TIF, PICT, AIFF etc.) aufnehmen kann und eine baumartige Selektion der Dateien zulässt. Mit Portfolio II können einfache Multimedia „Ton-Diashows" erstellt werden.

○ **Video-CD und Video-CD 2.0** richten sich nach dem White Book Standard Format. Video-CD packt ein digitales Video im MPEG-1-Format auf die Scheibe. Video-CD 2.0 erlaubt eine zusätzliche Selektionsauswahl der Filme.

○ **Digital Versatile Disc, DVD**, wurde 1996 zunächst als „Digital Video Disc" eingeführt und dann umgetauft. DVD ordnet die Information nach einem neuen Prinzip und erhöht die Speicherkapazität. Wie oft bei der Einführung von anderen Formaten beobachtet, haben sich die Hersteller leider immer noch nicht auf einen endgültigen Standard geeinigt. Das DVD-Format spezifiziert vier Disc-Konfigurationen: von 4,78 GB bis 17 GB; hierbei gibt es Formate für DVD-Audio, DVD-Video, DVD-ROM und DVD-RAM (beschreibbar und löschbar). Zur Zeit werden DVDs mit ca. 9 GB Speicherkapazität; dies wird vorwiegend für Hollywood Filme in hoher MPEG-Qualität benutzt. Der Ausbau bis auf 18 GB steht kurz bevor. Seit Mitte 1998 ist zumindest eine Hybrid-Version verfügbar, die das Abspielen auf Mac- und PC-Rechnern sowie auf Standalone-Playern zulässt. Ob, inwiefern und wann die DVD-Formate das CD-ROM-Format ablösen wird, ist noch nicht ersichtlich. Wenn man allerdings die Entwicklung der Festplatten-Speicherkapazität der letzten Jahren vor Augen führt, kann man sich den anbahnenden Bedarf schon vorstellen.

○ **High Density CD, HDCD**, ist die Computerversion von DVD.

○ **CD-R** (recordable) sind die goldenen Scheiben, die in einem CD-Recorder je nach gewünschtem Format beschrieben werden können. Rohlinge werden von verschiedenen Firmen angeboten.

○ **CD-E** (erasable) bzw. **CD-RW** (rewritable) steht seit Ende 1997 als CD-ROM-Format zur Verfügung. Die CD-E ist eine wiederbeschreibbare CD, ähnlich einer normalen Diskette, allerdings mit 650 MB-Speicherplatz.

Welche Assets oder Dateien man auf die CD packt, ist die nächste
Entscheidung. Für die Medien Video, Audio, Grafik und Text steht
zur Zeit folgende Auswahl zur Verfügung:

**Video:**

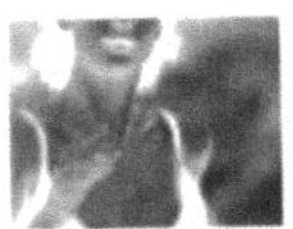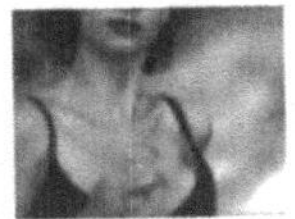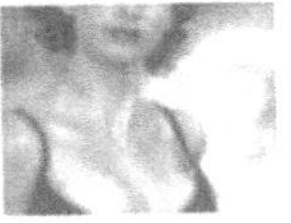

*Abbildung 6.3
Mit Video lebt
Multimedia auf!*

*MPEG (Motion Picture Expert Group)* ist der derzeitige Standard
für Bewegtbild in Multimedia. Das Video wird verschlüsselt und
komprimiert, damit die Bilder weniger Speicherplatz in Anspruch
nehmen, aber trotzdem eine hohe Bildqualität besitzen. MPEG wird
online oder offline decodiert. Beide Methoden haben ihre Vorteile.
Die Echtzeit-online-Verfahren sind schnell und preiswert, während
die Offline-Methoden eine verfeinerte Bearbeitung der Einzelse-
quenzen vor und nach dem Encoding zulassen. Zur Zeit stehen
mehr oder minder drei Stufen des MPEG-Encoding zur Verfügung:

○ MPEG-1 wird für Datenübertragungsraten von ca. 1,2 bis 5 MB
pro Sekunde eingesetzt. Es erlaubt z.B. Fullscreen FullMotion
Video in PAL- oder NTSC-Format mit Dolby Surround Sound,
auch wenn die „Bilder" in SIF (Standard Input Format) vorliegen (352 x 288 Pixel für PAL und 352 x 240 für NTSC).
MPEG-1 benutzt eine asymmetrische Kompression und unterteilt die Bilder in I, P- und B-Frames. Ein I-Frame ist die initiale
Information über eine Minibildsequenz. Die P-Frames (Predic-
tive-coded picture) stellen Referenzbilder für die I-Frames dar.
Zwischen I-und P-Frames liegen die Bidirectional Frames. Die
Bidirectional Frames können sowohl vorwärts als auch rückwärts abgespielt werden, weil sie die Information aus den I- und
P-Frames erhalten. Somit können die Intrapictures im Schnel-
lauf individuell angesteuert und eine editierbare MPEG-
Sequenz per digitalen Schnitt an I-Frames bearbeitet werden.

○ **MPEG-2** erlaubt eine Übertragungsrate von 2 bis 16 Megabit
pro Sekunde. MPEG-2 unterteilt sich in diverse Profiles (Kom-
pressionsmöglichkeiten) und Levels (Bildauflösung), die für
den jeweiligen Zweck dienlich sind. MPEG-2 wurde vorwiegend für Digital Audio Broadcasting (DAB), Digital Versatile
Disc und Digital TV konzipiert. Wahrscheinlich wird MPEG-2
der Standard für den Breitbandübertragungsmodus werden.

○ **MPEG-4** entsteht zur Zeit und wird mit der Vision entwickelt,
dass die Welten des Computers, Films und Fernsehens sowie der
Kommunikation konvergieren. MPEG-4 besteht aus fünf Haupt-

*Video:
MPEG-1
MPEG-2
MPEG-4
Motion-JPEG
Video für
Windows
Quicktime*

teilen MPEG-4 Video, MPEG-4 Audio, MPEG-4 SNHC (Synthetic Natural Hybrid Coding), MPEG-4 MSDL (MPEG-4 System and Description Language) und MPEG-4 Requirements. Mit den letzten 3 Komponenten werden die Komposition der Medien mit Overlay-Technik, Objekt-orientiertes Coding und eine netzunabhängige, flexible Übertragung (Mobilfunk, Telefon, Internet, Breitband, etc.) ermöglicht.

○ **Motion-JPEG** ist ein eher non-professional Kompressionsverfahren, das einzelne Bilder in Sequenzen komprimiert. Audiokompression erfolgt in diversen Sampling-Frequenzen und Bit-Auflösungen.

○ **Video für Windows** unterstützt diverse Software-Encoders: Video1, RLE, Indeo und Cinepak. Die Qualität, Auflösung und Geschwindigkeit sind rechnerabhängig und liefern meistens nur bescheidene Resultate. Wenn plattformübergreifende Programme entwickelt werden, sollten Cinepak oder Indeo eingesetzt werden. Video für Windows ist unter der Extension „AVI" bekannt.

○ **QuickTime** benutzt den Apple Video Codec, den Animation Codec, Cinepak, Indeo und Component Video Codec (YUV). QuickTime ist zur Zeit qualitativ besser als Video für Windows und läuft problemlos auf den Plattformen MAC, PC und Internet. Obwohl QuickTime bis auf volle Bildschirmgröße skaliert werden kann, sind die Ergebnisse in einem kleinen Fenster besser. Der QuickTime-Player ist kostenlos aus dem Internet (http://www.quicktime.com) zu erhalten. Die neueste Version 4.0 unterstützt die Wiedergabe von **QuickTime-Filmen**, **Quick Time-Virtual-Reality**, **QuickDraw-3D**, **QuickTime-Audiodateien** und **Pict-Abbildungen**. QuickTime-Filme und -Audio sowie Pict-Bilder sind praktisch die Standards in der Multimedia-Technik-Landschaft. Von der Qualität, Funktionalität und Flexibilität des Einsatzes sind sie kaum zu übertreffen. Mit QuickTime-VR kann man 2-D Räume und Objekte in 360-Grad-Panorama darstellen.

Mit QuickTime-VR kann man Räume begehen und miteinander verknüpfen, um virtual-reality-3-D-Effekte zu erzielen. Diese

Technik eignet sich für Animationen, Navigationselemente und Darstellung komplexer Objekte (z.B. Explosionsmodelle) sehr. Ebenso lässt sich mit QuickDraw 3-D-Objekte darstellen, bewegen und verknöpfen. QuickTime-Formate werden von beinahe allen Authoring-Umgebungen unterstützt, weswegen sie große Beliebtheit bei Entwicklern genießen.

○ Für Internet-Entwicklung haben sich neben den oben genannten Formaten eine Reihe von Video-Encoding-Verfahren etabliert. Die erfolgreichsten sind: **RealVideo, VDOLive** und **ClearVideo**. Diese Verfahren zeichnen sich aus durch die relativ gute Bild- und Tonqualität bei hoher Kompression und niedriger Bit-Übertragungsrate, weswegen sie sich besonders für die Übertragung von Bewegtbildern eignen. Jedes Verfahren bedarf eines eigenen Plug-Ins für den Browser. Meistens kann man kostenlos das benötigte Plug-In aus dem Netz herunterladen, ansonsten muss man das Plug-In oder einen „Player" mit der Applikation mitliefern.

**Audio:**

○ **Redbook** ist der erste CD-Standard. Es hat eine Sampling-Frequenz von 44,1 kHz in 16-Bit-Auflösung und verfügt über Zwei-Kanalstereo.

○ **ADPCM** (Adaptive Delta Pulse Code Modulation) wird bei CD-i und CD-ROM/XA verwendet. Dieser Code bietet eine Vielfalt von Sampling-Frequenzen und Auflösungen und erlaubt somit eine flexible Mischung von Audioqualitäten. Dies kann bei einer großen Menge von Audios eine interessante Lösung bei Platzproblemen sein.

○ **AIFF** (Audio Interchange File Format) stellt Apples Lösung für Tonspeicherung dar. Es bietet Sampling bei 11,025, 22,05, 44,1 und 48 kHz in 8- oder 16-Bit-Auflösung in Mono oder Stereo. Wenn dieses Format in QuickTime eingebunden ist, können die AIFF-Dateien auch unter Windows mit einer geeigneten Soundkarte abgespielt werden.

○ **WAVE** wurde von Microsoft für den PC-Bereich entwickelt. Wie AIFF bietet WAVE die gleichen Abtastfrequenzen, Auflösungen und Wiedergabe-Qualitäten.

○ **MPEG-Audio-Level-2** wird auf der Video-CD verwendet und stellt die Basis für Digital Audio Broadcasting unter MUSI-

Audio:<br>
Redbook<br>
ADPCM<br>
AIFF<br>
WAVE<br>
MPEG-Audio-<br>
Level-2<br>
AU<br>
Shockwave<br>
RealAudio<br>
CoolTalk<br>
RapidTransit PM3

CAM (Masking Pattern Adapted Universal Subband Integrated Coding) sowie für DVD-Audio dar. Zur Zeit bietet MPEG-Encoding das effektivste Kompressionsverfahren.

○ **AU** (asynchrone Übertragung) wird wegen der Datenrate gern im Internet verwendet. Es wurde eigentlich für die Sprachübertragung entwickelt, weswegen Musikklänge etwas karg ausfallen.

○ Wie bei Video haben sich einige zusätzliche Kompressionsverfahren gerade für die Audio-Übertragung im Internet entwickelt. Hier hat sich auch einiges getan. Die heutigen Encoding- und Kompressionsverfahren ermöglichen die Übertragung von CD-Audio-Qualität. Die erfolgreichsten Verfahren sind: **Shockwave, RealAudio, CoolTalk, RapidTransit** und insbesondere **PM3**. Jedes Verfahren bedarf eines eigenen Plug-Ins für den Browser. Meistens kann man kostenlos das benötigte Plug-In aus dem Netz herunterladen, ansonsten muss man das Plug-In oder einen „Player" mit der Applikation mitliefern.

**Grafik:**



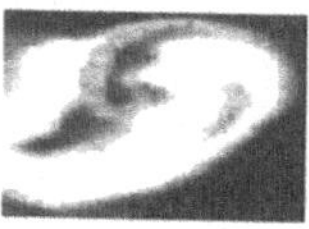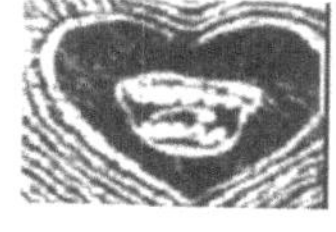

*Abbildung 6.6*
*Ohne Bilder*
*kein Wort*

○ **TIFF** (Tag Image File Format) findet man in der UNIX-, DOS/Windows- und MAC-Welt und dürfte eines der wenigen weit verbreiteten Standardformate sein. TIFF-Dateien werden von fast allen Bildbearbeitungs- und Multimedia-Authoring-Programmen unterstützt. Während TIFF-Dateien annähernd verlustfrei komprimiert werden können, sind sie dann für Multimedia-Zwecke (langsames Decoding!) und Online-Dienste weniger geeignet.

*Grafik:*
*TIFF*
*JPEG*
*GIF*
*PICT*
*BMP*
*PNG*
*EPS*

○ **JPEG** (Joint Picture Expert Group) ist mit dem Motion-JPEG-Verfahren vergleichbar und bietet eine hohe Farbtreue und Kodierungseffizienz. Die Qualität und der Grad der Kompression können eingestellt werden.

○ **GIF** (Graphics Interchange Format) CompuServe entwickelte das GIF-Format für den Online-Bereich. Es ist besonders geeignet für 256 Systemfarben (8-Bit-Grafiken mit Farbtabellen) und kann ähnlich wie TIFF-Dateien komprimiert werden.

○ **PICT** ist die Apple Lösung für Bitmaps in der Mac-Welt. QuickTime Video basiert z.B. auf PICT-Bildern im DOS/Windows-Betrieb. Es wird sehr oft in Print-Layout-Programmen und in der Druckindustrie verwendet.

○ **BMP** wurde von Microsoft für PC-Bitmaps entwickelt. Es ist mit OS/2 kompatibel und wird von einer Vielzahl von Bildbearbeitungsprogrammen unterstützt.

○ **PNG** von Siegel und Gale bietet eine komfortable Lösung mit Plug-In für Bilder im Internet, die sich nicht auf die Internet-Palette beschränken sollen und bis zu 32-Bit-Farbauflösung, eingebaute Gammakorrektur, multiple Transparenz-Layers und Interlacing benötigen.

○ **EPS** (encapsulated PostScript) wurde von Adobe für Layout und Belichtung in der Druckindustrie entwickelt. EPS-Bilder können im allgemeinen nicht weiter bearbeitet werden und werden nur bedingt von Authoring-Tools unterstützt.

Animationen:

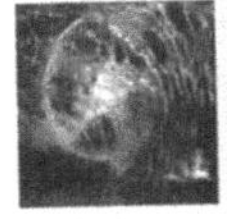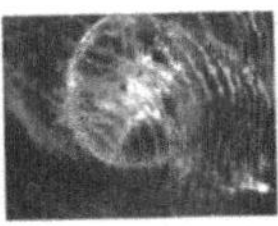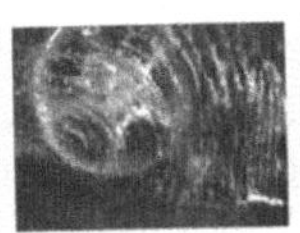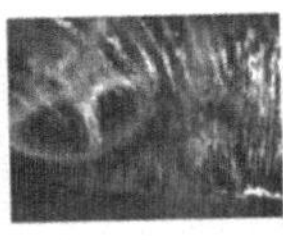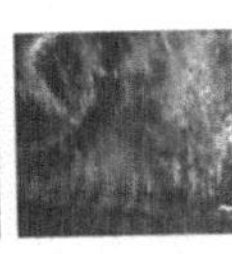

Abbildung 6.7
Wahrhaftige
Cyberspace

Wir wollen in Kapitel 6.5.6 auf das Thema Animation näher eingehen. Es gibt keine „Standardformate" für Animationen insofern als zunächst die Entscheidung über die Qualität ansteht. Denken Sie an Jurasic Park im Vergleich zu einem Banner oder einer Gif-Animation auf einer Website, um sich das Spektrum der Animation vor Augen zu führen. Was gibt es für Qualitätsunterschiede? Zunächst denken Sie sicherlich an Kino und Fernsehen. Hierfür gibt es ausgereifte Programme, die hochqualitatives erstellen. Typische Programme sind:

○ Alias Wavefront

○ Avid Media Illusion

○ Softimage

○ Discreet Logic Flint/Flame/Inferno

○ Jaleo

○ Lightwave

Hinzu kommen Programme, die Spezialeffekte und Extras ermöglichen:

○ Adobe After Effekts

○ Eyeon Digital Fusion

○ Accom 2Xtreme

○ CST Filmcolorierung

Mit solchen Programmen können z.B. Animationen für sich erstellt, Filmszenen mit Animationen kombiniert, Filmsequenzen in der Farbe verändert werden. Wegen der benötigten Auflösung (full screen, full motion), Anzahl von Bildern und komplexen Rechenvorgängen werden hierfür Workstations bevorzugt. Entsprechend fallen die Kosten für Hard-, Software und Programmierung/Bearbeitungsszeit an. Wenn man mit solchen Tools arbeiten möchte, sollte man im Voraus sicherstellen, dass die Ergebnisse (Formate) von den benötigten Entwicklungstools und dem Endpräsenationsmedium unterstützt werden. Ferner sollte man sicherstellen, dass die Animation auf der gewählten Abspiel-Konfiguration (Benutzer-Rechner) zufriedenstellend abläuft.

Natürlich gibt es eine Reihe von leistungsfähigen Software-Programmen, die auf Mac oder PC laufen und sehr gute 3-D- und auch 2-D-Animationen ermöglichen. Diese Programme eignen sich meistens für Animationen in Screen-Auflösung (72dpi) mit begrenzter Größe (z.B. 320 x 240 Pixel). Darüber hinaus gibt es eine Menge Programme, die 3-D-Objekte erstellen und modulieren lassen (ohne Animationseffekte).

Wenn Sie für das Web Animationen benötigen, denken Sie auch an die Komprimierungstechnik und die Plug-Ins, die der Benutzer für die Betrachtung im Browser benötigt. Mehr zu diesem Thema könne Sie in unserem Werk *Animation und Interaktion im WWW*, Springer-Verlag Heidelberg-Berlin, 1998, ISBN 3-540-64136-X erfahren.

**Online:**



Abbildung 6.8
Online schafft
Verbindung

○ **HTML** (HyperText Markup Language) ist die Programmiersprache für das World Wide Web (WWW). Es ist ein Derivat des SGML (Standard General Markup Language), welches hohe Beliebtheit in der Druckindustrie genießt. HTML ermöglicht die Einbindung von Text, Grafik, Audio und Video.

Online:
HTML
XML
VRML
JAVA
JavaScript
Shockwave

○ **XML** (Extensible Markup Language) ist eine neue Metasprache für Online-Publishing, die als Nachfolge von HTML dienen soll. XML erlaubt, je nach Bedarf eigene Tags zu definieren und hinzufügen, Tags nach Relevanz bestimmter Inhalte zu suchen und komplexe Hyperlink-Funktionen durchzuführen. XML ist einfacher als SGML und funktionstüchtiger als HTML. XML-Content-Management-Syteme (CMS) bilden der Kern für

moderne Cross-Media-Publishing-Plattformen, womit von Print
bis zum Wireless alles abgedeckt werden kann. Kaum ein Internet Marktplatz oder Portal kann heutzutage ohne ein CMS aus-
kommen. .

○ **VRML** (Virtual Reality Modeling Language) wurde von Silicon
Graphics zur 3D-Navigation zwischen Informationen entwik-
kelt.

○ **Java** wurde von SUN entwickelt. Die Programmiersprache Java
erlaubt eine schnellere und interaktivere Gestaltung von
Netzapplikationen, die dann im Browser gelesen werden können.

○ **JavasScript** ist eine mächtige Skriptsprache, die es ermöglicht,
den Browser zu steuern, dynamische Seiten zu generieren sowie
Befehlsabfolgen zu generieren. JavaScripts müssen vom Browser erst interpretiert werden, um die Befehle auszuführen.

○ **Shockwave** wurde von Macromedia entwickelt und erlaubt die
Einbindung von verschiedenen Marcromedia-Formaten mit
hochgradiger Komprimierung ins Netz (aus dem Direktor in
DIR-, DXR bzw. DCR-Format, Authorware als AAM/AAS-
Format, **Flash** als SWF-Format, FreeHand in den Formaten
FH4-10; FHC oder SWF und Audiodateien in SWA-Format).
Die Dateien werden komprimiert und stehen in Bitstreaming-
Format zur Verfügung. Somit kann der Inhalt nach extrem kur-
zer Übertragungszeit mit der Wiedergabe beginnen, während im
Hintergrund die restliche Dateiinformation heruntergeladen
wird. Mit dem Shockwave-Plug-In können in einem Browser
das Shockwave-Clip gelesen werden.

## 6.3
## Was heißt beste Qualität?

Neben den grundsätzlichen Entscheidungen über Plattform,
Medium (Festplatte, CD-ROM, DVD, Playstation etc.) und Medi-
enauswahl (Film, Animation, Text, Audio usw.) erfolgt auch eine
Festlegung der Qualitätsmerkmale.

Betrachten wir zum Beispiel den Begriff: *minimale Systemkonfiguration*. Hinter diesem verbirgt sich eine ausführliche Liste von
Anforderungen an Sound-, Bewegtbild- und Bildqualität, Interakti-
vitätsniveau und Performance. Setze ich den Standard zu hoch,
habe ich möglicherweise Superbewegtbilder und wunderschöne 24-
oder 32-Bit-Bilder, aber es kann sich kaum jemand diese Applikation anschauen, weil die Hardwarevoraussetzungen nicht erfüllt

werden können. Somit landen wir wieder bei der Definition der
Zielgruppe – wie ist sie hardwaremäßig ausgestattet?

Wenn man eine weiträumige Distribution anstrebt, muss man auf
einen gemeinsamen Nenner kommen. Dies bedeutet meistens:

○ 256 Systemfarben für Bilder

○ Screendesign 640 x 480 Pixel

○ 8- oder 16-Bit-Ton (Mono oder Stereo in 11,025 bzw.
22,05 kHz)

○ kein Realtime-Video

○ Eingeschränkte Animationsqualität

Hat man höhere Qualitätsansprüche, muss man sich für eine höherwertige Umgebung entschließen. Die Folgen dieses Entschlusses
werden oft in der Tiefe nicht immer richtig verstanden. Schauen wir
uns das Beispiel Bild an, um ein besseres Verständnis zu erzielen:

*Bildmaterial:* Unabhängig vom Speicherformat gilt es zunächst,
die *Auflösung, Größe und Farbtiefe* zu bestimmen. Es mag sein,
dass zum Schluss ein Bild mit 256 Farben im Programm verwendet
wird, aber auf dem Weg dorthin muss ich eine Reihe von Entscheidungen treffen und Überlegungen anstellen:



○ Soll das Bild auch für Printzwecke entworfen werden?

○ Welche Größe soll das Bild haben?

○ In welcher Auflösung (Pixelzahl und dpi) soll das Bild bearbeitet werden?

○ In welcher Farbtiefe soll das Bild entstehen? (8-Bit, 24-Bit, 32-
Bit)

○ In welcher Farbseparation soll es vorliegen? (HBS, RBG,
CMYK, CIE-LAB)

○ Welche Filter werden benutzt, um die angestrebte Farbtiefe zu
erreichen?

○ In welchem Format soll das Endprodukt gespeichert werden?

○ Mit welchem Medium soll dieses Bild betrachtet werden?

Die *Auflösung* eines MAC-Monitors liegt bei ca. 72 dpi (dots per
inch) und eines PC-Bildschrim bei 96 dpi. Hier ist die Auflösung
also viel niedriger als man sie aus dem Druckbereich kennt, der bei
150 dpi anfängt und bei etwa 3386 dpi aufhört. Will ich mein Bildmaterial für andere Zwecke, z.B. für den Druck benutzen, muss ich
bereits am Anfang das „Urbild“ in entsprechend hoher Auflösung

bearbeiten und festhalten. *Es ist sinnvoll, alle Bilder, die für andere Zwecke mitbenutzt werden, gleich zu Beginn in der höchsten Auflösung, die benötigt wird, zu erstellen.*

Ferner ist die *Bildgröße* wichtig. Der Monitorscreen weist wahlweise 640 x 480, 800 x 600, 1024 x 768 oder 1280 x 1024 Pixel auf, während im Printbereich der Satzspiegel frei definiert werden kann. Nun kann man die Bilder nahezu beliebig vergrößern, verkleinern etc., aber eines ist sicher: Die Proportionen leiden darunter. Für unsere Überlegungen bedeutet dies entweder eine Größe nur für den vorgesehenen Zweck (= Monitor oder Fernsehschirm (PAL 758 x 512 Pixel) oder eine Kompromissgröße, wie auch immer.

In diesem Zusammenhang soll nochmals auf die Besprechungen von Assets in den Kap. 6, 8 und 9 hingewiesen werden. Definieren Sie so gut es geht Ihre Bildqualität(en), Videostandards, Animationsformate, Tonqualität und Fonts.

Bedenken Sie bei Ihrer Entscheidung, dass Clipart auch eine Preisfrage ist, während hochwertige Fotos ganz andere Effekte und Aufwände mit sich bringen. Übrigens, gute Fotos wirken nur, wenn sie hochwertig eingescannt werden. Auch dann dürften einige Stunden „Putzwerk" im Photoshop anfallen, um die unverzeihlichen Pixel-Patcher auszumerzen. Welche Kosten anfallen, soll an einem Beispiel verdeutlicht werden: Nehmen wir an, Sie wollen 600 Bilder in ein Programm einbinden. Alle müssen vorher „gesäubert" werden. Setzen wir 20 Minuten Bearbeitungszeit pro Bild an. Somit benötigt unser Grafiker mindestens 200 Arbeitsstunden bei einem Stundenlohn von DM 120,– bis DM 600,– je nach Plattform. Sind die Bilder sehr „schmutzig", schnellt der Preis pro Bild rasch in die Höhe. Darüber sollte man sich im klaren sein, wenn man sich für diese Marschrichtung entschlossen hat.

## 6.4
## Auf Knopfdruck gehen nur die Lichter aus

Wenn Sie vorhaben, in einem oder mehreren Formaten zu publizieren, sollten Sie eine sinnvolle und klare Strategie aufbauen, um die Anzahl der Schritte und den Arbeitsaufwand für die Konvertierung zu minimieren. Sicher ist es, dass dies nicht auf einmal gelingen wird. Viele Verlage stellen sich zur Zeit die Frage, wie sie am besten aus ihren Druckvorlagen Multimedia-Applikationen erzeugen können und die Vorstufen für zukünftige Druckerzeugnisse mit berücksichtigen können. Leider gibt es hierfür kaum einen Standard oder eine allgemeingültige Empfehlung. Zweifelsohne hilft es, wenn die Assets digitalisiert sind, aber wie sie gespeichert werden und welche Flexibilität die gegebene Form bietet, sollte gründlich überprüft werden.

Viele Verlage versuchen zur Zeit ihre Unterlagen auf SGML (Standard General Markup Language) zu portieren. SGML ist wie eine Druckvorlage im Word Processor – durch die Zuteilung eines bestimmten Layouts, z.B. Titel, Untertitel, Text, Auflistung, können Dokumente rasch in gewünschte Fonts und Formate gebracht werden, da nur die Definition in der Druckvorlage geändert werden muss, und schon ändert sich automatisch der ganze Text entsprechend. Während dies eine Hilfe für den Druckbereich darstellt, liegen die Grenzen für Multimedia-Zwecke klar auf der Hand, da die zugeteilten Attribute von Authoring-Tools oft nicht „gelesen" werden und somit eine manuelle Aufbereitung anfällt.

*Cross-Media gefällig?*

Da es noch keinen Standard gibt, muss man darauf gefasst sein, dass Cross-Media-Publishing ein arbeitsintensiver Gang ist. Seien Sie dabei geduldig und gehen Sie modular vor. Es kann sehr teuer sein, alles auf einmal „umzustellen", um dann doch feststellen zu müssen, dass man es doch nicht in dieser Form braucht. Erwarten Sie auch keine umfassende rasche Lösung in der nahen Zukunft, aber warten Sie auch nicht ewig ab. Die Strukturen scheinen sich rasch zu ändern. Heute sind die Software-Häuser The Learning Company, Microsoft, IBM, InfoUSA, Grolier und wie sie alle heißen dem Vernehmen nach die Publisher von morgen, denn allein zwanzig dieser Organisationen produzierten seit 1995 weltweit 70 % aller Titel und erwirtschafteten 95 % des Gesamtumsatzes [1].

## 6.5
## Binär kompatibel oder Hauptsache Rund

Wenn wir von Standards sprechen, gehört der Begriff „binäre Kompatibilität" zu einem Kernbereich. Wenn man plant, Crossplattform-Publishing zu betreiben, sollte man gleich zu Beginn sichern, dass sämtlich eingesetzte Programme, Tools und Formate eine einfache Konvertierung von einem Betriebssystem zum anderen zulassen. Achten Sie bitte auch auf die Dokumentation des erstellten Programms, da ein später aufkommender Wunsch, die Dinge auf eine andere Basis zu stellen, sehr kompliziert werden kann, wenn die Dokumentation nicht nachvollziehbar ist.

*Kompatibilität ist der Schlüssel*

Das gleiche gilt für die Source Codes, also die Rohdaten und deren Verschlüsselung. Versuchen Sie Ihre Daten stets in einer

Form zu sichern, die eine spätere Weiterverarbeitung zulässt. Diese Schritte sind oft mit Zusatzkosten verbunden. Mancher Verlag hat in der jüngsten Vergangenheit aus kalkulatorischen Gründen diese Notwendigkeit nicht beachtet. Als dann die Lokalisierungsstrategie ein oder zwei Jahre später auf dem Tisch lag, kam die böse Überraschung!

## 6.6
## Information ist Zeit – haben wir soviel?

Die Aufbereitung von Information ist zeitintensiv. Wenn Sie ein umfangreiches analoges Archiv besitzen, steht die Frage an, ob alles oder nur Teile digitalisiert werden sollen. Manche Firmen haben sich den Luxus geleistet, „alles" an Bildmaterial zu digitalisieren und gigantische Bilddatenbanken anzulegen.

Ob diese Strategie im schnelllebigen Turbo-Marketing-Zeitalter sinnvoll ist, wird sich abzeichnen. Ähnlich dürften die Überlegungen zum Online-Publishing ausfallen. Persönlich empfehlen wir Ihnen, eher modular vorzugehen und zunächst nur die Dinge anzupacken, die zunächst auch erkennbar verwendet werden. Es dauert immer eine ganze Weile bis die Handhabung und das Schemadenken in einer Organisation gegriffen haben. Verfrühte Schritte können sehr kostenintensiv sein. In zwölf Monaten könnte das System um die Hälfte billiger bzw. längst überholt sein. Somit sollte neben Lean-Management auch Just-In-Time-Installation ein Ziel sein.

Die Frage nach Information und Zeit hat auch etwas mit der Produktion von Multimedia-Titeln zu tun. Wenn man bedenkt, welche Vorlaufzeiten diese Entwicklung in Anspruch nimmt, sollte man gleich zu Beginn den Umfang und die Tiefe insbesondere des ersten Produkts rational definieren. Viele Organisationen vertiefen sich in einer komplexen Reihe von Grundsatzdiskussionen, während eigentlich die Applikation entwickelt werden soll. Da oft die Idee der multimedialen Kommunikation im Rahmen eines Themas aufkommt und somit keine Kommunikationsstrategie darstellt, sondern lediglich ein Element im Media-Mix, ist diese Diskussionsentwicklung während der Produktionszeit nicht verwunderlich. Dennoch führt es zu Verzögerungen. Manchmal endet es leider damit, dass das Produkt dadurch so spät auf den Tisch kommt, dass der vorgesehene Kommunikationszyklus bereits abgeschlossen ist und andere Wege eingeschlagen wurden.

Versuchen Sie diese Fallgrube zu umgehen. Machen Sie Ihr Programm greifbar und arbeiten Sie zügig daran. Freuen Sie sich darauf, es einzusetzen und den verdienten Erfolg zu genießen. Ein Tip zur Inhaltsbreite und -tiefe: Exkludieren Sie alles, was Sie können. Konzentrieren Sie sich auf das Wesentliche und die Darstellung davon.

## 6.7
## Datenbank-Publishing oder Quick & Dirty

Unabhängig von Ihrem Informationsumfang heute, werden die Daten von morgen umfangreicher sein. Diese Tatsache und der Drang, neue Kombinationen von Information zu finden, führt automatisch zu der Frage, ob die Daten nicht gleich in Datenbankform geführt werden sollten. Denn nur so können Sie Ihre „Schätze" finden und für die diversen Crosspublishing-Zwecke selektieren. Die Alternative ist Quick & Dirty, bekanntlich ein Cousin von Chaos.

Welche Form der Datenbank, relational oder objektorientiert, muss nach dem individuellen Vorhaben und der mittelfristigen Planung entschieden werden. Heute gibt es eine Reihe von exzellenten, extrem Performance-kräftigen objektorientierten Datenbanken, die das Einbinden von Bildmaterialien, Bewegtbildmaterialien, Animationen und natürlich auch Text, Grafik, Audiodateien etc. unterstützen. Ohne näher darauf einzugehen, dürfen exemplarisch OMO und OPO von Oracle, FileMakerPro von FileMaker, Aldus Fetch, Conceptual Design & Rendering Software, CDRS von Evans & Sutherland, Open API von Information Dimensions und Optisearch 2 von Lasec genannt werden. In zunehmendem Maße sollte man bei großen Datenmengen rechtzeitig an Workstation-orientierte Systeme denken, ansonsten können Sie projektmäßig problemlos mit Windows oder MAC basierten Datenbanken arbeiten.

*Multimedia-*
*Datenbank*
Der Aufbau solcher Datenbanken kann unterschiedlich sein. Zunächst kann die Datenbank nur zum „Aufheben" der Daten dienen, wozu man dann ein „Add-on" für Reviewing, Editing und Authoring benötigt. Ferner können die Daten direkt in der Datenbank liegen, was letztendlich bei sehr umfangreichen Bilddateien zu Leistungsproblemen führen kann, oder es können lediglich „Pfadangaben" gespeichert werden. Hier werden nur die Wege zu den „Ablagen" notiert, wodurch solche Systeme schneller und leistungsfähiger sind. Ganz gleich, welches System oder welche Konfiguration man sich aussucht, Multimedia-Datenbanken benötigen extrem viel Speicherplatz, klare Key-Wording-Konzepte und ggf. auch grafische Wiedererkennungstools, denn ab einer gewissen

Anzahl von Bildern ist es nicht mehr möglich, mit Hilfe des Key Words geeignete Motive zu finden.

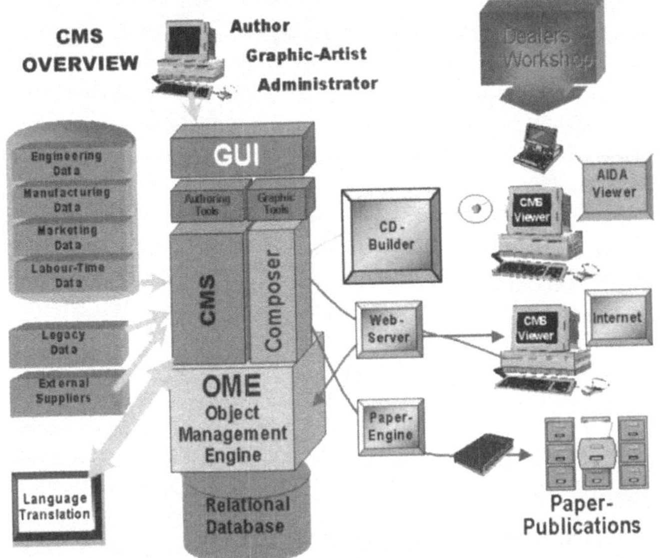



*Abbildung 6.9 Typische Achitektur eines XML Content Management Systems zur Integration von sämtlichen Quelldaten und Generierung von Cross-Media-publishing*

Datenbanken in Verbindung mit einem XML Content-Management-System sind eigentlich heute State-of-the-Art. Die meisten CMS-Systeme benutzen ein Browser Interface mit einem objektorientierten Editor, das direkten Zugriff auf diverse Entwicklungstools für die Entwicklung von Assets ermöglicht bzw. lassen solche Assets problemlos gelinkt importieren. In der gleichen Umgebung kann man dann die Daten in Information „umwandeln", in dem man in einem „Composer" Verbindungen zwischen Data-Elementen aufbaut und gleichzeitig die gewünschte Formatierung für den jeweiligen Output = Publishing-Medium fixiert.

So wird auf sehr elegante Art und Weise Cross-Media-Publishing dynamisch generiert. Viele dieser Systeme sind extrem reif geworden. Sie verwalten Versionen von Content, unterstützen und verwalten Sprach-Lokalizierung, lassen beliebige Variationen von „Dokumenten" erstellen und verwalten, sowie alles was man heutzutage braucht in einem globalen Markt zu kommunizieren, wie z.B. Authorization, Search-Funktionen, Sicherheitsfunktionen etc. .

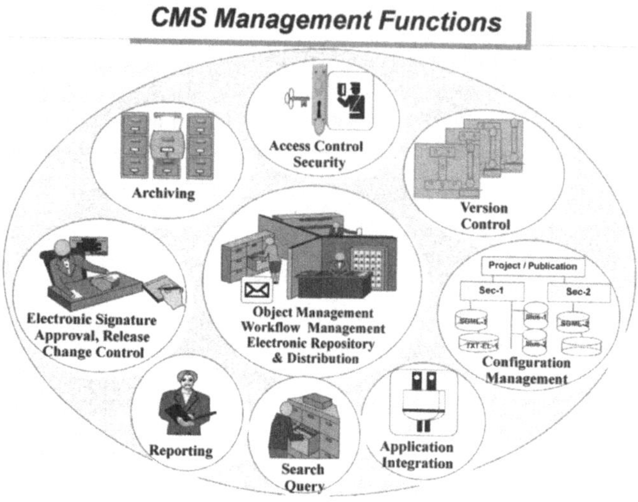


## 6.8
## Outsourcing oder gleich eine Bank

Kommunikationsstrategie mit Multimedia, wer sich dafür entschließt, kommt rasch auf den Gedanken, eine eigene Mannschaft
und einen Gerätepark anzuschaffen.



Einige Großorganisationen sind diesen Weg gegangen, z.B. Allianz, Mannesmann oder Bertelsmann. Im ersten Fall war ein voll
funktionstüchtiges AV-Studio bereits installiert, das auf Multimedia
aufgerüstet und personalmäßig aufgestockt wurde. Der Filmbereich
hatte im Laufe der Jahre an Bedeutung eher verloren, und somit lag
es nahe, durch Reengineering die gebrauchten Funktionen im kon-
struktiven Verbund weiterzuführen. Im zweiten Falle wurde eine
neue Abteilung gegründet, die sich mit der Erstellung und Fertigung von Programmen auseinandersetzen sollte. Im dritten Fall
wurden gleich eine Reihe von Firmen gegründet.

Inwiefern damit eine Rendite erzielt werden wird, ist kurzfristig
schwer zu sagen. Auf der einen Seite, zumindest bei der Allianz,
wurden einige Kosten für Programmentwicklungen gespart, da
sämtliche Programme von A–Z mittlerweile im Haus abgewickelt
werden. Im Falle von Mannesmann werden nach wie vor empfindliche Teile durch Outsourcing gefertigt, da insbesondere teure Produktionsschritte, wie Film- & Animationsherstellung, im Haus
nicht vorgesehen sind. Ob die geringen Teile, die im Unternehmen
entwickelt werden, die Kosten für Personal, Geräte, Raum und

Updating von Software/Hardware sich mit der Anzahl der getätigten Produktionen ausgleichen, dürfte ein Diskussionspunkt sein. Im Falle Bertelsmann ist das Ziel natürlich ein anderes. Es werden massenweise Konsumententitel entwickelt. Je nach Schwerpunkt wurden Einheiten etabliert, um mit dem wachsenden Markt Schritt halten zu können. Die drei Modelle bieten unterschiedliche Aussichten und Aufgaben. Wenn man bedenkt, dass diese Modell seit 1995 neben einander laufen, kann bis heute keines der Modelle von sich behaupten, dass es wirtschaftlich arbeitet und Profit abwirft.

Eines der Probleme, das in Unternehmen angetroffen wird, bezieht sich auf das notwendige Personal. Die Kreativität und die Arbeitsformen, die man bei Multimedia-Firmen vorfindet, lassen sich nur bedingt in Großkonzernen integrieren. Wenn ein Personalkarussell entsteht, weil die Mitwirkenden sich entweder der Firmenkultur nicht anpassen können oder das Gefühl haben, dass ihr Wirkungsfeld sich anderswo besser entfalten kann, kann der Spaß sich rasch in einen Alptraum verwandeln. Denn die Aufgaben eines Multimedia-Teams erstrecken sich weit über die Erstellung einiger schöner Grafiken. Es müssen nebenbei auch noch Computernetze, Softwareprogramme, Authoring-Tools etc. aufrechterhalten, erneuert, ausprobiert und gebastelt werden. Da es immer noch keinen Standard für die Entwicklung gibt, sollte man sehr genau überlegen, ob in der eigenen Organisation die nötige Flexibilität, Kraft und Führungsumgebung vorhanden sind, um derartige Aktivitäten auf professionellem Niveau entfalten zu können, oder ob Outsourcing doch eine preiswertere und besser steuerbare Form der Produktentwicklung darstellt.



Wenn man die Trends der Zeit verfolgt, scheint der Begriff von Outsourcing eher attraktiv als fremd zu sein. Während die Auswahl von Partnern etwas Zeit in Anspruch nimmt, hat man die Chance, das geeignete Team für den Zweck zu finden. Auch eine langfristige Bindung an ein externes Studio dürfte eigentlich mehr Sinn machen als die Kosten selber zu tragen, denn durch diese Kooperation kann man auch mehr von dem Studio verlangen. Falls man sich dennoch für das „Eigene" entschließt, sollte man auch konsequent sein und versuchen, ein „Profitcenter" zu gründen. Somit wird/kann die sonst brach liegende Kapazität sinnvoll ausgerichtet werden. Natürlich bedeutet diese Auslegung, dass man selbst eventuell „warten" muss, bis die eigene Firma Kapazitäten für eine Produkterstellung frei hat.

Entsprechend dieser Überlegungen gibt es jetzt ein Trend bei vielen Unternehmen in Richtung minimaler eigenen Mannschaft, um zumindest die Pflege deren Webangebot – sei es die redaktionelle Pflege oder auch das komplette Updating – sicherzustellen. In

erster Linie werden die Konzeption, das Design und die initiale
Umsetzung bei Experten im Outsourcing-Verfahren in Anspruch
genommen.

## 6.9
## Kostensparen macht krank

Auf der Kehrseite des Outsourcings steht oft die Angst vor hohen
Produktionskosten. In der Realität trifft dies allerdings nur bedingt
zu. Die Kosten einer Produktion werden durch das Pflichtenheft
und die Qualitätsmerkmale diktiert; diese werden wiederum durch
das Zielpublikum vorgegeben. Halte ich mich an diese Regeln, entstehen im Prinzip die gleichen Produktionskosten, ob intern oder
extern. Wahrscheinlich ist die interne Version etwas teurer, weil die
Auslastung gewöhnlich nicht im oberen Effizienzbereich liegt und
aufgrund höherer Opportunitätskosten. Will man nur über die bil-
lige Tour zum Produkt kommen, kann die gesamte Produktion
„umsonst" gewesen sein.

Produktionskosten einer Multimedia-Anwendung setzen sich aus
einer Mehrzahl von Einzeldienstleistungen zusammen. Welche
Qualitäten und Serviceleistungen von jedem Unternehmen erbracht
werden, ist oft für den Auftraggeber nicht ersichtlich. Die Erfahrung aus den letzten Jahren hat gezeigt, dass eingeholte Angebote
für ein und dasselbe „Briefing" bis zu über 300 % variieren können.
Somit ist es verständlich, wenn Auftraggeber mitteilen, dass die
Gespräche nach außen oft mehr Verwirrung stiften als die bereits
erlebten internen Runden. Um hier Abhilfe zu schaffen, haben
Medienverlage und Fachzeitschriften versucht, Übersichten der
gängigen Dienstleistungskosten zu erfassen und zu vergleichen.

Faustregel:<br>Kostenübersicht

*Faustregel: Als erstes sollten Sie um ein Angebot für einen Rah-
menvertrag von potenziellen externen Dienstleistern bitten und ggf.
dies mit derartigen Listen vergleichen.*

Als weiterer *Transparenzmacher* können die diversen Algorithmen für Übersichtskalkulationen von Multimedia dienen. Welche
Validität solche Formeln haben, sei dahingestellt. Sie werden meistens anhand bereits durchgeführter Projekte entworfen und versuchen bestimmte Vorstellungen von Qualität, Didaktik, Komplexität
und Einsatzaufwand zu berücksichtigen. Ein Beispiel eines Algo-
rithmus aus dem Hightext Verlag, München [4.2]:

**Gesamtkosten=h x (mq + dq) x 100.000 + hw**

Die Gesamtkosten sind gleich der Länge der Anwendung in Stunden („**h**") multipliziert mit der Summe aus Medienqualität („**mq**")

und didaktischer Qualität („**dq**") multipliziert mit 100.000. Dazu werden die de facto Hardwarekosten („**hw**", beispielsweise Kioskterminals oder Lernstation) addiert.

**h**: Die Länge einer Anwendung berechnet sich daraus, wie lange ein Nutzer benötigen würde, wenn er sich die Anwendung vollständig ansehen will.

**mq**: Die Medienqualität (Gesamtfaktor zwischen 0,1 und 5) ist wiederum eine Summe mehrerer Faktoren. Aufaddiert werden müssen: der Grad der Verfügbarkeit des Medienmaterials (Faktor zwischen 0 = alle Medien sind komplett in digitalisierter Form vorhanden und 3 = alle Medien müssen neu produziert werden) und der Anspruch an das Medienmaterial (Faktor zwischen 0,1 = Qualität ist völlig unwichtig und 3 = sehr hohe Qualitätsanspruch; bei großen Mengen hochqualitativen Medienmaterials (Video, 3D-Animationen, Musik) kann dieser Faktor noch deutlich darüber liegen).

**dq**: Die didaktische Qualität resultiert aus der Intelligenz, mit der die Anwendung auf die Wünsche und Handlungen des Benutzers reagieren soll. Hier liegt der Faktor zwischen 0,1 (Verzweigungsbaum ohne Alternativen = Slideshow) und 5 (und darüber) für komplexe Echtzeit-Anwendungen, wie beispielsweise Spiele. Eine durchschnittliche CBT-Anwendung hat den Faktor 1.

Ein Messekiosksystem mit insgesamt 15 Minuten Laufzeit, überdurchschnittlichem optischen Anspruch, aber simpler Didaktik mit einem Touchscreen-Terminal beläuft sich demnach auf DM 89.500. *Beispiel: Messekiosk*

○ Beispiel: Messekiosk

$$0,25 \times ((1 + 2) + 0,3) \times 100.00 \text{ DM} + 7.000 = 89.500 \text{ DM}$$

Eine pfiffige Produktpräsentation für Verkaufsförderung in 100 Automobil-Filialen mit 10 Minuten Demo, Produktdarstellung, Produkt-Service-Anteil, Indexfunktion und Spiel kommt demnach auf DM 386.000,- bzw. DM 3.860,- pro Filiale, wenn alle Kosten gleichmäßig aufgeteilt werden, oder auf DM 10.190,-, wenn jede Tochter die Hardware selbst finanzieren muss. *Beispiel: Autohaus*

○ Beispiel: Erste Produktpräsentation

$$(10+13+12+5)/60 \times ((1.5+1.5) + 2.0) \times 100.000 + 100 \times 7.000 =$$
$$319.000 + 70.000 = \text{DM } 386.000 \text{ bzw. DM } 3.860/\text{Filiale}$$

Wie oben erwähnt, muss die Genauigkeit solcher Algorithmen erst bewiesen werden. Dennoch dürften die beiden Beispiele in den richtigen Größenordnungen liegen, wenngleich auch eine pfiffige Präsentation wahrscheinlich eher für DM 250.000,- zu haben sein wird. Auch diese Summe ist beachtenswert! Auf der Filialenebene dürfte die Verkaufsförderung durch eine Investition von DM 4.000,- ((250.00 + 150.000) : 100) gleichwohl attraktiv sein.

Habe ich einmal meine Abspielumgebung, werden die nachfolgenden Projekte entsprechend billiger. In unserem Beispiel würde dann die zweite Disc auf DM 2.500,- pro Filiale kommen. Will ich jedes Quartal ein neues Programm zur Verfügung stellen, dann muss eine Filiale im ersten Jahr mit DM 11.500,- (4.000 + 3 x 2.500) rechnen. Somit kostet eine viermalige Verkaufsunterstützung pro Filiale für ein ganzes Jahr soviel, wie die Filiale für eine einmalige einseitige vierfarbige Anzeige in irgendeinem Blatt ausgibt.

Noch preiswerter wird es, wenn wir *mehr Filialen* abdecken können. In der Autobranche wären vielleicht 2.000 Filialen oder mehr realistisch. In diesem Fall erreicht jedoch die Hardware Erstausstattung langsam eine bedeutende Summe, aber das Verkaufsförderungssystem wird spottbillig, nämlich Hardware und Jahressoftware für DM 7.500,- pro Filiale.

**Im zweiten Jahr** fallen für jedes Haus DM 500,- für vier Unterstützungsprogramme an. **Auf fünf Jahre** bemessen, kostet dies die Filiale etwa DM 1.900,- pro Jahr für Hard- und Software.

Wenn wir anstelle einer PC-Umgebung CD-Video bzw. DVD gewählt hätten, kämen wir jetzt pro Filiale auf sage und schreibe DM 750,- pro Jahr für die gesamte Hardware (DM 1.500,- für CD-Videoi-Player bzw. DVD-Player und RGB-Monitor) und Softwareausstattung!

○ Beispiel: 2.000 Filialen, Hardware plus Jahresprogramme:

- Jahr 1: 15.000 + (4 x 250.000) : 2.000 = DM 15.500,-/Filiale

- Jahr 2: DM 500,-

- Auf 5 Jahre: Hard- & Software DM 3.400,-/Jahr

- Als CD-Video/DVD auf 5 Jahre: DM 750,-/Jahr

*Welches Erlebnismarketing schaffen Sie für DM 750,- im Jahr?*


## Literatur

[1]     Multimedia, Nr. 07, 9. Jahrgang, Hightext Verlag München, 1999.

[2]     Multimedia Honorarleitfaden ´95, Hightext Verlag München, 1995.

# 7 Konzeption einer Multimedia-Anwendung

*- All the World´s a Stage.*
*- Das ganze Leben ist ein Theater.*

Bei der Konzeption einer Multimedia-Anwendung stehen diverse Schritte an:

- ○ Klärung von Zielen, Bedarf und Erwartungen
- ○ Inhalt/Botschaft und Zielgruppe
- ○ Kriterienkatalog – Inhalt, Ergonomie und Didaktik
- ○ Machbarkeitsprüfung
- ○ Know-How-Transfer
- ○ Langfristigkeit und Anpassung an Neuerungen
- ○ Ressourcen definieren
- ○ Übergeordneter Kontext
- ○ Publishing Formate
- ○ Qualitätssicherung
- ○ Kosten-Nutzen und Effizienz-Analyse

In den folgenden Subkapiteln werden **Checklisten** und Überlegungen präsentiert, die als Orientierung für den Ablauf und den anfallenden Inhalt des jeweiligen Schritts dienen. Da es eine unendliche Vielzahl von Anwendungsmöglichkeiten gibt, können selbstverständlich nur bestimmte generelle Aspekte besprochen werden. Dennoch soll das Gerüst bei der eigenen Planung eine Starthilfe geben. Damit ein „roter Faden" durch die Überlegungen läuft, werden diese Checklisten an einem Trainingsbeispiel angewendet. Obwohl die angestellten Überlegungen individuell erörtert werden, muss dies nicht bedeuten, dass es sich immer um lineare Entwicklungsphasen handelt.

# 7.1
# Klärung von Zielen, Bedarf und Erwartungen

*Globale Ziele und Präsentation Checklisten: s. Kapitel 1*

Wie in Kap. 1 bereits besprochen, beginnt man in der Konzeptionsphase mit Fragen zur Zielgruppe und zum Inhalt. In diesem Zusammenhang erinnern wir uns an die *Checklisten: Globale Ziele und Präsentation*, die eine generelle Richtlinie für die Entwicklung setzen.

Ergänzen wir die bisherigen Überlegungen zum Bedarf mit der **Entwicklungs-Checkliste**:

*Checkliste: Entwicklung*

○ Was wollen Sie mit der Applikation erreichen/vermitteln?

○ Worum geht es bei der Applikation eigentlich?

○ Was sollen die Teilnehmer am Arbeitsplatz können, was sie zum gegenwärtigen Zeitpunkt noch nicht können?

○ An wen richtet sich die Applikation? Handelt es sich um eine für Anfänger oder Fortgeschrittene?

Je näher der Bedarf der Zielgruppe definiert werden kann, desto höher wird wahrscheinlich der Nutzungsgrad sein. Auch die Akzeptanz kann hierdurch verbessert werden, da die eigenen Erwartungen erfüllt werden.

*Denken Sie rechtzeitig an Benchmarking*

*Benchmarking*  In dieser Phase ist es wichtig, so gründlich wie möglich vorzugehen, auch wenn einige Antworten noch nicht klar umrissen werden können. Wenn intern die Erklärungen noch nicht ausreichend erarbeitet werden können, ziehen Sie eine externe Unterstützung durch Multimedia-Experten so früh wie möglich in Erwägung, um zügig voranzukommen. Jede Organisation möchte die internen Ressourcen und Eigenleistungen am besten und gründlichsten ausnutzen. Dagegen ist nichts zu sagen. Dennoch ergeben sich eine ganze Reihe von Fragen, die nur mit Hilfe von außen beantwortet werden können. Die Lernkurve gestaltet sich dabei von allein.

Wie oft haben wir von Kunden gehört, dass sie bis zu einem Jahr oder länger für interne Überlegungen bezüglich eines Projekts benötigen, aber jedesmal scheiterte es an interner Kompetenz. Ein Jahr lang wurden in bestimmten Abständen Meetings abgehalten, Seminare besucht, sich ggf. Hard-/Softwarekenntnisse angeeignet, um Miniselbstversuche zu starten etc., ohne dass man etwas zustande gebracht hat. Hinzu kommt die Opportunity-Seite, dass in der Zeit zwar kräftig investiert wurde, aber lange kein *Return on Investment* in Aussicht gestellt werden konnte.

Hätte man bei den ersten zwei Projekten gleich eine wirksame interne/externe Kooperation gebildet, wäre man wahrscheinlich jeweils nach sechs Monaten in der Return-Phase. Das Know-how-Niveau im Hause wäre effektiv gestiegen, so dass die nächsten zwei bis drei Projekte in kürzerer Zeit, mit erheblichen Einsparungen und reibungsloser gestaltet und wahrscheinlich mit dem gebührenden Anteil von Eigenleistung bestückt worden wären.

Vor allem wenn wir über Kommunikationsstrategien sprechen, bietet sich diese Form von *Benchmarking* an. Es ist nie eine Frage von Stolz oder Unvermögen, sondern Vernunft und Wirtschaftlichkeit.

In diesem Zusammenhang gibt es eine *Faustregel*, die sich zunächst sehr hart anhört, aber eine ganze Menge Wahrheit enthält:

*„Wenn es sich um Ihre erste Produktion handelt, machen Sie es mit Gusto und Elan, und sobald Sie fertig sind, schmeißen Sie es unbenutzt und ohne Reue einfach weg!"* *Faustregel*

Ob es Ihr Erstversuch oder bereits der xte-Ansatz ist, kehren Sie wieder zu dem Konzeptionsablauf zurück. Sind die globalen Ziele und die Präsentationsumgebung bereits so gut wie möglich formuliert, können in der nächsten Ebene der Planung die Botschaften und Zielgruppen eingegrenzt werden.

## 7.2
## Inhalt/Botschaft und Zielgruppe

Als nächster Schritt werden Inhalte und Zielgruppe näher definiert. Hierzu einige Tips zur **Inhalts-/Botschaftsdefinition**:

○ Soll Wissen vermittelt werden oder eher Fertigkeiten oder Einstellungen?

○ Wenn Wissen vermittelt werden soll: Ist dieses Wissen bereits systematisches Faktenwissen? Wie komplex ist das zu vermittelnde Wissen? *Checkliste: Botschaft*

○ Wenn Fertigkeiten vermittelt werden sollen: Wie lassen sich diese Fertigkeiten genauer beschreiben? Wie komplex sind diese Fertigkeiten? Wieviel und welches Hintergrundwissen ist für die Ausführung dieser Fertigkeiten erforderlich?

○ Wenn Einstellungen vermittelt werden sollen: Wie lassen sich diese Einstellungen konkretisieren?

O Gibt es einen „Experten", der die angestrebten Kompetenzen bereits beherrscht und am Arbeitsplatz umsetzt? Ist ein Ideal-konzept formuliert?

Unabhängig davon, ob es sich um Produktdarstellung, Infotainment, Unterhaltung handelt, immer sollen die Inhalte bzw. Botschaften so nah an dem Bedarf der Zielgruppe wie möglich definiert werden. Da die Idee der Multimedia-Anwendung in den meisten Fällen durch den Inhalt geboren wird, ist es zunächst leichter, mit der Inhalts-/Botschaftsdefinition zu beginnen. Erst nach der Zielgruppendefinition werden die eigentlichen Inhalte nach den Gesichtspunkten *Inhalt, Ergonomie und Didaktik* aufbereitet.

Habe ich meine Botschaften bereits fixiert, kann die **Zielgruppe** näher definiert werden:



O Wie lässt sich die Zielgruppe genauer beschreiben? (Wieviel? Räumliche Distanz?)

O Haben die potenziellen Teilnehmer bereits Erfahrung mit computergestützten Applikationen? Kann man davon ausgehen, dass eine computerunterstützte Lernumgebung (oder andere Medien) bei den Teilnehmern auf Akzeptanz stoßen wird?

O Ist die Teilnahme an der Weiterbildung freiwillig?

O Wie motiviert sind die potentiellen Teilnehmer?

O Welches Vorwissen bringen die Teilnehmer mit? Welche schulische bzw. berufliche Ausbildung haben die Teilnehmer? Kennen die Teilnehmer andere Applikationen?

O Sind die potenziellen Teilnehmer Gruppen- oder Einzelarbeit gewohnt?

O Wie homogen oder heterogen ist die Zielgruppe (z.B. hinsichtlich Alter und Ausbildung, Kultur und Werdegang)?

O Was soll die Zielgruppe am Arbeitsplatz können? (Kompetenzen am Arbeitsplatz)

O In welchen Situationen soll das Gelernte eingesetzt werden? Handelt es sich um Situationen, die im allgemeinen gleich, ähnlich oder sehr verschieden sind?

O Wie erlangen die Teilnehmer Kenntnis von der Weiterbildung? Welche Marketingschritte müssen eingeleitet werden, um ein Bewusstsein für das Programm zu etablieren?

Mit der Definition der Zielgruppe kommen eine Reihe von Eckpfeilern zur Gestaltung, Tenor und Umgangston der Anwendung zusammen. Haben wir die Botschaften und Zielgruppen im Auge, dann ist es möglich, diese Eckpfeiler in einem Kriterienkatalog zu konkretisieren.

# 7.3
# Kriterienkatalog

Wir empfehlen, einen Kriterienkatalog über Ergonomie, Inhalt und Didaktik vor Beginn der Entwicklung zu erstellen und während der Entwicklung ständig zu konsultieren. Am Anfang dient der Katalog als verbindliche Ausgangsbasis für interne Diskussionsrunden und für Gespräche mit Experten. Danach fasst der Katalog die Ergebnisse der Einschätzungen aus den Expertenrunden zusammen, um letztlich zu gemeinsam getragenen Empfehlungen und auch Entscheidungen hinsichtlich Verbesserungen und/oder Ergänzungen des Programms zu gelangen. In den folgenden Listen werden einige Beispiele anhand von Fragen für unseren „roten Faden" vorgestellt, die hier allerdings nicht erschöpfend behandelt sind.

*Hook 'em with ergonomics bzw.
pass auf oder es klebt*

**Ergonomie**

*1. Bildschirmdisplays*

○ Sind Schriftgröße, Font und Schriftsatz der Zielgruppe und der Abspielumgebung angemessen?

*Checkliste: Ergonomie*

○ Sind die Bildschirmdisplays effektiv?

○ Sind die Navigationsinstrumente, Figuren, Layouts etc. proportional richtig für die Bildschirmgröße des Abspielgeräts?

○ Wird dem Benutzer ausreichend Zeit gegeben, um die dargebotene Information zu lesen und aufzunehmen?

○ Ist der Text für die Zielgruppe verständlich, übersichtlich und lesefreundlich gestaltet?

○ Hat der Text eine nachvollziehbare Gliederung? (Sequenzen von Bausteinen, Einsatz von Überschriften und inhaltlichen Orientierungsmerkmalen, Zusammenfassungen und Advance Organizer)

○ Ist die Darstellung im Text stimulierend? (anschauliche Sprache, Denkanregungen)

○ Ist das Layout leserlich?

## 2. Farbe, Grafik, Ton, Video

O Ist ihre Anwendung für die Zielgruppe angemessen?

O Dienen sie einer besseren Motivierung?

O Sind Inhalt und Darstellungsform verständlich?

O Erfüllt das Medium dabei die angestrebten Funktionen? (Motivation, Problemdarstellung, Informationsvermittlung, Übung, Vertiefung, Wiederholung und/oder Erfolgskontrolle)

O Wird die Instruktion dadurch effektiver?

## 3. Benutzerfreundlichkeit

O Ist leichtes, unabhängiges Arbeiten möglich?

O Ist das Programm bei normaler Anwendung zuverlässig und sicher?

O Sind an angemessenen Stellen effektive Hilfen verfügbar?



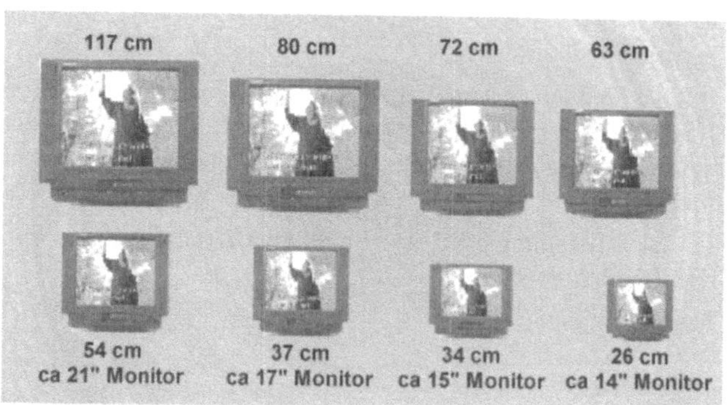

Inhalt

*1. Umfang/Breite*

◯ Ist der Umfang des Inhalts für die Zielgruppe und deren Voraussetzungen angemessen?

◯ Entspricht die Breite des Inhalts der Logik des Gegenstands und
den Zielen des Programms (treffe ich den Nagel auf den Kopf
oder bin ich daneben)?

*2. Tiefe des Inhalts*

◯ Ist sie der Zielgruppe angemessen?

◯ Ist sie effektiv?

*3. Sequenzierung des Inhalts*

◯ Ist sie der Zielgruppe angemessen?

◯ Ist sie den Zielen des Programms angemessen?

*4. Genauigkeit/Korrektheit des Inhalts*

◯ Ist der Inhalt korrekt?

◯ Führt der Inhalt zum gesetzten Ziel des Programms?

Didaktik

*1. Integration im Lernsystem*

◯ Welche Trainingsmaßnahmen (konventionelle und/oder CBT)
laufen zur Zeit oder sind geplant?

◯ Wie wird das Programm eingesetzt: Soll die geplante Applikation in das bereits vorhandene Schulungskonzept integriert werden oder eigenständig ablaufen?

◯ Wie wird die Expertise transferiert? Wer ist dafür verantwortlich? Gibt es eine Zeitschiene für den Transfer?

◯ Wurde die Qualität definiert und standardisiert?

◯ Wie wird die Expertise geliefert („White Paper", Datenbank,
Media)?

◯ Wer nimmt die Expertise entgegen und wie wird sie weiter bearbeitet?

◯ Versteht und akzeptiert das Zielpublikum die Transferinformation?

◯ Ist der Inhalt in geeigneten Sequenzen für das Zielpublikum aufgeteilt? Für die Ziele des Programmes?

## 2. Lernender-Computer-Interaktion

O Bestehen für den Lernenden ausreichend Möglichkeiten zur Interaktion?

O Gibt es ausreichende Anweisungen, wie man interagiert?

O Fördert die Interaktion das Lernen?

## 3. Fragetechnik

O Ist sie der Zielgruppe angemessen?

O Sind die Fragen dem Inhalt angemessen?

## 4. Rückmeldung/Feedback

O Sind Form und Inhalt der Rückmeldung der Zielgruppe angemessen?

O Nimmt sie Bezug auf das bisherige Antwortverhalten des Benutzers?

O Welche Merkmale können durch die Befragung erfasst werden?

O Ist sie informativ und motivierend?

## 5. Verzweigung/Branching

O Ist eine angemessene Anzahl vorhanden?

O Unterstützen die Verzweigungen individuelle Anwenderbedürfnisse?

O Sind die didaktischen Möglichkeiten, die der Computer bietet, ausreichend genutzt?

O Erfüllen die Hardwarekomponenten die angestrebten Ziele? (Integration von Video, Realtime-Wiedergabe, Tonsynchronisation, Bildqualität)

O Sind die Software-ergonomischen Standards erfüllt? (Wahrnehmbarkeit, Selbstführungsfähigkeit, situative Anwendbarkeit, Fehlerrobustheit, Erlernbarkeit, Benutzerfreundlichkeit etc.)

## 6. Kontrollfunktionen

O Hat der Benutzer ein ausreichendes Ausmaß an Kontrolle über das Programm?

O Welche Kontrollmöglichkeiten sind vorhanden?

O Wie wird die Applikation akzeptiert?

O Wie schätzt die Zielgruppe folgende Dimensionen ein:

  • Inhalt der Anwendung

  • Gestaltung

- Übermittlung der Materie

- Relevanz

- Erfüllung von Erwartungen (Zufriedenheit)

- Belastung (z.B. Über- oder Unterforderung) etc.

○ Welche Änderungsvorschläge kommen von der Zielgruppe?

Der kritischer Leser wird merken, dass an diesem Schritt sowohl eine Weiche nach hinten als auch nach vorne gestellt werden kann. Mit der Erstellung des Kriterienkataloges haben wir praktisch alle Merkmale für die Entscheidung über Publishing-Medium, -Plattform und Entwicklungssoftware gesammelt (s. Kap. 2). Gleichzeitig werden Ziele, Tenor, Funktionen, Umfang, Tiefe etc. der Applikation festgelegt.



Es ist jetzt an der Zeit a) die Machbarkeit und b) die Wirksamkeit des Vorhabens zu prüfen, bevor weitere Aktivitäten entfaltet werden.

# 7.4
# Feasibilitätsprüfung

In dieser Phase sollte man gründlich die Machbarkeit des Vorhabens überprüfen.

○ Werden wir es schaffen?

○ Ist die Entwicklung zeitlich und personalmäßig, wie ursprünglich vorgesehen, einzuhalten?

○ Kann die Entwicklung in klare Produktionsphasen aufgeteilt werden?



○ Gelingt es, die Anwendungssituationen und den Inhaltstransfer zu gewährleisten?

○ Welche Schritte können in eigener Leistung erbracht und welche müssen durch Outsourcing gedeckt werden?

Je umfangreicher eine Applikation ist, desto schwieriger wird es, die Feasibilität zu prüfen. Es ist deswegen sinnvoll, in allen Abschnitten der Entwicklung ein Review einzuführen, um Korrekturen rechtzeitig ansetzen zu können. Die Planung, Assetentwicklung und Überprüfungszeit für ungenutzte Module, Kapitel oder sogar gesamte Applikationen können nicht nur ein teurer Spaß werden, sondern auch die Bereitschaft der Mannschaft bei der Entwicklung und Fertigung von anderen vitalen Teilen des Programms empfindlich beeinflussen.

## 7.5
## Know-how-Transfer

Habe ich meinen Kriterienkatalog erstellt, kann ich mich auf den Know-how-Transfer konzentrieren. Dies geht in zwei Richtungen:

Nach innen:

○ Gibt es die notwendige Expertise im Hause? (Ergonomie, Inhalt, Didaktik, Produktion, Programmierung, Fertigung)

○ Müssen von außen Experten engagiert werden?

Nach außen:

○ Wird das Programm akzeptiert?

So schwierig die Entscheidungen für den Innenbereich zunächst zu treffen sind, so gewichtig ist auch die Abschätzung des Transfers nach außen, denn daran wird zum Schluss der Erfolg bemessen.

*Faustregel: Bin ich nach der Feasibilitätsdiskussion davon überzeugt, dass die Umsetzung machbar ist, will ich die gleiche Gewissheit haben, dass mein Transfer gelingt.*

Zudem muss ich möglicherweise an dieser Stelle *Marktforschung* betreiben, um diesen Faktor besser einzuschätzen. Welcher Aufwand hierfür notwendig ist, kann generell nicht vorausgesagt werden. Meistens reicht es, wenn eine repräsentative Anzahl von Menschen, die von der Absicht (Ziel) betroffen sind, sowie einige, die neutral sind, befragt werden. Hierbei können Papierskizzen, Charts und Erklärungen ausreichen, um ein Gefühl für den angestrebten Erfolg = Akzeptanz zu vermitteln.

Aus dieser Begegnung können ebenfalls konstruktive Korrekturen und eine bessere Einstimmung des Inhalts gewonnen werden.

Die andere Seite des Know-how-Transfers geht in Richtung Übertragung an die Entwicklungsmannschaft, falls sie nicht aus der Abteilung stammt.

○ Wie wird die Expertise vermittelt?

○ Wer ist dafür verantwortlich?

○ Welche Zeiträume werden dafür angesetzt?

○ Auf welcher Basis (Format) wird die Expertise vermittelt?

○ In welcher Qualität findet es statt?

○ Wer empfängt die Expertise?

○ Wie empfindet er es?

*Faustregel: Feasibilität*

*Checkliste: Know-how-Transfer*

○ Was versteht er darunter?

○ Wird das Vermittelte vom Zielpublikum verstanden und akzeptiert?

## 7.6
## Langfristigkeit von Zielen und Anpassung
## an Neuerungen

Nun stehen wir kurz vor der Umsetzung und müssen nach der Fea-
sibilitäts- und Akzeptanzprüfung ggf. darüber grübeln, ob Up-dates
erforderlich sind, und wenn ja, in welchen Abständen. Die Checkliste hierfür leitet eigentlich nur das Thema ein, denn bei Bejahung
begehen wir einen zirkulären Pfad.

○ Dient die geplante Applikation einem einmaligen Ziel oder ist
zu erwarten, dass weitere Problem- bzw. Bedarfssituationen auftreten, wofür die Applikation ebenfalls von Bedeutung ist?

○ Wie lange wird das Programm aktuell sein?

○ Ist zu erwarten, dass es inhaltlich Neuerungen (z.B. infolge
neuer Technologien) gibt?

○ Wird das zu vermittelnde Wissen schnell wieder veralten?

○ Besteht die Möglichkeit, das Programm modular aufzubauen?

*Checkliste*
*Updates:*
*Single Disk*
*ja/nein*
*Updating*
*Wenn ja,*
*wie oft?*

Mit der letzten Frage kommen wir auch einem Lösungsansatz in
der Entwicklung näher. Wenn das Programm in Modulen aufgebaut
wird, können die voraussichtlich zu verändernden Module leichter
ausgetauscht werden, als wenn die Inhalte im „Fluss" eingebettet
werden. Es geht weiter. Wissen wir im voraus, dass Änderungen in
bestimmten Abständen anfallen, können diese sogar hierfür vorgesehen werden. Die Updates können, wenn häufig notwendig, z.B.
per ISDN telefonisch erfolgen. Das kann z.B. für ein Reisebüro
interessant sein, auch wenn die Applikation nicht gleich online
strukturiert wird. Wenn nur gelegentliche Updates anfallen, können
neue CDs versandt werden bzw. Updates bei einer Festplattenin-
stallation per Diskette, Modem-Downloading, CD-ROM oder auf
anderen Trägern erfolgen. Welche Methode am geeignetsten ist,
muss anhand der Updatefrequenz, Anzahl von Installationen, Ent-
fernung (Distribution) und Ausstattung des Endbenutzer entschieden werden. Wichtig ist es an dieser Stelle, eine Entscheidung herbeizuführen.

# 7.7
# Ressourcen definieren

Auf die Zusammenstellung von Projektmanagementteams wurde in Kap. 3 eingegangen. Nun müssen die Verantwortlichen in der Gruppe mitwirken und die Kompetenzen klar verteilt sein. Nachdem wir eine klare Vorstellung von dem Programm besitzen, können die Feinkalkulationen erfolgen.



○ Welches Budget steht für die Planung und Durchführung sowie für eine eventuelle Evaluation der Applikation zur Verfügung?

○ Können die Budgets in Phasen aufgesplittert werden?

○ Welche technische Ausstattung (vor allem Hardware) ist im Unternehmen bereits vorhanden?

○ Welche Kosten fallen an, um die Ausstattung zu ergänzen?

○ In welchen Phasen findet die Ausstattung statt?

○ Welche Zeitplanung liegt für die Entwicklung vor?

○ Wer begleitet welche Phasen?

○ Sind die Zeiträume realistisch? Können die Schritte in der vorgesehenen Zeit gefertigt werden?

○ Was passiert bei Pannen, Differenzen und/oder personellen Ausfällen?

○ Gibt es fixierte Termine?

# 7.8
# Übergeordneter Kontext



Gewöhnlich wird Multimedia am Anfang zur „Chefsache" gemacht. Oft wird die grundsätzliche Entscheidung, auf diesem Weg zu kommunizieren, im oberen Management getroffen. Danach läuft die eigentliche Knochenarbeit, d. h. Konzeption und Planung, im Projektteam ab. Erfahrungsgemäß kommt spätestens in diesem Moment ein Review aus dem oberen Management, denn es ist an der Zeit, grünes Licht zu geben und in die „Operative" zu gehen.

In diesem Zusammenhang kommen oft übergeordnete Aspekte der Planung und Konzeption hinzu, die möglicherweise bisher eher stiefmütterlich behandelt wurden.

Zunächst werden zumeist die Grundsatz-Warum-Fragen gestellt – warum soll die Applikation erstellt werden, warum dies oder das. Die berühmte Schraube wird zunächst zurückgedreht und manchmal auf null gesetzt. Es folgt die *Überzeugungsarbeit* nach oben, die wir alle beherrschen und worauf man sich freuen kann.

Viel interessanter sind allerdings die firmenbezogenen Kontexte, die zur Sprache kommen: *Impact und Image nach außen.* Wie reagiert das Zielpublikum auf das Programm in Verbindung zur Firma? Welche Pluspunkte sammelt das Unternehmen ein, welche Hiebe müssen eingesteckt werden? Im Zeitalter der Medienmanipulation dürfte es nicht falsch sein, darüber nachzudenken, ob die vorgesehenen Medien, Themen, Darstellungsformen in Einklang mit der aktuellen Stimmung in Richtung Firmenakzeptanz stehen.

Manche Firmen werden auf diesen Aspekt erst zu einem späteren Zeitpunkt aufmerksam. Die Wellen, die allerdings entstehen können, sind nicht zu unterschätzen. Denken Sie an Shell, Calvin Klein, Benetton etc. Nun sagen Sie, 'Ja, aber das sind Riesenkonzerne und die stehen im Rampenlicht!' Wir meinen, in Ihrem Mikro-/Makro-kosmos wirkt auch Ihr Werk proportional gleich. Stellen Sie z.B. empfindliche Teile her, wie nukleare Energie, Bio- oder Gentechnologie, denken Sie bitte an den Widerhall Ihrer Informationen im Kontext der Zeit und Akzeptanz der Themen per se. In dieser Phase kann man gute Arbeit leisten, auch solche Faktoren für sich wirken zu lassen.

Wenn übergeordnete Zusammenhänge keine erkennbare Rolle spielen, nehmen Sie das Momentum des Projektteams und setzen Sie Turbogefühle frei durch die zügige Zustimmung aus dem Managementbereich.

## 7.9
## Qualitätssicherung – ein Einwegartikel?

Qualitätssicherung ermöglicht, Ziele und Orientierungsrahmen für die Anwendung von Ansätzen und Methoden aus der Evaluationsforschung bei der Entwicklung und Beurteilung eines Programms zu identifizieren, zu definieren und zu berücksichtigen. Somit geht die Qualitätssicherung über den Begriff Evaluation hinaus.

Die *erste Stufe* der Qualitätssicherung wurde mit der Erstellung des *Kriterienkatalogs* erreicht. Die *zweite* wird mit der Zusammenstellung des *Pflichtenhefts* (Kap. 7.11) abgehandelt. Die in Kap. 5.3 beschriebenen *Reviewverfahren* bilden den *dritten Backbone der Qualitätssicherung* (QS).

Für bestimmte Anwendungen, die mit Verhaltens- bzw. Fähigkeitslernen zu tun haben, z.B. Lehr-/Lernumgebungen, Trainingsprogramme etc., gelten darüber hinaus andere Aspekte der QS. Hier sollten *Evaluationsmethoden,* basierend auf Konzeption und Planung, für den erfolgreichen Einsatz des Programms entwickelt werden. In der Regel teilt man diese Aufgabe in zwei Phasen: formative und summative Phasen.

In der formativen Phase versucht man, durch Stichproben in kleinen Gruppen eine Qualitäts- und Wirkungsanalyse des Vorhabens von Experten zu gewinnen, um die Präzision des Ziels zu prüfen.

In der summativen Phase wird das fertige Produkt auf die Effektivität der angestrebten Ziele geprüft. Meistens setzt man eine Wirkungsanalyse, eine Kosten-Nutzen-Effizienz-Analyse und eine Optimierungsanalyse für Nachfolgeprojekte an. Methodisch werden derartige Erhebungen durch Stichproben in der Zielgruppe oder mit der gesamten Zielgruppe durchgeführt.

*Faustregel: Ganz gleich wie umfangreich oder komplex Ihre Anwendung wird, binden Sie einen Qualitätssicherungsprozess bereits am ersten Tag ein (Details s. Kapitel 4).*

# 7.10
# Kosten-Nutzen und Effizienz-Analyse

Keine Applikation kann dieser Diskussion entgehen. Die Frage ist, wie kann man die Diskussion über Kosten-Nutzen-Effizienz-Analyse konstruktiv gestalten.



Zunächst gibt es sehr viele Ansätze für die Evaluation, je nach Ziel des Vorhabens. Entwickeln wir kommerzielle Ware, ist es klar, dass man Profit erzielen möchte. Ergo bestimmt den Erfolg das Verhältnis: Herstellungskosten + Marketing vs. Einnahmen.

Auch POS-Terminals oder Teleshopping können anhand der Verkäufe mit dem sonstigen pro Quadratmeter erzielten Umsatz in Ausstellungsräumen minus Betriebskosten verglichen werden.

Wird ein Katalog oder POI-System entwickelt, stellt sich die Frage gleich anders, da die „klare" Abrechnungslinie fehlt. Eher kommen Vergleiche in Erstellungs- und Verteilungskosten in Frage.

Beim Training kommen Überlegungen über Effizienz, anfallende Seminarkurse, Arbeitszeitausfall im Seminar, Unterlagenerstellung, Reinforcement-Unterstützungskosten etc. hinzu. Aus der Erfahrung hat sich herauskristallisiert, dass sich die individuelle Entwicklung von multimedialem Training bereits ab etwa 250–300 Mitarbeiter bzw. Einsatzmöglichkeiten lohnt.

Um sich einen Überblick für die Basis der Analyse zu verschaffen, empfehlen wir folgende Checkliste für unseren „roten Faden":

**Checkliste: Kosten-Nutzen- und Effizienz-Analyse**

○ Welchen Beitrag leistet das Training zu den Unternehmenszielen?

○ Welche Fragen lassen sich zur Effizienz stellen?

O Wurde infolge des Trainings die betriebliche Weiterbildungsarbeit verbessert?

O Wurde die Lehrkapazität entlastet?

O Gab es innovative Entwicklungen?

O Wurde die Lernkultur des Unternehmens durch das Training positiv beeinflusst?

O Ist der Nutzen im Vergleich zum Aufwand höher?

O Wenn ja, um wieviel?

⇒ unmittelbarer Nutzen:

- Arbeitszufriedenheit infolge hoher Akzeptanz

- Leistungssteigerungen infolge guter Lernerfolge

O Verbesserung der Arbeitsqualität infolge guter Transferleistungen

⇒ mittelfristiger Nutzen:

- finanzielle Vorteile in Form von Kosteneinsparungen oder höherer Nettoerträge

- Zeiteinsparungen

- Erhöhung der Konkurrenzfähigkeit

⇒ langfristiger Nutzen:

- Verbesserung des Arbeitsklimas

- Förderung der Unternehmens- und Lernkultur

O Worin bestehen die Kosten eines Trainings?
finanzieller, zeitlicher und personeller Aufwand für:

- die Entwicklung der Weiterbildungsmaßnahme

- die Durchführung der Weiterbildungsmaßnahme

- die Qualitätssicherung der Weiterbildungsmaßnahme

- Interessenskonflikte und deren Auswirkungen



## 7.11
## Mein Pflichtenheft

Auf die Notwendigkeit eines Pflichtenhefts wurde mehrfach hingewiesen. Mit dem Kriterienkatalog (Kap. 7.3) wird eine Übersicht von Gedanken, Inhalten, Umsetzungsmerkmalen etc. erstellt, die als Basis für Expertengespräche, Briefing, Konzeptarbeit und Programmstruktur dient. Hat man sich auf eine Basis geeinigt, entsteht

das Pflichtenheft. Die Mindestmerkmale des Hefts sollten folgende
Punkte umfassen:

- Navigationsbeschreibung
- Qualitätsmerkmale
- Designmerkmale
- Ergonomie-Beschreibung
- Inhaltsbeschreibung
- Datentransfer
- Entwicklungszeitraum
- Phasing
- Budgetrahmen
- Qualitätssicherungsmaßnahmen

Das Pflichtenheft wird dann die Basis für die Produktion und ver-
traglichen Vereinbarungen mit externen Entwicklern. Somit nimmt
das Pflichtenheft eine zentrale Rolle in der Produktion ein. Viele
Firmen scheuen sich, ein umfangreiches Heft zu erstellen, was auf
der einen Seite einen gesunden Kooperationsgeist darstellen kann.
Andererseits können viele Differenzen zwischen „Vorstellung und
Wirklichkeit" einer Produktion durch das Heft minimiert werden,
da alle Parteien sich vorab geeinigt haben und somit alle „eine
Sprache sprechen".

Die Erstellung des Hefts ist eine Gemeinschaftsaufgabe und
gehört sicherlich in die Kategorie Beratung und Projektdefinition,
wenn Externe hinzugezogen werden. Erwarten Sie nicht, dass derartige komplexe und zeitintensive Gespräche zum Nulltarif erledigt
werden. Die hier investierte Energie zahlt sich später zehnfach aus.
Vor allem hat man dann eine klare Gesprächsbasis, wenn es zu Differenzen kommt. Im juristischen Sinne stellt das Pflichtenheft einen
Beweis für den gesamten Produktionsrahmen dar.

Nebenbei ist es auch ein gutes Instrumentarium für innerbetriebliche Kommunikation über den Produktionsablauf, da sämtliche
Argumente, Spezifikationen, Ziele, Inhalte, Designfaktoren, Terminplanung, Budgetierung und Kontrollingmaßnahmen zusam-
mengetragen wurden.

Bedenken Sie, das Pflichtenheft soll eine Stütze, eine Hilfe, eine
Anleitung sein. Auf keinen Fall hat es den Zweck, etwas Korsett-
artiges zu entwickeln und auszufeilen. Versuchen Sie voluminöse
Pflichtenhefte zu vermeiden. Spätestens wenn Sie angefangen
haben, den zweiten Ordner zu füllen, überlegen Sie bitte, welche
Realität, Korrektheit und welchen Wirkungsradius das Ganze

besitzt. Haben Sie noch den Überblick? Ist es für Dritte möglich, sich einen Überblick zu verschaffen? Ist das Ganze noch logisch und machbar? Wohl verstanden, wenn es um viel Geld geht, soll und muss man genau planen. Die Planung soll den Rolloutweg aufzeigen, nicht Barrieren erstellen.

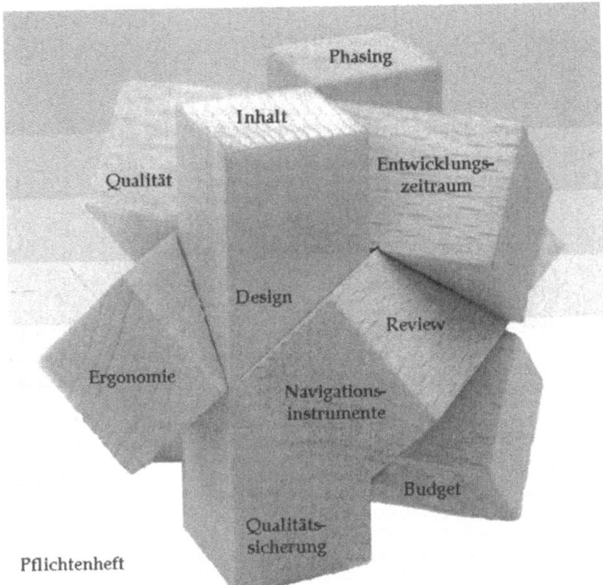

# 8 Produktionsablauf

*- A horse! A horse! My kingdom for a horse!*
*- Ein Pferd! Ein Pferd! Mein Königreich für ein Pferd!*

## 8.1
## Produktionsziel definieren

Nach der Idee und dem Erstellen des Pflichtenhefts geht es darum, die Produktion zu organisieren, die Partner zu finden und das Produkt zu realisieren.

Im folgenden wollen wir Sie durch die Produktion einer CD-ROM führen. Die Produktion steht exemplarisch für eine durchschnittliche Produktion. Jedes Produkt hat aber seine eigenen Schwerpunkte und Anforderungen, die von dem gezeigten Beispiel weit abweichen können. Alle möglichen Produktionsschritte aufzuzeigen ist daher schlicht unmöglich. Generell versuchen wir, uns bei der Entwicklung an folgenden Projekt-Ablauf zu halten:

○ Projekt-Organisation mit

- kleinen Projektteams
- straffer Termin- und Budgetplanung

○ Ziele

- Prioritäten mit Abgrenzungen definieren

○ Soll-Konzeption

- Fachkonzept erarbeiten
- Informationsangebot in Stufen strukturieren

○ Ist-Konzept

- Rahmenbedingungen berücksichtigen
- weiche Faktoren beachten

Zu Beginn definieren wir das Produktionsziel. Dabei benutzen wir als Grundlage die besprochene **Checkliste: Globale Ziele** aus Kap. 1. Das Ziel soll das Vorhaben umschreiben und bereits am

ersten Tag die zu begehenden Wege aufzeigen. Zum Beispiel haben
wir uns folgendes Ziel für eine Applikation gesetzt:

| Ziel | Inhalt | Zielgruppe | Medium | Plattform |
| --- | --- | --- | --- | --- |
| Information Training | Erklärungen u. Beispiele zu Multimedia-Produkten | Entschei-dungsträger | CD-ROM | PCs in Büros und Privathaus-halten |

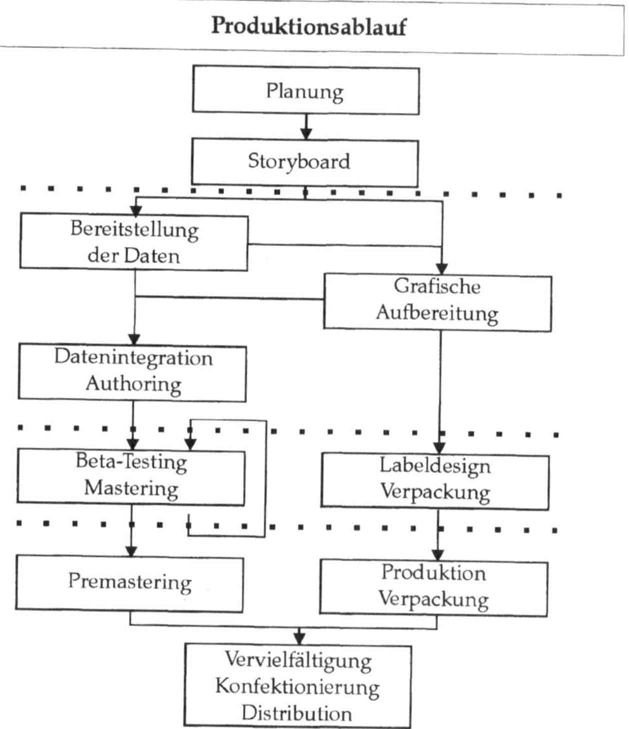


*Abbildung 8.1 Globales Ablaufschema für Produktionen. Die gepunkteten Linien stellen die empfohlenen Sign-Off-Ebenen dar.*

## 8.2
## Verzweigungsbaum = Flowchart

Als erstes gilt es die Struktur der Anwendung zu definieren.

○ Was will ich zeigen?

○ Wie führe ich den Benutzer?

○ Wie hoch soll die Interaktion sein?

Nehmen Sie ein möglichst großes Blatt Papier, einen Bleistift und einen Radiergummi. Es geht darum, den Verzweigungsbaum zu definieren. Der Verzweigungsbaum ist die Landkarte der Anwendung. Der Pfad, wie sich der Anwender bewegen kann und soll, wird festgelegt. Der Verzweigungsbaum ist die Grundlage zur Gestaltung der Navigation innerhalb der Anwendung. Die einzelnen Kästchen stellen die Screens dar, auf die der Anwender zugreifen kann. Die Pfeile zeigen die möglichen Sprünge innerhalb des Pfads an. Jetzt wird der Weg deutlich, auf dem wir den Benutzer führen wollen. Die Struktur muss auf Grund des Verzweigungsbaums deutlich werden.

*Eine Faustregel für das Design interaktiver Medien besagt: Verwenden Sie nicht mehr als drei Informationsstufen, denn der Anwender verliert sich schnell in einer verschachtelten Anwendung.*

Versuchen Sie in diesem Stadium das gesamte Spektrum der Applikation zu begreifen. Legen Sie es in einem Flowchart fest. Lassen Sie sich Zeit und versuchen Sie auch diverse Alternativen zu entwickeln. Stellen Sie sicher, dass alle Beteiligten mit der Endversion einverstanden sind, denn spätere Ergänzungen und Änderungen bedeuten eine Unmenge an Diskussionen, Arbeit und Mühe.

Hier zeigen wir das Schema für eine Beispiel-Anwendung:

A: Intro   B: Hauptmenü   C1: Die Medien   C2: Die Tools

C3: Die Formen   C4: Lösungen
– linear          – Text
– hierarchisch    – Grafik
                  – Animation
                  – Video

Das Besondere an Multimedia, so meinen viele Experten, sind die Möglichkeiten von offenen, nicht-linear aufgebauten Anwendungen. Lineare Anwendungen, wie Videofilme oder Radiosendungen, sind reine Botschaftspräsentationen, die sich ideal für Live-Präsentationen eignen, z.B. auf Messen oder im Konferenzraum des Kunden. Schlichte, durchstrukturierte, hierarchische Anwendungen finden vor allem für Verkaufspräsentationen, Lehr- und Lernanwendungen ein weites Einsatzfeld. Auch die beliebtesten Computerspiele setzen auf eine klare Hierarchie. Informationspräsentationen und -sammlungen wie Lexika oder Nachschlagewerke oder auch öffentliche Kiosksysteme basieren hingegen meist auf einer offenen nicht-linearen Struktur.

Die Struktur einer Anwendung muss vom Anwender immer durchschaut werden können. Dies wird durch ein klares Screendesign sowie Übersichten und Menüs erzielt. Lassen Sie den Anwender nie darüber im unklaren, wo er sich gerade befindet und wie er wieder an den Ausgangspunkt seiner Entdeckungsreise zurückkommt.



*Abbildung 8.2*
*Flowchart für*
*Storyboard*

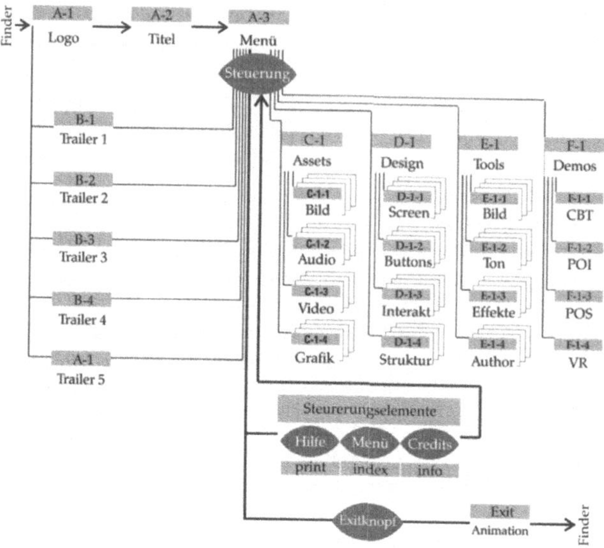

Stellen Sie den Verzweigungsbaum allen Beteiligten zur Diskussion zur Verfügung. Bei der Erstellung des Verzweigungsbaums sollten unbedingt die Verantwortlichen für Grafik/Design sowie für die Programmierung miteinbezogen werden. Der Grafiker kann auf der Basis des Baums die ersten Layouts entwerfen und Überlegungen über den „roten Faden" in seinem Design nachdenken. Der Programmierer sollte wegen der Machbarkeit des Konzepts sowie der Organisation der Produktion unbedingt in dieser Phase miteinbezogen werden.

Überprüfen Sie ständig die Logik und die Einfachheit der Bedienung. In der gesamten Konzeptionsphase ist der Verzweigungsbaum eine Arbeitsgrundlage. Er sollte ständig Gegenstand der Diskussion sein, um die Wünsche und Erfahrungen aller Beteiligten in das Projekt zu integrieren. Der Verzweigungsbaum gibt Ihnen auch einen Überblick über die notwendigen Arbeitsschritte bzw. erlaubt Ihnen, das Projekt in sinnvolle Einzelteile aufzuteilen. Der Baum ermöglicht es, die Organisation der Daten festzulegen. Die einzelnen Teile werden in unserem Beispiel als eigene Datei angelegt.

○ Wie viele Dateien werden es?

○ Wie werden Sie benannt?

○ Wo werden Sie abgespeichert?



| Dateigrößen | | |
| --- | --- | --- |
| Text (100 Seiten) | ASCII-Text | 250 KB |
| | ASCII indiziert | 500 KB |
| | RTF | 300 KB |
| | RTF indiziert | 550 KB |
| | Text als Bild | 6 MB |
| Audio (10 Minuten) | 8-Bit, 11 kHz mono | 6,67 MB |
| | 16-Bit, 44 kHz stereo | 106 MB |
| Bilder (640 x 480 Pixel) | 1-Bit S/W | 38 KB |
| | 8-Bit 256 Farben | 300 KB |
| | 24-Bit 16,7 Mio. Farben | 900 KB |
| QT-Video (10 s, 320 x 240 Pixel ohne Audio oder Kompression) | 10 Bilder/s | 20 MB |
| | 15 Bilder/s | 30 MB |
| | 30 Bilder/s | 60 MB |
| QuickTime (10 s, 320 x 240 Pixel mit Cinepack-Kompression ohne Audio) | 10 Bilder/s | 2 MB |
| | 15 Bilder/s | 3 MB |
| | 30 Bilder/s | 6 MB |



Anhand des Verzweigungsbaums können nun die einzelnen Szenen und die Standards für die gesamte Anwendung entwickelt werden. Ferner gewinnen wir einen Eindruck über den Gesamtspeicherbedarf des Programms.

# 8.3
# Storyboard mit Standards

Die einzelnen Szenen werden im Storyboard definiert. Dieses gibt detaillierte Auskunft über den Ablauf, die verwendeten Medien und den Zeitrahmen der Sequenz.

Im Storyboard werden die Dialoge oder Musikeinspielungen festgelegt. Im Unterschied zum Film-Storyboard können im Storyboard auch alle Verzweigungsmöglichkeiten aufgezeigt werden.

*Abbildung 8.3*
*Storyboardsheet*

**Szene:** Intro
**Funktion:** Einstiegsequenz
Nach dem Start erscheint
diese kurze Animation

**Datei:** A_Start.dir
**Größe:** 331,3 K
**Dauer:** 53,9 Sec
**Rate:** 10 fps
**Format:** 240 x 180 Pixel
**Verantwortlich:** ........................................

| | | | |
|---|---|---|---|
| Grafik am Bildschirm<br>Musik setzt ein<br>Logo blendet sich ein<br><br>Mit Ende der Musik<br>blendet Logo aus | Logoanimation<br>Intromusik | 00:00<br><br>00:20 | 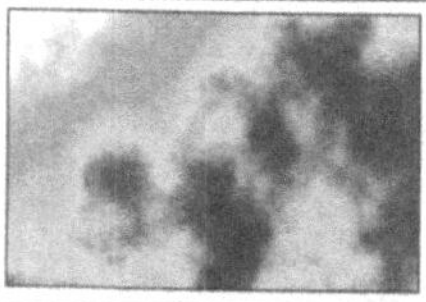 |
| Titel der CD wird gezeigt<br>mit kurzer Animation<br>und Einstimmung<br><br>Kleine Comicfigur<br>erklärt die wichtigsten<br>Funktionen | Titel-Grafik<br>Sprecher Part 1<br>Musik | 00:20<br><br>00:40 | 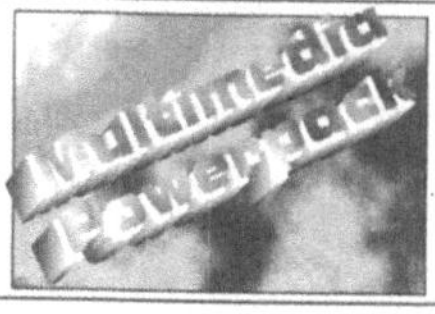 |

**Verantwortlich:** G/H
**Fertig bis:** 14.06.96
**Grafik:** S/H, R/S
**Text:** G/H
**Musik:** M/M
**Abnahme Konzept (Datum)** ................................................
**Abnahme Fertigstellung (Datum)** ................................................

Das Storyboard dient dazu, den logischen und inhaltlichen Ablauf in den einzelnen Sequenzen zu definieren und die einzelnen Medien festzulegen. Das Storyboard ist das Produktionsbuch, nach dem die einzelnen Szenen produziert und bearbeitet werden können. Zusammen mit den Standards weiß jeder der Beteiligten, was zu tun ist. Auch lassen sich die einzelnen Arbeitsschritte besser aufteilen und gezielter die einzelnen Medien auswählen.

Handgezeichnete Storyboards sind üblich. Es geht jedoch nicht um schön gemalte Bilder wie in der Werbebranche, sondern gezielt um die Kommunikation innerhalb des Teams:

*Checkliste: Storyboard*

- ❍ Sind die Inhalte und die Art der Medien gut erkennbar?
- ❍ Sind die Verknüpfungen zu anderen Screens logisch und sinnvoll?
- ❍ Werden Grafiker und Programmierer Ihre Vorgaben nachvollziehen können?
- ❍ Haben die Video- und Audiospezialisten eine Vorstellung, wieviel Arbeit auf sie zukommen wird?

Der nächste Schritt ist, ausgehend vom Verzweigungsbaum und Storyboard, die Festlegung des Screendesigns. Die audiovisuelle Umsetzung einer Multimedia-Anwendung schreit förmlich nach einem einheitlichen Stil und nach Funktionalität.

Der Art-Director oder Grafiker gibt in dieser Phase den Ton an. Er setzt sich mit Produzent und Programmierer auseinander – oft auch mit dem Auftraggeber – und entwirft im Dialog fortwährend Scribbles, die vor allem optische Standards für die Produktion festlegen: Hintergründe, Schriftarten, Button- und Menügestaltung. Auch für die interaktiven Funktionen muss eine Methode erarbeitet werden: Navigations- und Bedienungselemente müssen eine im Stilkatalog definierte Funktion (Sprungbefehl, Form, Lage) erfüllen. Eben diese Funktionalität stellt die Kommunikationsbrücke zwischen Anwendung und Anwender dar. Schon der kleinste Widerspruch im interaktiven Design führt unweigerlich zu einer Fehlkommunikation, zum Missverständnis.

Die Festlegung von Standards ist notwendig, um allen Beteiligten einen Leitfaden zu geben und die Produktionsanforderungen mitzuteilen und auch durchzusetzen. Als Standards werden alle Festlegungen bezeichnet, welche die Formen, Größen und Formate der verwendeten Medien beschreiben. An die Standards müssen sich alle Beteiligten halten, um beim endgültigen Zusammenstellen der Anwendung keine bösen Überraschungen zu erleben. Das Minimum an Standards finden Sie nachfolgend:



○ Erforderliches Screenlayout

- Layoutaufteilung, Größe des Screens

- Lage, Form der Bedienungselemente

- Schriften, Textgestaltung

- Hintergrundgrafiken

- Layoutraster

○ Verwendete Farben, reservierte Farben

○ Audioqualität

○ Videoqualität

○ Animationsqualität

○ Funktion der Menüs und Bedienungselemente



*Die Standards und das Storyboard sollten im ganzen Projektteam und in enger Abstimmung mit den Auftraggebern diskutiert und ausgearbeitet werden. Nachträgliche Veränderungen des Ablaufs sowie in der Anlage der Spannung und der Interaktion können ungeahnte Kosten- und Zeitprobleme aufwerfen.*

## 8.4
## Kommentar zur Medien- und Plattformfestlegung (Hard- & Software)

Auf der Basis der Zielsetzung der Anwendung, der dargestellten Inhalte und der gewünschten Zielgruppe gilt es nun, die Abspielplattformen zu definieren. Das Thema wurde bereits ausführlich in Kapitel 2.8 besprochen. Nun folgen einige weiterführenden Bemerkungen dazu.



Die Qualität einer Anwendung wird auch entscheidend von der Wahl der Abspielplattform beeinflusst bzw. es muss bei der Produktion bereits auf die Eigenheiten der gewählten Plattform Rücksicht genommen werden.

Sie müssen davon ausgehen, dass jeder Anwender seine eigene individuelle Anlage besitzt. Vergessen Sie Aussagen wie „IBM-Kompatible" oder ähnliches. Die Qualität der Abspielplattform hängt von der installierten Hardware und Software ab. Auch können Erweiterungsboards, wie Fax- oder Netzwerkkarten, das Abspielen der Anwendung beeinflussen. Sie werden nie zwei vollkommen identische Systeme bei den Anwendern finden. Jeder hat die Möglichkeit, seinen Rechner individuell zusammenzustellen und vor allem einzustellen.

Bei der Festlegung der Plattform sollten folgende Fragen berücksichtigt werden:



❍ Wieviel RAM-Speicher braucht meine Anwendung?

❍ Welche Hardwarekomponenten (mit welcher Leistung) können beim Anwender vorausgesetzt werden?

❍ Welche Grafikkarte wird verwendet?

❍ Wieviel Festplattenspeicher muss zur Verfügung stehen?

❍ Was muss ich an Software zum Abspielen mitliefern?

Bei der Festlegung der Plattform ist in der Regel ein Kompromiss zwischen maximaler Qualität und Geschwindigkeit auf der einen Seite und Kompatibilität und Sicherheit auf der anderen Seite notwendig. Ein Bildschirm füllender Videofilm kann nicht einfach auf einem „normalen PC" ohne Zusatzhardware abgespielt werden.



Zu beachten gilt, dass man nicht auf Standards baut. Jede Computeranlage ist individuell konfiguriert und zusammengestellt. Jeder Anwender verwendet seine spezielle Software, und nicht jeder verfügt über ein Modem oder eine Soundkarte. Sie als Produzent haben keinen Einfluss, wie die Anlage bei dem Anwender konfiguriert ist. Voraussetzen können Sie nur das, was Sie auch gegenüber dem Anwender definiert haben. Fügen Sie alle Softwarebestandteile der Anwendung bei, verzichten Sie auf nicht getestete Anwendungen, testen Sie Ihre Anwendung auf möglichst vielen unterschiedlichen Rechnern und Konfigurationen und klären Sie an dieser Stelle Gewährleistungsvereinbarungen zwischen Ihnen und dem Anwender.

Bei Konsumtiteln können Sie aufgrund der individuellen Zusammenstellung der Anlage beim Anwender damit rechnen, dass die Anwendung nicht auf allen Rechnern laufen wird. Erfahrungsgemäß läuft eine optimal programmierte Anwendung auf ca. 80 % der eingesetzten Rechner problemlos, auf weiteren 15 % mit Einschränkungen und Fehlern und auf den restlichen 5 % gar nicht. Die Ursachen dafür liegen an der individuellen Konfiguration beim Anwender. Das nützt Ihnen nichts, da jeder Anwender Ihnen die Schuld geben wird. Die Systemvoraussetzungen gehören damit auf die Verpackung und sind Vertragsbestandteil zwischen dem Herausgeber und dem Anwender.

Neben dem eigentlichen Produktionsvertrag sollten das Drehbuch, der Verzweigungsbaum und die definierten Standards als vertragsrelevante Vereinbarungen angesehen werden. Für den Auftraggeber ist dabei wichtig, alles zu definieren, auf das der Kunde wert legt und was er mit der Anwendung erreichen will. Auf der anderen Seite wird für den Produzenten der Rahmen festgelegt und die Art und Weise, wie das Projekt zu realisieren ist. Für den Produzenten ist es ebenfalls wichtig, sich vor eventuell entstehenden Mehr- und Nacharbeiten zu schützen. Ist etwas in der Konzeption nicht enthalten oder nicht eindeutig definiert, sollten die entstehenden Kosten als „Autorenkorrekturen" angesehen werden und deswegen vom Auftraggeber getragen werden.

Sign-off ist<br>Sign-off

## 8.5
## Assetproduktion

Alle Teile der Anwendung müssen digitalisiert, bearbeitet, gespeichert und zusammengeführt werden. Im folgenden wollen wir Ihnen die einzelnen Arbeitsschritte vorstellen. Doch die erste Frage ist:

○ Was brauche ich für die Entwicklung eigentlich an Hardware und Software?

○ Welche Partner muss ich organisieren?

○ Mit welchen externen Zulieferern werde ich zusammenarbeiten müssen oder wollen?

## 8.5.1 Hard- und Software

*Authoring-Tools: All that glitters is not gold*

Welche Hard- bzw. Software zur Entwicklung der Anwendung benötigt wird, hängt vom Konzept und Ziel ab. Standardkomponenten haben den Vorteil, dass sie meist ausreichend auf ihre Funktionen hin getestet sind und in einem annehmbaren Kosten-/Nutzenverhältnis stehen. Nehmen Sie keine Komponenten, die nicht ausreichend getestet sind. Dies gilt insbesondere für Software. Nichts ist schlimmer, als festzustellen, dass der gewählte Player eine bestimmte Funktion nicht ausführen kann oder will. Bis Sie hierfür eine Lösung finden, kann die Produktion schon zerstört sein. Dies gilt vor allem für das Authoring-System, den Kern der gesamten Anlage.

Verlassen Sie sich bei der Wahl der Tools nicht auf die Versprechungen der Hersteller und Händler. Testen Sie die Tools auf die Verwendbarkeit in Ihrer Produktion. Gerade die Hersteller von Autorensystemen bieten einen sog. Entwickler-Status. Das heißt, Sie können gegen eine Jahresgebühr an einem Informationsaustausch mit dem Hersteller teilnehmen. Ferner bekommen Sie einen direkten Draht zu den Entwicklern Ihrer Tools sowie neueste Tips, Tricks oder Programmversionen. Meist ist über diese Entwickler-Programme auch die Lizenzierung der Runtime-Module möglich. Die Qualität der Unterstützung ist allerdings sehr verschieden und rentiert sich nur in bestimmten Fällen oder bei mehrmaligem Einsatz des Autorensystems.

*Abbildung 8.4 Auswahl der Entwicklungsumgebung*

**Auswahl der Entwicklungsumgebung**

- Welche Struktur hat das Programm?
  - Linearer Aufbau
    - Präsentationssoftware
  - Non-linearer Aufbau
    - Authoringsysteme
    - Programmiersprachen
- Welche Funktionen müssen unterstützt werden?
  - Werden Datenbankfunktionen benötigt?
    - Lesen- und Schreiben von Datenbankeninhalten?
    - Update der Informationen?
  - Werden Hypertext-Funktionen verwendet?
  - Soll aus der Anwendung heraus gedruckt werden?
  - Braucht man Steuerfunktionen (z.B. für Laserdisc)?
  - Werden alle Medien und Datenformate unterstützt?
    - Grafik, Bild, Sound, Video, Animation
  - Werden alle notwendigen Plattformen unterstützt?
- Gibt es Distributionsspezifikationen?
  - Wird ein Runtime-Modul benötigt?
  - Sind die notwendigen Treiber erhältlich?
- Definition der Software

Für die Produktion einer einfachen Multimedia-CD-ROM zum Beispiel konnten wir folgende Computeranlage verwenden:

**Grafikarbeitsplatz**
**für das Scannen, die Bild- und Textverarbeitung**
Apple PowerMAC 7500, 32 MB RAM, 2 GB Festplatte
21" Farbmonitor
2 GB externe Festplatte
CD-Laufwerk
32 Bit Farbscanner
80 MB Syquest Wechselfestplatte

Scansoftware
Photoshop, Kai's Power Tools
Freehand, Illustrator
XPress
Grafikkonverter
Macromedia Director

**Multimedia-Arbeitsplatz 1**
Apple PowerMAC 8500, 32 MB RAM, 2 GB Festplatte
14" Farbmonitor
21" Farbmonitor
CD-Laufwerk
Audio/Video In/Out Board
insgesamt 4 GB externe Festplatte
80 MB Syquest Wechselfestplatte
CD-Recorder

Macromedia Director, Autorensystem
Infini-D, 3D-Animation
Adobe Premiere, Video-Bearbeitung
SoundEdit, Audiobearbeitung
FileMaker Pro, Datenverwaltung, Organisation
MacWrite, Textverarbeitung
Norton Utilities, Festplattenorganisation
Toast CD, Software zum Erstellen von CDs

**Multimedia-Arbeitsplatz 2**
IBM-kompatibler Pentium 500 MHz
124 MB RAM, 12 GB Festplatte
CD-ROM-Laufwerk
SoundBlaster-Audiokarte
17" Farbmonitor
12 GB externe Festplatte
80 MB Syquest Wechselfestplatte

Microsoft Windows 3.11
Microsoft Windows 98
Macromedia Director für Windows
Visual Basic
Corel Draw

Alle Rechner sind in einem Netzwerk (Ethernet) miteinander ver-
netzt. Somit ist ein problemloser Datenaustausch möglich. In das
Netzwerk sind je ein LaserWriter sowie ein farbfähiger Tinten-
strahldrucker integriert. Auf den ersten beiden Arbeitsplätzen wurden die Daten aufbereitet und berechnet. Der Arbeitsplatz 2 diente
dem Zusammentragen der gesamten Daten und dem Authoring.
Den Arbeitsplatz 3 brauchten wir, um die Anwendung für Windows
aufzubereiten, und diente hauptsächlich Testzwecken.

Mit dieser Anlage lassen sich bereits sehr anspruchsvolle Titel
produzieren, und sie stellt eine Einstiegsbasis dar. Vor allem im
Bereich der Animation sowie Video- und Audiobearbeitung stehen
hochwertige Spezialsysteme zur weiteren Aufrüstung bereit. Die
Kosten für diese Anlagen übersteigen aber bei weitem die gesamten
Kosten der oben beschriebenen Anlage.



Nachdem die Basis nun geschaffen ist, kann es endlich richtig
losgehen. Alles rein in den Computer und los geht's... doch so
schnell geht es nicht! Oder sind Sie Designer, Toningenieur, Kom-
ponist, Kameramann und Programmierer in einer Person? Multimedia ist Teamarbeit.

Bilden Sie eine geeignete kompakte Mannschaft für die Entwicklung. Hier ein Beispiel-Team bestehend aus folgenden Personen mit klar definierten Aufgaben:

○ Richard Schifman
  Konzeption, Storyboard, Organisation, Besorgung externer
  Medien, Text, Authoring, Testen

○ Yvonne Heinrich
  Konzeption, Screendesign, Grafik-Typo, Bildbearbeitung, Animation, Testen

○ Günther Heinrich
  Konzeption, Ablaufplan-Storyboard, Animation, Video-Audio-
  bearbeitung, Authoring, Mastering, Testen, Installationsroutine
  für Windows

○ Testkandidaten
  Zehn Personen unterschiedlicher Altersgruppen und Computer-
  erfahrung mit eigenem Rechner zum Testen und Beurteilen der
  Anwendung

○ CD-Presswerk
  CD-Vervielfältigung, Label-Druck

Dies stellt noch eine ganz überschaubare Größe dar. Für aufwendige Anwendungen, wie Spiele, sind sicherlich 20 bis 40 Leute in einem Team zusammengefasst.

### Externe Materialien

Als externe Materialien werden alle Daten bezeichnet, die von außerhalb des Projektteams kommen. Dabei ist zu unterscheiden, ob es sich um Auftragsproduktionen für Musiker, Filmproduzenten oder um die Verwendung von vorhandenen, aber fremden Materialien handelt.

Fast in der gesamten Multimedia-Produktion sind Sie auf Zulieferer angewiesen. Zum einen brauchen Sie Software, die letztendlich mit auf die CD geschrieben wird, um dem Anwender das Abspielen der Applikation überhaupt erst zu ermöglichen.



Zum anderen stellt sich die Frage nach der Verwendung von Archivmaterial. In diesem Bereich hat sich eine ganze Dienstleistungsindustrie, die Content-Provider, angesiedelt. Es gibt eine Vielzahl von Bilddatenbanken, Musik- und Filmarchiven, die Ihnen zur Verfügung stehen. Wegen der teilweise sehr hohen Kosten für die Nutzungsrechte sollten Sie sich überlegen, ob es sich lohnt, einen Fotografen oder Musiker zu engagieren. Oft ist dies die einzige Möglichkeit, um wirklich mediengerecht arbeiten zu können.

Das Problem ist immer, wer besitzt die Rechte an der Information? Im Zeitalter der Information ist sie das Kapital. Für alle Daten, die Sie nicht selber erstellen können oder wollen, müssen Sie Nutzungsrechte bzw. Lizenzen erwerben.

### Software-Lizenzen

Verschiedene Programme erlauben es, sog. Runtime-Programme zu generieren. Diese Programme gestatten es dem Anwender, die Anwendung zu betrachten und zu nutzen. Er hat aber keinen direkten Zugriff auf die Daten. Für diese Runtime-Module sind teilweise Lizenzen notwendig. Dies gilt ebenfalls für Installationsprogramme oder Systemzusätze, wie QuickTime oder Gerätetreiber. Je nach Programm müssen Sie diese beim Hersteller lizenzieren lassen. Jeder Softwarehersteller hat seine eigenen Bedingungen. Bei der Wahl der Software ist dies eine zentrale Frage. Alle Fragen der Lizenzierung fremder Materialien sollten Sie von Beginn an verfolgen.

○ Ist eine Runtime-Version erhältlich?

○ Welchen Installer möchte ich verwenden?

○ Welche Treiber und andere Software benötige ich?

○ Was kosten mich die Lizenzen?

**Nutzungsrechte**

Wollen Sie Bilder, Videos oder andere dem Urheberrecht unterliegende Daten verwenden, so müssen Sie für jede einzelne Informationseinheit die Nutzungsrechte für ihr Produkt erwerben. Dieser Bereich ist der rechtlich sensibelste Teil der Produktion. Ein Bild oder eine Musik, für die Sie keine Rechte besitzen, kann Ihre Produktion zunichte machen. Die sog. Content-Provider stellen Archive gegen Entgelt zur Verfügung. Inzwischen gibt es eine Fülle von Agenturen für alle möglichen Daten. Außerdem gibt es Verwertungsgesellschaften wie die GEMA. Diese vertreten Künstler im Punkte Verwertung und Verrechnung von Nutzungsrechten. Dort können Sie zentral für den jeweiligen Bereich die Rechte für Ihre Produktion erwerben.

○ Habe ich die Nutzungsrechte für die verwendeten Medien?

○ Gibt es eine Rechte-Verwertungsgesellschaft?

○ Kann ich Lizenzen für meinen Bedarf bekommen?

○ Wie erhalte ich eine Lizenz?

Die Frage der Lizenzierung bzw. Erteilung der Nutzungsrechte sollte von Anfang an mit Konsequenz verfolgt werden. Die Lizenzierung kann sehr zeitaufwendig sein, da Sie erst einmal den Rechteinhaber ausfindig machen müssen, und mit ihm die Bedingungen aushandeln müssen. Sie sollten darauf achten, die Nutzung bereits sehr früh zu vereinbaren, da bereits die Digitalisierung für die Produktion ein Einverständnis des Rechteinhabers voraussetzt. Gehen Sie also nie mit einem fertigen Produkt zu einem Rechteanbieter, um die Medien nachträglich zu lizenzieren. Dies kann zu teuren und unangenehmen Folgen führen.

*Medienliste*    Da Sie verpflichtet sind, für jedes einzelne Medium (jeden Film, jedes Photo) die Rechte zu organisieren, sollten Sie eine Medienliste anlegen, sowie alle Nutzungsvereinbarungen schriftlich abwickeln und alle Dokumente zusammen mit den Verträgen ablegen. Die Nutzungsvereinbarungen sind somit Bestandteil des Produktionsvertrags. Achten Sie darauf, dass Sie die Medien auch für eine eventuelle Lokalisierung und Verwendung in anderen Marktbereichen verwenden dürfen. Haben Sie die Rechte für die Verwendung innerhalb der interaktiven Anwendung, heißt das noch lange nicht, dass das Bild auch für die Gestaltung des Umschlags verwendet werden darf.

## 8.5.2
## Text

Die meisten Anwendungen, die Sie heute auf CD-ROM erhalten, bestehen größtenteils aus Textinformationen, die erfasst, bearbeitet und korrigiert werden müssen.

Die Art und Weise wie Sie den Text vorbereiten, hängt von Ihrem Ziel ab. Sie haben drei Erfassungsmöglichkeiten:

○ OCR

○ Spracheingabe/Eintippen

○ Einscannen

**OCR (Optical Character Recognition)**
Mit Hilfe eines Scanners wird der Text in den Computer eingelesen und mittels der OCR-Software in digitalen Text umgewandelt. Der Text kann daraufhin mit einem beliebigen Textverarbeitungsprogramm bearbeitet werden. Das Verfahren eignet sich gut für die Verarbeitung von Maschinenseiten oder Drucksachen. Das Lesen von handschriftlichen Dokumenten ist bisher noch zu aufwendig. Der mittels OCR eingelesene Text muss unbedingt korrigiert und gelesen werden. OCR ist noch viel zu unzuverlässig, um sichere Ergebnisse zu erzielen.

Wollen Sie den Text auch in Ihrer Anwendung als editierbaren Text speichern, so müssen Sie dafür sorgen, dass die verwendete Systemschrift vorhanden ist. Sollte auf dem abspielenden Gerät die verwendete Systemschrift nicht vorhanden sein, wird eine andere Schrift verwendet, und die gewünschte Darstellung ist eine völlig andere.

**Tastatur/Sprache**
Der Weg über die **Tastatur** ist sicherlich der aufwendigste und langsamste, aber in vielen Fällen der einzige Weg. Externe Schreibbüros können dabei sehr hilfreich sein. Eine neue Technik **speech-to-text** erlaubt gesprochenen Text in editierbaren Text umzuwandeln und bietet bereits interessante Möglichkeiten. Sie ist jedoch in der Regel zu langsam und noch zu fehlerhaft, um damit angenehm arbeiten zu können.

**Einscannen**
Beim **Einscannen** wird der Text als Bildformat gespeichert. Der Text kann so nicht direkt bearbeitet werden. Sie können aber im Text malen. Diese Variante wird immer dann genutzt, wenn die Information nur zum Lesen bestimmt ist, bzw. als Blickfang dienen

soll. Text in Bildformat bietet die Möglichkeit, den Text in Mal-
und Zeichenprogrammen zu erstellen und zu gestalten. Text in
Bildformat ist viel speicherintensiver als editierbarer Text, hat aber
auf allen Rechnern das gleiche Erscheinungsbild.

Die meisten Texte werden oder sind ja bereits in digitaler Version vorhanden. Auf dem Markt gibt es diverse Tools für die Konvertierung von Text- oder Datenbankformaten. Für die Bearbeitung
und Korrektur der Texte verwendet man ein gängiges Textverarbei-
tungssystem. Die Texte werden entsprechend den Vorgaben editiert
und formatiert. Die Textverarbeitung sollte über gute Layoutfunk-
tionen und gute Rechtschreibprüfung verfügen. Der Seitenaufbau
muss an das Screendesign angepasst werden. Jede Seite im Textdo-
kument entspricht einer Seite im Screenlayout. So kann der Text
später problemlos den jeweiligen Anforderungen angepasst und in
das Layout integriert werden.



Bevor der Text in die Anwendung integriert wird, sollte er korrigiert und abgezeichnet werden. Änderungen, die in späteren Phasen
notwendig werden, können sehr zeit- und kostenintensiv sein.

Nachdem der Text erfasst und bearbeitet wurde, muss der Text
in der passenden Form abgespeichert werden. Teilen Sie den Text,
wenn notwendig, bereits hier in kleinere Einheiten. So sind die
benötigten Textstellen schneller auffindbar.

○ Brauche ich editierbaren Text?

○ Muss ich mit meiner Anwendung Schriften hinzufügen?



○ Darf ich die gewünschte Schrift kopieren?

○ Erstellen Sie eine Liste aller Textstellen (Inhalt, Dateiname)!

○ Archivieren Sie den Originaltext!

○ Speichern Sie den Text in kleinen Abschnitten!

Lassen Sie den Korrekturabzug vom Kunden prüfen und per Unterschrift zur weiteren Vergabe freigeben.


## 8.5.3
## Bild, Grafik



In den digitalen Medien gibt es zwei Hauptformate für Bild-
informationen: *bitmapped Grafik* oder *objektorientierte Grafik*.

**Bitmapped Grafik**

Bei diesen Bildern wird die Information in Pixeln gespeichert. Das
Bild wird in einzelne Punkte aufgeteilt, wobei jeder mit seinen spe-
zifischen Informationen gespeichert wird. Dieses Verfahren kommt

vor allem bei Fotos und Malereien zum Einsatz. Verwendet werden Bildbearbeitungsprogramme wie XRes oder Photoshop.

Bitmapped Grafiken werden auflösungsabhängig gespeichert. Je höher die Auflösung, desto mehr Punkte werden gespeichert. Das bedeutet in der Produktion, dass für jedes Zielmedium eine Kopie mit der richtigen Auflösung gespeichert werden muss.

Um vorhandene Bilder in ein digitales Format umzuwandeln, benötigen Sie einen Scanner. Es gibt Aufsicht- und Diascanner sowie Videoscanner. Die Geräte gibt es in allen Ausführungen und Preisklassen. Neuerdings werden verstärkt digitale Kameras eingesetzt, in denen die Bildinformation direkt digital gespeichert wird. Die Daten können so sofort weiterverarbeitet werden. Die gebräuchlichsten Formate sind: TIFF, GIF, PICT.

**Objektorientierte Grafik**
Hier wird die Bildinformation durch Formen und Linien erzeugt. Diese werden als *Rechnerische Funktion* gespeichert. Dieses Verfahren wird bei Zeichenprogrammen wie Freehand oder Illustrator verwendet. Auch der ganze Bereich CAD basiert auf objektorientierter Grafik. Sie ist sehr speicherschonend und wird unabhängig der Auflösung gespeichert. Das heißt, das gleiche Bild kann für alle Zielmedien verwendet werden. Die gebräuchlichsten Formate sind: DXF, EPS, PIC.

Die Möglichkeiten, Zeichnungen und Bilder direkt am Computer zu entwerfen, sind mannigfaltig. Neben reinen Zeichen- und Malprogrammen können Sie aufwendige CAD-Zeichnungen, Business-Grafiken oder sogar mathematische Formeln grafisch darstellen. Für jede Aufgabe gibt es spezielle Lösungen. Dabei sollten aber der Aufwand und die benötigte Zeit für die Erstellung und Bearbeitung nie zu optimistisch angesetzt werden.

○ Arbeiten Sie nie an den Originalbildern.

○ Überlegen Sie sich ein gutes Ablagesystem.

○ Dokumentieren Sie die Bilder (Inhalt, Größe, Auflösung etc.).

○ Speichern Sie Bilder in der benötigten Auflösung.

○ Verwenden Sie zur Organisation eine Bilddatenbank.



Für die Gestaltung der Grafiken und des Screendesigns sollten Sie auf die Erfahrungen eines professionellen Designers nicht verzichten. Bei der grafischen Umsetzung gibt es viele verschiedene Möglichkeiten und Lösungen. In einem späteren Kapitel werden wir noch auf Gestaltung, Design und Bildbearbeitung näher eingehen.

Am Ende aller Bearbeitung steht das Generieren des entsprechenden Ausgangsformats. Dabei spielt stets der benötigte Speicherplatz jedes einzelnen Bilds eine entscheidende Rolle, denn die Summe aus diesen und den anderen Assets ergibt den gesamten, benötigten Speicherplatz. Bei einer CD-ROM ist dieser auf 650 – 700 MB „begrenzt", weswegen die Auswahl des Ausgangsformats allein aus Speicherplatzgründen entscheidend sein kann (z.B. Bildkatalog). Ferner benötigen größere Bilddateien längere Aufbauzeiten und höhere rechnerische Leistungen; all dies sind Faktoren, die die Performance des Programms direkt beeinflussen.

In unserem Beispiel verwenden wir: PICT-Dateien in RGB Farben mit 8 Bit Farbtiefe (Systempalette Macintosh) und 72 dpi Auflösung.

Die Bilder werden im Photoshop konvertiert und abgespeichert. Die Bildauflösung von 8 Bit entspricht einer Verwendung von nur 256 Farben aus einer Palette von 16,4 Millionen Farben. Das heißt, die Farbtiefe der Bilder wird reduziert, um die Bilddatei zu verkleinern. Nachstehend finden Sie eine Tabelle mit einer Übersicht der Dateigröße in kByte von Bildern in der typischen Schirmgröße:

**Dateigröße von Bildern in kByte bei 640 x 480 Pixel**

| 1-Bit | 8-Bit | 16-Bit | 24-Bit | 32-bit |
|-------|-------|--------|--------|--------|
| 38 | 300 | 600 | 900 | 1200 |

Bilder mit einer höheren Farbtiefe brauchen entsprechende Grafikkarten, die diese Auflösung unterstützen.


## 8.5.4
## Audio

Um die Audiodaten aufzubereiten, müssen Sie vier Schritte durchlaufen.

○ Aufnehmen

○ Verarbeiten

○ Digitalisierung

○ Bearbeitung

**Soundaufnahmen**
Bei der Aufnahme werden meist herkömmliche Techniken verwendet. Zur Grundausstattung für eine Multimedia-Produktion gehört daher ein möglichst mobiles DAT-Recorder-System sowie ein den Anforderungen entsprechendes Mikrophon. Es gibt spezielle Mikrophone für Sprachaufnahmen oder Musikmitschnitte.

Über Mikrophone lassen sich Sprechtexte und Geräusche direkt aufnehmen. Über die CHINCH-Ein- und Ausgänge lassen sich direkt Musik und Ton von vorhandenen Audioanlagen überspielen.

Achten Sie bei der Aufnahme auf eine optimale Aussteuerung und Lautstärke. Nur aus optimalen Aufnahmen lassen sich am Ende zufriedenstellende Ergebnisse erzielen. Für die Aufnahme von Sprechtext sollten Sie unbedingt ein schallgedämpftes Studio verwenden, um die beste Qualität zu erzielen. Diese Studios lassen sich komplett mit allen Geräten und einem Operator stundenweise anmieten.

*Als Faustregel gilt für die Sprechtexte: Sie sollten unbedingt einen professionellen Sprecher engagieren, der mit der Idee und dem Ziel der Anwendung vertraut ist. Das Problem bei Sprachaufnahmen ist, dass die Anwendung nicht im nachhinein vertont wird wie der Off-Sprecher beim Film, sondern „Live", also parallel zu anderen Produktionsschritten. Dadurch werden nachträgliche Änderungen, Wünsche nach anderen Gewichtung oder auch Intonationen nur mit großem Aufwand realisierbar. Der Sprecher muss also in die Materie eingeführt und derart geführt werden, dass die Tonaufnahmen beim ersten Durchgang sitzen.*

Viele Anwendungen „kränkeln" in diesem Punkt. Es werden weder professionelle Sprecher noch Studios für die Tonaufnahmen in Anspruch genommen, um Kosten zu sparen. Das Resultat fällt allerdings meistens schmalspurig aus und steht in keinem vertretbaren Verhältnis zu den sonstigen Produktionskosten.

### Verarbeitung

Es stehen Ihnen alle Audio-Bearbeitungstechniken aus der Studiotechnik zur Verfügung. Mittels Filter, Equilizer, Effektgeräten oder MIDI-Sampling lassen sich die Daten erzeugen, verändern und bearbeiten. Über eine normale Audioanlage lassen sich weitere Quellen wie Kassetten, Schallplatten oder CD-Audio verwenden.

Wichtig für die Qualität ist eine optimale Abstimmung der Geräte sowie eine hochwertige Verkabelung zur störungsfreien Übertragung. Achten Sie auf eine optimale Aussteuerung der Aufnahmen bzw. korrigieren Sie die Aufnahmelautstärke.

Sie müssen darauf achten, eine durchgehende Lautstärke zu erzielen. Eine sich ständig verändernde Lautstärke können Sie in Ihrer Anwendung nicht gebrauchen.

### Digitalisierung

Die Ausgangsdaten liegen meist als Bandmaterial (DAT, Kassette, Tape) oder als CD-Audio vor. Nun geht es darum, die Audiodaten in den Computer zu bringen. Dies geschieht mit einem sog. Audio-Digitalisierer, einer speziellen Erweiterungshardware für Ihren

Rechner. An die Karte lassen sich mittels Chinch-Stecker externe Abspielgeräte wie eine Stereoanlage anschließen. Die Audiokarte übernimmt die Digitalisierung der Audiodaten. Sie sollten sie immer in der besten Auflösung (d. h. 16 Bit Stereo mit 44 kHz) digitalisieren, um für die weitere Verarbeitung eine ausreichende Qualität zu erzielen. Die so aufgenommenen Daten werden in dem Datenarchiv abgespeichert. Für eine Übertragung von der Audio-CD stehen Softwarelösungen zur Verfügung, um direkt von der CD die Daten zu lesen und als Datei auf die Festplatte zu spielen. Dies geschieht ohne Verluste in höchster Qualität.

Alle Audiodaten stehen nun für eine digitale Weiterverarbeitung zur Verfügung.

**Verarbeitung**

Mit einer geeigneten Audio-Software lassen sich die digitalen Audiodaten direkt am Computer bearbeiten und für die weitere Nutzung vorbereiten. So lassen sich die Daten schneiden, mixen oder mit den bereits aus der analogen Technik bekannten Techniken, wie Hall und Echo, aufbereiten.

Bei längeren Sprachtexten sollten Sie die Daten in kleinere Portionen aufteilen. Dies ist wichtig, um später die Stimme synchron zum Bild laufen zu lassen. Die Aufteilung der Sprachtexte sollte ja durch das Storyboard vorgegeben sein.

Nachdem alle Daten vorbereitet und bearbeitet sind, werden die endgültigen Formate generiert.

*Die richtige Samplingrate am richtigen Platz eröffnet Dimensionen.*

Durch Downsampling wird zwar eine schlechtere Klangqualität erzielt, aber die Anforderungen an die Abspielbasis, insbesondere die Datentransferrate der CD-ROM, werden reduziert. Um die richtige Einstellung zu finden, sollten Sie ausführliche Tests durchführen. Verwenden Sie auch an Ihrem Computer externe Aktivlautsprecher, um die Qualität der Aufnahmen kontrollieren zu können. Die in den meisten Computern verwendeten Lautsprecher sind für eine Beurteilung der Klangqualität vollkommen ungeeignet.

Durch das Downsampling wird die Samplingrate verringert, was zu einer abnehmenden Audioqualität führt. Folgende Samplingraten lassen sich verwenden:

*Empfehlung für Audio-samplingraten*

○ 11,025 kHz (CD)	unterste Qualität für Rechner

○ 22,050 kHz (CD)	meistverwendete Qualität für Rechner

○ 44,100 kHz (CD)	Qualität für Audio-CD

○ 48,000 kHz (DAT)	Qualität für Digital-Audio-Tape

Für die Bearbeitung und vor allem die Beurteilung der Audiodaten brauchen Sie professionelle Erfahrungen. Denken Sie immer daran, ob es sich nicht lohnt, einen Spezialisten zu engagieren. Neben der richtigen Aussteuerung ist die klangliche Qualität bzw. die Stimmigkeit der Musik zum Thema von entscheidender Bedeutung. Einer Anwendung einen eigenen musikalischen Rahmen zu geben, ist zwar meist etwas aufwendiger, das Ergebnis rechtfertigt aber bei guter Umsetzung diesen Mehraufwand.

Wichtig ist es, für die Datenverwaltung die Originaldaten immer aufzuheben, um spätere Korrekturen einfach erstellen zu können. Die fertigen Daten werden entsprechend der Organisation der CD in die vorbereiteten Verzeichnisse auf der Produktionsebene abgespeichert. Für die Speicherung verwenden wir das AIFF. Dieses Format erlaubt es uns, die gleichen Daten sowohl unter Macintosh als auch unter Windows abzuspielen. Somit muss auf der endgültigen Scheibe nur eine Version abgespeichert werden.

## 8.5.5
## Video

Die Verwendung von Video ist ein komplexer Prozess und meist eine teure Angelegenheit. Vor allem wenn Sie eigens Material produzieren wollen oder müssen. Bei der Produktion stehen Ihnen jedoch eine Menge professioneller Lösungen bereit. Doch auch hier sollten Sie überlegen, ob die einzelnen Arbeitsschritte nicht besser von einem professionellen Partner ausgeführt werden sollten. Bei der Aufbereitung der Videodaten sind folgende Schritte zu durchlaufen:

○ Aufnehmen, Vorbereiten

○ Digitalisieren

○ Bearbeiten

○ Bereitstellen

**Aufnehmen, Vorbereiten**
Gemäß des Konzepts sind nun die Videosequenzen zu erstellen bzw. zu organisieren.

**Eigenproduktion**
Bei vielen Produktionen muss das gewünschte Material eigens aufgenommen werden. Dazu brauchen Sie neben einem guten Kamerateam mit ausreichendem Equipment auch das richtige Ambiente. Die Aufnahmen werden in herkömmlicher Technik mit entsprechendem Aufwand hergestellt. Wie bei den Audiodaten gilt es, die bestmögliche Qualität für das Ausgangsmaterial zu erzielen, um die nötige Endqualität zu erreichen.

*Ein Bild sagt tausend Worte; ein Video am richtigen Platz sagt Romane.*

Für die Bereitstellung der Videosequenzen werden normale Videobänder verwendet. Das verwendete Videosystem sowie das Videoformat hängen von der Qualität der Auflösung ab. Es gibt folgende gebräuchliche Videoformate:



○ Professionell:
| | |
|---|---|
| D1/D2 | 480 Bildschirmzeilen |
| BetaCam | 450 Bildschirmzeilen |
| U-Matic | 400 Bildschirmzeilen |

○ Semiprofessionell:
| | |
|---|---|
| Hi8 | 400 Bildschirmzeilen |
| S-VHS | 360 Bildschirmzeilen |

○ Amateurbereich:
| | |
|---|---|
| VHS | 200 Bildschirmzeilen |

Je höher die Auflösung, desto besser die Qualität. Um gute Ergebnisse zu erzielen, empfiehlt sich daher der Einsatz professioneller Techniken. Gerade im Bereich der Videobearbeitung bedarf es großen Wissens und eines großen Geräteparks. Hier die richtige Ausrüstung zu mieten oder von Externen zuzukaufen, ist in der Branche üblich.

Bei der Aufnahme sollte berücksichtigt werden, dass die Daten später noch komprimiert werden müssen. Bei der Kompression werden Verfahren angewendet, mit denen nur die Daten der Bildänderungen von Frame zu Frame gespeichert werden. Ändert sich am Bildinhalt viel, so hat der Computer mehr Daten zu verarbeiten, als wenn das Bild ruhig wäre. Arbeiten Sie bei der Aufnahme immer mit Stativ und vermeiden Sie Schnappschüsse aus der Hand. Der Kameramann sollte mit dem Konzept vertraut sein, um die richtigen Einstellungen zu verwenden. Achten Sie darauf, dass Sie nicht für den Fernseher produzieren, sondern für eine interaktive Anwendung.

Durch die anschließende Kompression wird die Qualität der Bilder beeinflusst. Um eine möglichst hohe Endqualität nach erfolgter Komprimierung zu erzielen, sollten Sie folgendes bei der Aufnahme berücksichtigen:



○ **Kontrast**: Am besten eignen sich zum Encoden natürliche und weiche Bilder, z.B. mit geringem Kontrast, weichen oder natürlichen Rändern. Versuchen Sie, Aufnahmen mit viel Kontrast, sehr viel Bewegung oder sehr vielen komplexen Bewegungen zu vermeiden.

○ **Screen Size**: Digital Video ist zum Abspielen auf Fernsehschirmen gedacht und nicht für Leinwände. Panoramaaufnahmen oder sehr detaillierte Bilder verlieren auf einem kleinformatigen

Bildschirm an Qualität. Es ist daher ratsam, mehr von Closeups
Gebrauch zu machen.

○ **Bewegung:** Gerade MPEG hat generell Schwierigkeiten mit
schnellen Sequenzen oder Kameraschwenks, und zwar aufgrund
der großen Anzahl wechselnder Informationen in solchen Bildern. Um diese Bilder zu handhaben, wird der Encoder das
Video in größeren Blökken verarbeiten, das Ergebnis ist das
sog. „Blocking" während der Wiedergabe (Makroblocking).

○ **Zooms:** Zooms oder Schwenks in der Z-Ebene verändern das
Bild konstant. Verwenden Sie statt dessen Cuts.

○ **Scharfe Details:** Insbesondere MPEG hat außerdem Schwierigkeiten mit *scharfen Details*. Fokussieren Sie daher auf den Vordergrund und lassen Sie den Hintergrund unscharf. Dies ist bei
Innenaufnahmen besonders wichtig. Stellen Sie das Licht auf
den Vordergrund ein.

○ **Subjektive Kamera:** Wackelige Bilder, z.B. durch eine insta-
bile oder subjektive Kamera oder auch durch Filmabtastung,
bedeuten eine Menge neuer Informationen, die wiederum den
Encoder überfordern.

○ **Stark gesättigte Farben, zu viele Details:** Bestimmte Bilder
machen immer Schwierigkeiten. Ein in der Sonne romantisch
glitzernder See mit roten und orangen Farbtönen ist ein typi-
sches Beispiel. Die kontinuierlichen Bewegungen des Wassers
und die stark gesättigten Farben der Sonne bedeuten sehr viel
neue Daten. Explosionen gehören ebenfalls in diese Kategorie.

○ **Massenszenen:** Massenszenen mit ihren unzähligen Details leiden teilweise unter „Moskito Blocking" nach dem Encoding,
kleine Artefakte entlang der Konturen.

○ **Felddominanzwechsel:** Ist das Ausgangsmaterial Film, muss
die Felddominanz auf Wechsel hin überprüft werden, da Felddominanzwechsel, also zu rasche Veränderung (Farbe, Bewegung, Objekte, etc.) innerhalb einer Einstellung, recht verhee-
rende Effekte beim Encoding erzeugen können. So können
möglicherweise Field 2 vom ersten Paar und Field 1 vom zweiten Paar miteinander kombiniert werden. Der Encoder bearbeitet die falschen Paare und nimmt dabei 80 % des ersten und
20 % Prozent des zweiten Fields. Da die beiden Fields jedoch
unterschiedlich sind, wird ein verzerrtes Bild erzeugt. Man kann
versuchen, dieses Problem beim MPEG-Encodiern durch expli-
zite I-Frame-Zuordnung zu umgehen.

○ **Optische Korrekturen:** Optische Korrekturen, wie z.B. künstliche Konturenanhebung, sind gewöhnlich ein Problem beim

Encoding, da sie den Kontrast verstärken und den Kompressionsaufwand erhöhen. Während der Preprocessing-Phase können diese Probleme eventuell durch negative Korrektur der Konturen und auch durch rekursive Filter behoben werden.

○ **Video-Effekte:** Alle Arten von Video-Effekten wie Fades oder Dissolves bedeuten sehr große Änderungen der Bildinformation und sind deshalb durchgängig schwer zu encoden. Dies gilt besonders für Fades zwischen sehr hellen und sehr dunklen Bildern. Verwenden Sie statt dessen Cuts.

○ **Closeups, schnelle Objekte**: Closeups von sich schnell bewegenden Objekten führen zu schlechten DV-Sequenzen, ebenfalls aufgrund der großen Anzahl neuer Informationen.

○ **Übertitelung:** Visuelle Elemente wie z.B. Titel, die vor dem Hintergrund scharf abgesetzt werden müssen, sollten möglichst nicht vor Hintergründen mit unregelmäßigen Bewegungen, wie Feuer oder Wasser, plaziert werden. Diese Unregelmäßigkeiten führen zu Blokking, die die hochauflösenden Bildelemente der Übertitelung ruinieren.

○ **Slow Motion:** Ein Video (nicht Film) als Slow Motion (mehrmalige Wiederholung bestimmter Frames) kollidiert mit der MPEG-Encoding-Strategie für Interlaced Video, was grundsätzlich zu wackeligen Sequenzen führt. Bei anderen Encodierungsmethoden wirkt sich das Phänomen noch stärker aus.

**Digitalisierung**

Für die Übertragung in ein digitales Format (Film-Encoding) werden sog. Video-Capture-Karten verwendet. Als Zuspieler dient ein entsprechender Videorecorder. Die Karte wandelt die eingehenden Signale in digitale Daten um und speichert diese auf die Festplatte. Dabei werden zwei Verfahren verwendet:

○ Beim *Live-Capture* werden die Daten in Echtzeit digitalisiert. Dies stellt eine sehr hohe Anforderung an die gesamte Computeranlage, sichert aber eine schnelle Verarbeitung. Bei nicht ausreichender Rechenpower kommt es bei diesem Verfahren häufiger zu Bildausfällen oder zu geringen Bildraten.

○ Beim *Controlled-Capture* brauchen Sie einen Videozuspieler, der über eine serielle Schnittstelle verfügt und über diese vom aufnehmenden Computer gesteuert wird (Offline-Encoding). Der Zuspieler wird im Einzelbildmodus angesteuert. Jedes Bild wird einzeln digitalisiert und komprimiert. Der Zuspieler wird nach jeder Aufnahme um ein Bild vorwärts gestellt, und die Digitalisierung des nächsten Bilds beginnt. Dieses Verfahren

erzeugt meist die beste Qualität, weil dem Rechner genug Zeit
gegeben wird, das optimale Ergebnis zu erreichen.

*Bei der Aufnahme sollten Sie die höchste Qualität einstellen, um
genügend Substanz für die weitere Verarbeitung zu haben.*



## Verarbeitung

Am Rechner haben Sie nun die Möglichkeit, die aufgenommenen
Videos zu bearbeiten, zu schneiden oder zu vertonen. Dabei stehen
Programme wie Adobe Premiere zur Verfügung. Diese Programme
erlauben es, die Sequenzen zu schneiden, mit anderen Aufnahmen
zu mischen oder Grafiken und Texte einzublenden. Die Programme
sind inzwischen sehr ausgereift und ermöglichen es, auf vielfältige
Weise die Videos für die Produktion herzustellen.

In einem digitalen Videostudio stehen Ihnen alle notwendigen
Tools zur Verfügung, um auch die ausgefallensten Ergebnisse zu
erzielen. Ohne professionelles Wissen kommen Sie hier aber nicht
sehr weit. Auch sind die erforderlichen Rechnerkapazitäten sehr
teuer und lohnen eine Anschaffung nur bei guter Auslastung.

Die digitale Bearbeitung erlaubt es, mehrere Videofilme zu
schneiden, zu überblenden und zu mischen, sowie mit diversen Fil-
tern die Bildinhalte zu manipulieren. Zusätzlich lassen sich Titel
einblenden und Filme vertonen. In Malprogrammen können gezielt
Einzelbilder bearbeitet und so zum Beispiel Trickfiguren in Live-
Szenen mit eingebaut werden. Durch die QuickTime-VR-Techno-
logie ist es sogar möglich, sich dreidimensional durch einen Film
zu bewegen. Dabei übernimmt der Anwender die Rolle des „Kame-
ramannes" und kann zum Beispiel vollkommen frei durch ein
Museum oder ein neues Bauwerk streifen.

Auch hier gilt, dass nicht jeder Effekt und jede technische Spie-
lerei zu einem guten Ergebnis führt. Achten Sie darauf, die Videos
im Kontext zum gesamten Produkt zu generieren. Lassen Sie sich
von erfahrenen Videospezialisten beraten und unterstützen.

## Bereitstellung

Der letzte Vorbereitungsschritt dient dazu, die Videosequenzen für
die CD-ROM-Verwendung aufzuspeichern. Dazu werden die
Daten, nachdem alle Bearbeitungsschritte erfolgt sind, komprimiert
und gespeichert. Beim Komprimieren wird die Datenmenge des
Videos so weit wie möglich reduziert und die Datenrate an die
Zugriffsgeschwindigkeit der vorgesehenen Abspielumgebung
angepasst.

Hier ein Beispiel für Kompression und die Darstellung einer
Videosequenzen auf Grund der Systemvoraussetzung Videosoft-
ware (Apple QuickTime):

O Apple QuickTime

O Kompressionsverfahren: Cinepack

O Videogröße: bis 320 x 240 Pixel

O Datenrate: 180 kB/s

O Bilder: 15 Bilder/s

O Option: Playable on Non-Macintosh Systems

QuickTime erlaubt es, zeitbasierte Daten am Computer zu managen, und übernimmt mit geeigneten Kompressionsverfahren die Videowiedergabe. QuickTime ist eine Softwarelösung, um Videosequenzen am Computer in Echtzeit auf den Bildschirm zu bringen, sowie die Abspielgeschwindigkeit konstant zu halten. Denn es darf nicht sein, dass auf einem schnellen Rechner ein Video auf einmal schneller läuft.

Apple QuickTime erlaubt es, die verwendeten Videosequenzen sowohl unter MAC-OS als auch unter Windows abzuspielen. Für Hybrid-CD-ROMs ist es das einzig mögliche Verfahren. Verbreitet ist auch die Verwendung von Video für Windows (allerdings nur für Windows-Plattform) und MPEG-Kodierung, die aber den Einsatz eines MPEG-Videoboards bzw. Software-Decoder voraussetzt. Quick-Time muss als Softwarezusatz mit auf dem Abspielgerät installiert sein.

Mit Apple QuickTime lassen sich die Daten mit entsprechenden Kompressionsverfahren abspeichern. Im Bereich Video wird meist die Methode Cinepack angewendet, mit der gute Ergebnisse zu erzielen sind. Die Wahl der Kompressionsmethode hängt vom Inhalt und der Qualität der Ausgangsbilder ab. Es gibt spezielle Methoden für Bilder, Musik, Video und Animation.

Da jede Kompressionsart seine eigenen Gesetze hat, sollten Sie umfangreiche Tests durchführen.

Es gibt eine Reihe von gebräuchlichen Kompressionsverfahren für Videos. Die beste Qualität wird durch MPEG-Encoding erzielt, womit man fullscreen fullmotion Videos in Truecolor erhält. Für das Abspielen benötigt man Zusatzhard-/software (spezielle Grafikkarte + Software-Decoder). Die Kompressionsverfahren unterscheiden sich nach:

O maximal erzielbarer Auflösung (Resolution) und Farbtiefe (8-, 16-, 24-Bit)

O Bildgröße und

O Anzahl der Bilder pro Sekunde

Diese Größen werden zusätzlich vom eingesetzten Rechner beeinflusst. Somit ergeben sich zwei optimale Zielgrößen bei jedem Kompressionsverfahren:

O optimale Bildgröße

O optimale Bilddatenrate.

| | AVI | DVI, PLV | Indeo | JPEG | MPEG-1 | Quicktime |
|---|---|---|---|---|---|---|
| Max. Resolution | 1024x768 | 1024x768 | 1024x768 | 1024x768 | 1024 x 768 | 640x480 |
| Max. Farbtiefe | 24 | 8 | 24 | 24 | 24 | 24 |
| Max. Echtzeitbildgröße | 320x240 | 320x240 | 320x240 | 320x240 | 1024x768 | 256x240 |
| Optimale Bildgröße* | 320x240/ 8/15 | 320/240/ 8/5-10 | 320x240/ 16/15 | 320x240/ 16/30 | 1024x768/ 24/30 | 320x240/ 16/15-25 |
| Optimale Bildrate* | 160/120/ 8/10 | 160x120/ 8/18-24 | 160x120 16/18-24 | 320/240 16/30 | 1024x768/ 24/30 | 320x240/ 16/18 |
| Kompression | S | H | H/S | H | H | S |
| mit | 30:1 | | 30:1 | | | 50:1 |
| ohne Qualitätsverlust | 100:1 | 150:1 | 100:1 | 150:1 | 180:1 | |

* Resolution/Farbtiefe/Frames pro Sekunde; S=Software; H=Hardware

Abbildung 8.5
Übersicht der
Bewegtbildverfahren

Ein Vergleich dieser Parameter ist in der oben stehenden Tabelle dargestellt. Wie erwähnt, verringern alle Verfahren die Qualität der Bilder. Als Ergebnis wird die Dateigröße und damit die benötigte Datenübertragungsrate reduziert. Das heißt:

O hohe Videoqualität = hohe Hardwareperformance

O kleine Dateien = schnelles Laden

In dieser Bandbreite können Sie sich mit allen positiven und negativen Folgen bewegen.

Archivieren Sie am Schluss alle Ausgangs- und Enddaten zur weiteren Verarbeitung. Lassen Sie die Ausgangsdaten möglichst unverändert, um z.B. schnell auf Änderungen reagieren zu können. Testen Sie die endgültigen Videos auf den gewünschten Plattformen zur Qualitätskontrolle.

## 8.5.6
## Animationen

Multimedia-Anwendungen sind ideal für den Einsatz von Animation, Trickfilm, Effekten. Animation bringt Leben ins Spiel.

Egal, ob sich die Buttons bewegen und ihr Aussehen, je nach Zustand, verändern oder ob Comicfiguren agieren oder sich eine Zahlengrafik schön aufbaut, überall ist Animation im Spiel. Um

Animationen zu erstellen, sind mehrere Methoden möglich. Alle Tricktechniken und Effektmöglichkeiten lassen sich nutzen, um Animation zu generieren. Das Ergebnis kann dann digitalisiert und genutzt werden.

Deshalb möchten wir uns mehr auf computergestützte Animation konzentrieren. Auch hier gilt: je höher die Anforderungen, desto höher die Kosten.

Die wohl aufwendigste Technik ist die 3D-Animation. Die Software erlaubt es, eigene Modelle wie z.B. Architekturentwürfe und virtuelle Räume zu entwickeln, die durch sog. Rendering ein sehr natürliches Erscheinungsbild erhalten. Beim Rendering werden Oberflächenstrukturen sichtbar, so lassen sich auch Holz oder Stein realistisch darstellen. Die Generierung aller Arten von natürlichen und neuen Oberflächen ist möglich. Die Bandbreite geht von Jurassic Park, wo am Computer generierte Bilder in vorhandene Bilder montiert wurden, bis hin zu „TOY STORY", dem ersten komplett am Computer erstellten Kinofilm. Diese Technik ist sicherlich reizvoll, aber sehr teuer und aufwendig.

Auf dem PC stehen Ihnen einige sehr interessante Lösungen zur Verfügung, die das Generieren komplexer Szenen erlauben. Die Programme geben Ihnen die Möglichkeit, sehr schnell und einfach Animationen zu erstellen. Über geometrische Grundkörper (Kugel, Quader, Linie) lassen sich die einzelnen Körper entwerfen und zu kompletten Szenen mit Hintergründen etc. zusammenstellen. Den einzelnen Objekten lassen sich Oberflächen zuordnen. Diese Strukturen erlauben es, fast alle natürlichen Formen zu simulieren. Glas, Gold, Marmor oder Spiegelflächen sind nur einige Beispiele. Mittels Rendering wird über Lichtstrahlverfolgung und Berechnung der Lichtbrechung ein realistisch wirkendes Endbild erzeugt. Das Rendering ist sehr rechenintensiv und benötigt daher eine aufwendige Rechnerausstattung. Die Objekte und die Oberflächenmuster lassen sich den eigenen Anforderungen anpassen. Bei den meisten Programmen stehen umfangreiche Bibliotheken zur Verfügung.

Die Modelle lassen sich nun animieren und bewegen. Die Animation wird dabei über einen Sequenzer gesteuert. Die Kamera kann durch das Modell geführt werden. So lassen sich Zooms und Fahrten realisieren. Die Programme erlauben eine Vielzahl von Effekten wie Morphing, Explosion, Lichtanimation und Strukturveränderung.



Diese Verfahren sind sog. Clip-Animationen. Das ist nichts anderes als das gute alte Daumenkino. Die verschiedenen Bilder werden hintereinander in möglichst kurzem Wechsel gezeigt. Anhand des Bildwechsels und der veränderten Bildinformation entsteht die Bewegung.

Dabei kommen Sie wieder nicht darum herum, zwischen Qualität und benötigter Rechnerleistung abzuwägen. Jedes Einzelbild muss ja erst einmal gerendert, d. h. berechnet werden. Benötigt Ihr Rechner nur zehn Minuten für die Berechnung eines Einzelbilds, so brauchen Sie bei einer kurzen Sequenz von 1 s Länge und einer Bildrate von 25 Bildern/s bereits über 4 h Rechnerzeit. Im Bereich der Computeranimation brauchen Sie also eine schnelle Technik. Moderne Workstations erlauben bereits die Echtzeit-Bearbeitung bei der Erstellung. Somit sehen Sie sofort das Endergebnis in bester Qualität. Diese Systeme liegen in einer Preiskategorie von ca. DM 200.000,- und benötigen einen erfahrenen Operator.

Der zweite Gesichtspunkt ist die Datenmenge, die verarbeitet werden muss. Bei einer Bildgröße von 640 x 480 Pixel und einer Auflösung von 8 Bit ergibt sich eine Datenmenge von 25 x 300 KB = 7,5 MB.

Bei 24 Bit bedeutet dies bereits 22,5 MB, und das in einer Sekunde. Bei einem zweifachen CD-Laufwerk mit einer Übertragungsrate von 300 kB/s ist dies ein Ding der Unmöglichkeit.

Das bedeutet für diese Art der Animation: Sie sind wie Videodaten zu behandeln und können mit den gleichen Methoden behandelt werden.

*Arbeiten Sie auch hier vom Feinen ins Grobe. Das heißt, das Ausgangsmaterial muss höchste Qualität aufweisen. Komprimieren Sie als letzten Schritt die Daten auf die benötigte Datentransferrate.*

Für die Animation am Bildschirm stehen Ihnen drei Methoden zur Verfügung:

- Clip-Animation
  Bilder werden in rascher Reihenfolge gezeigt.

- Pfad-Animation
  Ein Bild wird entlang eines Pfads bewegt.

- Objekt-Animation
  Das Objekt wird in seiner Form verändert.

Bei der *Pfad-Animation* wird ein Bild oder Objekt an einer rechnerisch definierten Linie entlang bewegt. Zum Beispiel: Ein Apfel fällt vom Baum. Das Bild eines Apfels wird freigestellt und von dem Ast bis zum Boden bewegt. Die Software speichert die Bewegung als Pfad und kann diese nun jederzeit erneut ausführen. Ich brauche also nur einen statischen Hintergrund und das Bild eines Apfels. Pfad-Animationen sind sehr speichersparend, da nur ein Objekt und der rechnerische Pfad gespeichert werden müssen.

Bei der *Objekt-Animation* lassen sich Objekte, wie zum Beispiel ein Kreis, beliebig durch einfache Programmbefehle steuern. Ein Objekt kann seine Form, Lage und sein Füllmuster ändern, da diese ja als Variablen vorhanden sind. Der Rechner übernimmt die Berechnung und die Darstellung. So lassen sich Animationen aufbauen, in denen die Darstellung sich interaktiv verändern lässt. Beispiele hierfür sind Charts und Übersichten, Regler oder Kontrollleisten.

Bei der Produktion werden meist alle drei Methoden sowie alle Kombinationsmöglichkeiten verwendet. Hier kommt es allein auf die Kreativität an.

## 8.5.7
## Medienintegration/Authoring

Sind alle Medien vorbereitet und in den richtigen Formaten abgespeichert, gilt es nun, die einzelnen Medien und Informationen zu verbinden und logisch zu verknüpfen.

**Arbeitsvorbereitung**
Als erstes wird die entsprechende Arbeitsumgebung eingerichtet. In unserem Beispiel werden auf dem Authoring-Arbeitsplatz insgesamt drei Festplatten eingerichtet:

○ Festplatte 1: Datenarchiv, Grobdaten

○ Festplatte 2 mit 3 Partitionen:

- 1. Partition MAC-Feindatenca. 600 MB

- 2. Partition WIN-Feindatenca. 100 MB

- 3. Partition Zwischenablageca. 300 MB

○ Festplatte 3: Premaster-Platte zum Vorbereiten der Daten:

- 1. Partition MAC-Feindatenca. 600 MB

- 2. Partition WIN-Feindatenca. 100 MB

- 3. Partition Zwischenablageca. 300 MB

Alle Festplatten sollten vor der Verwendung mit einem entsprechenden Tool komplett neu formatiert und eingerichtet werden. Auf der ersten Festplatte werden alle Grobdaten sowie alle Zwischenergebnisse gespeichert. Dabei hat es sich bewährt, die Grob- und Feindaten in eigene Verzeichnisse abzuspeichern, um einen besseren Überblick zu bekommen. Diese Festplatte befindet sich meist an einem zentralen Server, um allen Beteiligten einen Zugriff zu ermöglichen.

Auf der zweiten Festplatte werden insgesamt drei Partitionen eingerichtet. Dies entspricht auch der endgültigen CD-ROM, die in unserem Falle aus zwei Partitionen besteht (Mac- und WIN-

Volume). Bei der Produktion von Hybrid-CD-ROMs gibt es einen einfachen Trick, um die Datenmenge zu reduzieren. Alle Daten müssen in der für die Zielplattform nötigen Form auf der Platte vorhanden sein. Gibt es Dateien, die in einer Form vorliegen, die von beiden Systemen gelesen werden kann, so müssen diese nur einmal auf der Platte vorhanden sein. Um diese Möglichkeit voll auszuschöpfen, verwenden wir nur Dateiformate, die auf beiden Plattformen verwendet werden können. Das heißt, die Dateien sind plattformübergreifend kompatibel.

In unserem Falle haben wir uns auf folgende Dateiformate festgelegt:

○ Sound:        AIFF

○ Grafik:       PICT

○ Video:        QuickTime MOV

○ Programm:     Macromedia Director (.dir)

Selbst die Dateien, die Macromedia Director als Authoringsystem erzeugt, sind Crossplattform-Dateien und können direkt auf den verschiedenen Systemen verwendet werden. Nur der Player muss in der Originalversion für jede Plattform separat erzeugt werden.

Nun gilt es, eine klare und gute Dateiorganisation aufzubauen. Dazu werden auf den Festplatten entsprechende Verzeichnisse angelegt. Die Struktur entspricht dabei dem endgültigen Aufbau der CD-ROM und sollte gut durchdacht sein.

Wichtig: Achten Sie bei der Organisation der Daten auf die Verwendung richtiger Dateinamen (Nomenklatur). Sie müssen dabei die Besonderheiten der entsprechenden Zielplattform berücksichtigen. Die Beschreibung des jeweiligen Betriebssystems gibt Ihnen nähere Auskünfte über die Dateinamen-Regelung. In unserem Fall müssen wir uns an die PC-Gepflogenheiten anpassen: Es dürfen nur Namen mit bis zu acht Buchstaben vergeben werden (Verwenden Sie bitte keine Zahl als ersten Buchstaben und auch keine Sonderzeichen), gefolgt von einem Punkt und weiteren drei Buchstaben für die Dateikennung.

Die dritte Festplatte wird am Ende gebraucht, um das eigentliche Premastering durchzuführen.

Nomenklaturbeispiel:
Musik1.aif
Video1.mov
Bild1.pic

## 8.5.8
## Zusammenstellen und Anordnen

Beim Authoring geht es darum, die einzelnen Medien zu verknüpfen und den gesamten Ablauf zu generieren. Der dabei zu durchlaufende Prozess hängt mit dem verwendeten Authoring-Tool zusammen. In unserem Beispiel verwendeten wir als Tool das Programm Macromedia Director in der Version 6.5. Ausschlaggebend in unserem Fall waren folgende Eckdaten, die die Tools aufweisen mussten:

- ○ Cross-Plattform-Kompatibilität
- ○ eigene Programmiersprache
- ○ komplette Authoring-Umgebung
- ○ Unterstützung aller definierter Medienformate
- ○ die Tools sind ausreichend getestet.

Der Director ist ein ablaufgesteuertes Programm. Das bedeutet, ähnlich wie im Film, einen kontinuierlichen Bildablauf. Der Aufbau der Screens erfolgt in verschiedenen Ebenen. In einem eigenen „Drehbuchfenster" lassen sich die einzelnen Medien anordnen. Dabei werden Lage, Form und Aussehen sowie Funktion und Zeitdauer der Anzeige auf dem Screen gesteuert.

Als erstes werden die einzelnen Medien im sog. Cast-Window in die Anwendung importiert. Das Cast-Window ist eine Bibliothek, in der alle Medien gesammelt werden und von dort aus direkt weiter verwendet werden können. Jedes Cast bildet eine eigenständige Datei. Es lassen sich Texte, Grafikobjekte, Bilder, Ton und Videodateien importieren. Als weiteres Format werden alle Scripte (Programmzeilen) als eigenständige Dateien verwaltet.

Über den Importbefehl lassen sich die Dateien importieren. Dabei kann entschieden werden, ob die Daten als Kopie oder als Pfadverweis gespeichert werden sollen.



*Abbildung 8.6*
*Cast-Fenster*

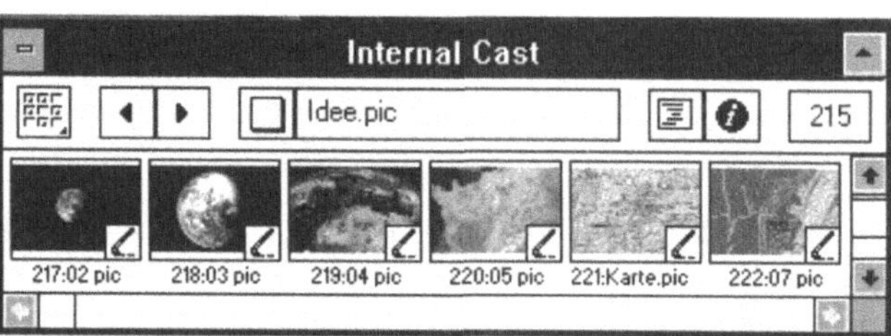

Beim Speichern einer Kopie wird die gesamte Information komplett im eigenen Director-Film mit abgespeichert. Dies hat zur Folge, dass der Director-Film sehr groß werden kann. Der Anwender hat keinen direkten Zugriff auf die verwendeten Medien. Der Director-Film kann als ganzes bearbeitet, kopiert oder verschoben werden.

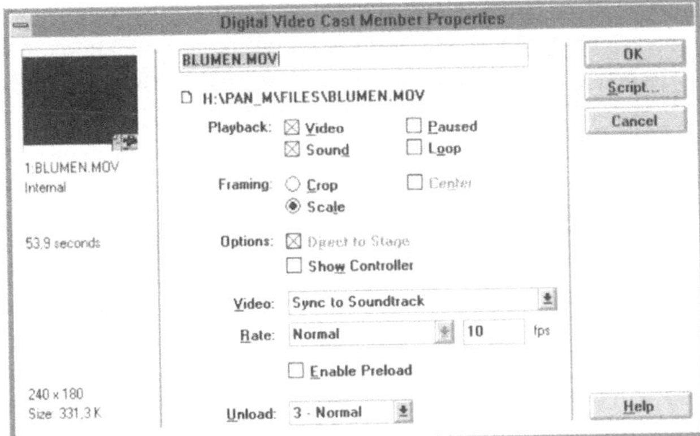



Abbildung 8.7
Importfilter Film

Bei der zweiten Variante wird lediglich ein Verweis (Pfadname) zum Speicherort auf der Festplatte abgespeichert. Die Director-Filmdatei wird dabei nicht so groß, da nur ein Pfadname zu speichern ist. Da die Information extern ausgelagert ist, *muss* die verbundene Datei aber auf jeden Fall mitgeliefert werden. Der Vorteil dieses Verfahrens liegt darin, dass die externen Dateien weiterhin bearbeitet werden können. Eine Änderung in der verbundenen Datei spiegelt sich auch automatisch innerhalb des Films wieder. Die Dateien lassen sich somit jederzeit bearbeiten.

Externe Daten lassen sich jedoch nur durch sehr aufwendige Maßnahmen vor unbefugter Benutzung schützen, aber gleichzeitig *muss* gewährleistet sein, dass die Filmdatei aufgrund des gespeicherten Pfadnamens die entsprechende Datei auch findet. Ein weiterer Vorteil ist, dass sich alle externen Medien von beliebiger Stelle aus, auch aus anderen Director-Filmen heraus, verwenden lassen.

Die einzelnen Cast-Mitglieder lassen sich durch integrierte Tools wie Textverarbeitung, Malprogramm, Movie-Editor bearbeiten und für die Verwendung im Film direkt einstellen.

Für die Erstellung und Bearbeitung der einzelnen Medien wurden in unserem Beispiel nur professionelle Tools verwendet, um die Daten vorzubereiten und zu bearbeiten. Sie müssen daher nur noch gesammelt und eingestellt werden. Die im Director verfügbaren Tools bieten nur gewisse Möglichkeiten und können keine professionellen Tools ersetzen.

Nun gilt es, dem Drehbuch gerecht die einzelnen Häppchen in den richtigen Zusammenhang zu bringen und im entsprechenden Zeitverhalten zusammenzustellen.

Dabei gibt es zunächst die eigentliche Bühne. Dieses Fenster bildet die sichtbare Ebene des Films, sozusagen die Projektionsfläche. Die Bühne ist das einzige Fenster, das der Anwender im Ergebnis sehen wird und in dem alle Medien und Daten angezeigt werden. Die Darsteller lassen sich direkt vom Darstellerfenster auf die Bühne ziehen und entsprechend platzieren.

Die Organisation der Daten und des Ablaufs werden im sog. Drehbuchfenster organisiert. Das Drehbuch verfügt über diverse Kanäle und eine Zeitachse. Jede Zelle dieser Tabelle kann eine Datei oder einen Befehl darstellen.

Wird ein Darsteller auf die Bühne gezogen, wird gleichzeitig in der angewählten Zelle des Drehbuchs ein Verweis auf diesen Darsteller erzeugt. Dieser Verweis kann nun im Drehbuch in seinen Eigenschaften definiert werden. Im Drehbuchfenster sehen Sie als erste Spur einen kleinen Abspielknopf. Beim Abspielen des Films wird der Abspielknopf entlang der Zeitachse bewegt. Dabei wandert er von Frame zu Frame weiter und baut diese auf dem Bildschirm auf.



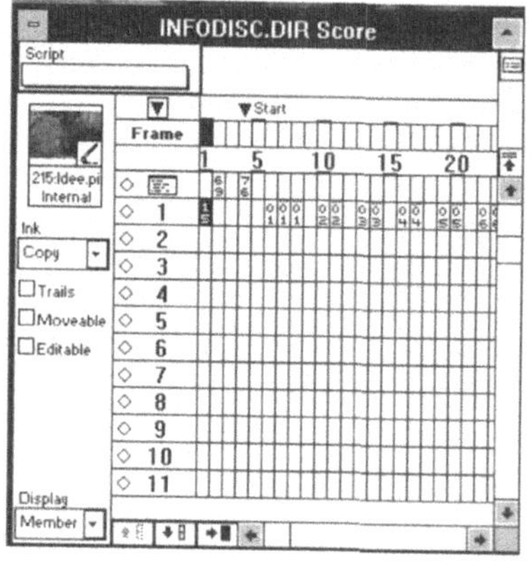


Die einzelnen Zeilen (horizontale Reihe) des Drehbuchfensters entsprechen einer eigenen Spur, ähnlich wie bei einem mehrspurigen Musikmischpult. In der obersten Spur lassen sich Sprungmarken setzen. Das sind Textmarker, die bestimmte Stellen des Films anzeigen, auf die dann schnell verzweigt werden kann.

In der Spur „Frame" wird der Abspielkopf angezeigt: Ein schwarzer Punkt zeigt den Frame an, an dem sich der Abspielkopf befindet. Dieses Frame ist nun auch auf der Bühne sichtbar.

In der nächsten Spur sehen Sie die Frame-Nummern und können so immer erkennen, wo Sie sich gerade befinden. Bei der späteren Programmierung kann ein bestimmtes Frame sowohl über ein Textlabel als auch über die Frame-Nummer angesprungen werden.

In der Zeitspur können Pausen sowie die Ablaufgeschwindigkeit gesteuert werden.

In der Palettenspur lassen sich vordefinierte Farbpaletten sowie Farbanimation definieren. Bei der Verwendung von 8-Bit-Grafiken werden nur 256 verschiedene Farben angezeigt. Die Farben können aber beliebig aus einer gesamten Farbpalette von 24 Millionen Farben gewählt werden. So lassen sich spezielle Farbpaletten für Rottöne etc. anlegen und über die Palettenspur dem einzelnen Frame zuordnen.

In der Überblendspur werden alle Überblendeffekte definiert und abgelegt. Die Effekte sind in einem Untermenü verfügbar und lassen sich in ihrem Verhalten einstellen.

Die beiden nächsten Spuren stellen die Audiospuren dar. In diesen Spuren lassen sich die Audiodaten ablegen. Sie funktionieren ähnlich wie die Audiospuren auf einer Videokassette. Es lässt sich auf jeder Spur je eine Audio-Datei ablegen. So kann eine Hintergrundmusik mit einer Stimme gemischt werden.

In der Script-Spur werden alle programmierten Befehle abgelegt (die auch als eigene Darsteller existieren). Diese Skripte werden als Frame-Skripts bezeichnet und immer dann aktiviert und ausgeführt, wenn der Abspielknopf das entsprechende Frame passiert.

In die Spuren 1 bis 45 lassen sich alle Grafik-, Video-, Bild- oder Textdarsteller platzieren. Die Spuren stellen dabei die einzelnen Ebenen dar. Das bedeutet, der Darsteller in Spur 1 befindet sich auf der untersten Ebene und wird von den anderen Spuren abgedeckt. Die niedrigen Spuren sollten daher für die Hintergründe etc. verwendet werden. Auf den einzelnen Zellen lassen sich des weiteren die verwendete Darstellungsart und das Anti-Aliasing einstellen. Dabei wird die gewünschte Zelle aktiviert und aus den Menüs am linken Rand der gewünschte Effekt ausgewählt und somit der Darsteller in dem ausgewählten Frame zugeordnet. Jede Zelle kann so beliebig eingestellt werden. Die Darstellungseffekte erlauben es z.B., weiße Flächen transparent zu stellen oder das gesamte Bild zu negieren. Die Effekte manipulieren die Darsteller nur, verändern also das Originalbild nicht und benötigen daher viel Rechnerleistung. Aus diesem Grunde sind die Darstellereffekte oft mit Vorsicht zu genießen.

Das Drehbuch generiert in erster Linie einen kontinuierlichen Ablauf, der Abspielkopf bewegt sich nur von links nach rechts. Für die Verwendung zum Generieren einer Präsentation oder eines selbst ablaufenden Films reicht dies vollkommen aus. Die eigentliche Aktion, also die Interaktion, kann nur über die programmeigene Programmiersprache erreicht werden. Die Sprache, die der Director verwendet, wird mit LINGO bezeichnet und ist von der Konzeption her eine ereignisorientierte Sprache. Bei jeder Aktion wird eine Meldung ausgesandt, die von den Skripten aufgefangen werden kann und weitere selbst definierte Aktionen auslöst. So sendet zum Beispiel der Abspielknopf beim Erreichen eines neuen Frames die Meldung „Enter Frame" aus. In einem Skript kann dann über:

```
on Enter Frame
    beep
end
```

die Meldung aufgefangen werden und eine Aktion, in diesem Fall das Abspielen eines Warntons, ausgelöst werden. LINGO besitzt eine breite Auswahl an Befehlen und Funktionen, um sehr anspruchsvolle Anwendungen zu generieren. Durch sog. XFunktionen, XObjekts bzw. DLLs lassen sich neue Funktionen und Treiber hinzufügen. Über XObjekte lassen sich Datenbankanbindungen oder spezielle Gerätetreiber generieren. So können aus einer Anwendung heraus über die serielle Schnittstelle diverse externe Geräte, wie Videorecorder oder CD-Player, ferngesteuert werden.

Die gängigen Authoringsysteme haben alle eine eigene Sprache, die aber meist nach ähnlichen Prinzipien funktionieren.

Das Resultat der Arbeit in dem Authoringsystem ist eine Filmdatei, in der alle Informationen, Programmschritte und Medien abgelegt sind. Anhand des Verzweigungsbaums haben wir eine Struktur festgelegt. Diese Struktur lässt sich nun auch für die Organisation der Filmdateien verwenden. Das bedeutet, dass die Anwendung in einzelne Kapitel, sprich Filmdateien, unterteilt wird. Jede Filmdatei entspricht einem logischen Kapitel. Die Verknüpfung der einzelnen Dateien erfolgt über Sprungbefehle im Skript:

```
on mouseUp
    go to frame „Einstieg" of Movie „A MENU.DIR"
end
```

Dieses kurze Skript kann einem Button-Objekt zugeordnet werden. Klickt man auf diesen Button, wird die Filmdatei „A_Menu.dir" geladen, der Abspielkopf zum Frame-Label „Einstieg" hinbewegt, und der Film läuft ab. Sie können so in jeder Datei auf jedes einzelne Frame gezielt zugreifen und dorthin eine Verknüpfung herstellen. Der Interaktion sind so keine Grenzen gesetzt.

Durch die Aufteilung in einzelne Filmdateien lässt sich eine komplexe Anwendung gut verwalten und bearbeiten. Die Speicherorganisation spiegelt somit ziemlich genau den Verzweigungsbaum wieder.

## 8.5.9
## Authoring

Beim Authoring geht es nun darum, die gesamte Anwendung zum Laufen zu bringen. Im ersten Schritt wird ein Prototyp entwickelt. Meist fängt man im Hauptmenü an und entwickelt einen logischen Pfad komplett fertig. Der Prototyp soll die Machbarkeit, die grafische Konzeption und den logischen Aufbau der Navigation aufzeigen.

○ Stimmt das grafische Konzept?

○ Reichen die Systemressourcen?

○ Stimmt die Aufbereitung der Medien? (Größe, Format, Qualität)

○ Ist die Navigation einfach und zielsicher?

○ Findet sich der Anwender zurecht?

○ Wird der Sinn der Anwendung klar?



Zum ersten Mal wird Ihr Produkt greifbar und erlebbar. Jetzt kommt heraus, ob das Konzept stimmt, die Art und Aufmachung geglückt ist, der Anwender Ihren Gedanken folgen und die Botschaft aufnehmen kann. Am Prototyp kann noch sehr ausführlich getestet und geprobt werden. Diese kreative Arbeit sollte im gesamten Team in enger Abstimmung erfolgen. Der Prototyp sollte unter allen Beteiligten ausführlich diskutiert und an kritischen Stellen in Abstimmung abgeändert werden. Ist der Prototyp ausgearbeitet, kann dieser als erste Beta-Version angesehen werden. Wichtig ist, dass Änderungen am Konzept und in der inhaltlichen und optischen Darstellung nach der Prototyp-Phase sehr aufwendig werden. Der Prototyp sollte nun vom Auftraggeber intensiv getestet und ihm zum Sign-off vorgelegt werden. Das Sign-off ist an dieser Stelle wichtig, da nun die komplette Anwendung auf der Basis des Prototypen fertig „Ge-Authored" wird.

Nach dem Sign-off werden alle Filmdateien erzeugt und die gesamte Anwendung programmiert. Folgen Sie dabei Ihrer Struktur, und erstellen Sie nun einen Pfad nach dem anderen. Jede Filmdatei sollte ausführlich getestet werden, um so früh wie möglich Fehler zu entdecken. Für jede einzelne Datei sollte ein Protokoll geführt werden, um einen Überblick über den Fertigstellungsgrad zu bekommen. Organisieren Sie für jedes logische Kapitel eine Abnahme und Korrektur.

○ Sind die Verknüpfungen richtig?

○ Ist der Text fehlerfrei?

○ Werden die richtigen Bilder verwendet?

Am Ende dieser Prozesse steht die komplette Anwendung in einer funktionstüchtigen Version zur Verfügung. Die Anwendung läuft bisher aber nur auf dem Rechner, an dem auch das Authoring geschehen ist. In den weiteren Schritten werden nun die „Druckvorstufen" durchlaufen.

**Die Beta-Version**

Es gilt nun, eine Beta-Version der Anwendung auf dem eigentlichen Medium, der CD-ROM, zu generieren. Auf unserer Authoring-Festplatte befinden sich alle Filmdateien und die benötigten externen Mediendateien. Es werden nun alle anderen Softwarebestandteile, die mit auf die CD-ROM gepresst werden, gesammelt und der Struktur entsprechend abgelegt.

Der Installer wird fertiggestellt und ebenfalls auf die Festplatte gelegt. Der Installer sorgt dafür, dass die benötigte Software, wie z.B. Treiber oder Programmdateien, auf der Festplatte des Anwenders gespeichert und das System für den Einsatz der Anwendung vorbereitet wird. Bedenken Sie dabei, dass die Installation Ihre Visitenkarte ist. Es ist der erste Eindruck, den der Anwender von Ihrer Arbeit bekommt. Gestalten Sie die Installationsroutine einfach, sicher und nachvollziehbar. Klären Sie den Anwender darüber auf, was auf seinem Rechner installiert werden soll. Der Anwender sollte immer die Möglichkeit haben, die Installation abzubrechen. Achten Sie darauf, dass wirklich nur die Software installiert wird, die tatsächlich benötigt wird. Ein tolles Plus wäre auch ein kleines Programm, das dem Anwender es ermöglicht, die Dateien aufzufinden und wieder zu entfernen (Uninstaller).

Auf der Platte sollten sich nun alle benötigten Dateien befinden, und die Anordnung sollte einer direkten Abbildung der endgültigen CD entsprechen. Die Festplatte mit den einzelnen Partitionen wird nun mit einem speziellen Tool defragmentiert. Normalerweise werden die Daten in kleinen Häppchen und in einer chaotischen Zufallsorganisation auf der Festplatte abgelegt. Beim Defragmentieren wird jede einzelne Datei kontinuierlich abgelegt. Die Daten befinden sich somit in nächster Umgebung auf der Festplatte. Der Lesekopf *muss* somit nur kurze Wege zurücklegen, und der Rechner kann die Daten schneller erhalten. Mit Hilfe eines CD-Brenners und einer Brennsoftware wird nun eine erste Version der Anwendung auf eine CD-R gebrannt. Die erste CD-ROM ist somit fertig.

## 8.5.10
## Optimierung, Test, Korrektur

Jetzt kommt ein Abschnitt, der in einer Schleife durchlaufen wird. Die nachfolgenden Schritte werden so lange wiederholt, bis das fertige und zur Abnahme reife Produkt fertiggestellt ist. Es gilt die Anwendung in allen Bereichen zu testen: den Ablauf zu optimieren, die Fehler zu korrigieren und erneut eine Beta-CD zu erstellen, um anschließend den Prozess zu wiederholen.

Zum Test wird eine ausreichende Anzahl von CD-Rs hergestellt und jeder Testperson eine zur Verfügung gestellt. Mit der Test-CD wird ein Protokoll geliefert, in das die Testperson auftretende Fehler, Bewertungen und Anregungen aufzeichnet.

In das Testprotokoll sollte folgendes eingetragen werden:



- ◯ Welche Rechnerkonfiguration wurde verwendet?

- ◯ Funktioniert die Installation problemlos?

- ◯ Gibt es Probleme beim Laden der Anwendung?

- ◯ Läuft die Anwendung?

- ◯ Sind die Ladezeiten und die Geschwindigkeit richtig?

- ◯ Wo gibt es Probleme mit den Ladezeiten?

- ◯ Wie ist die Qualität von Audio und Video?

- ◯ Kommt die Testperson mit der Navigation zurecht?

- ◯ Treten Fehler, undefinierte Zustände oder Abstürze auf?

- ◯ Wo treten diese auf und was passiert?

- ◯ Gibt es falsche Sprünge?

- ◯ Kann die Anwendung ordnungsgemäß beendet werden?

Der Test der Beta-Version-CD sollte auf möglichst vielen unterschiedlichen Rechnern und von möglichst vielen der Zielgruppe entsprechenden Testpersonen durchgeführt werden. Testen Sie die Anwendung besonders intensiv auf Rechnern, die nur die minimalen Systemvoraussetzungen erfüllen. Dies ist die unterste Messlatte. Achten Sie bei schnellen Rechnern darauf, dass die Anwendung nicht zu schnell abläuft. Bei schwachen Rechnern *muss* darauf geachtet werden, dass nicht zu lange Ladezeiten auftreten. Bei hoher Ladezeit lassen sich die einzelnen Medien noch nachkomprimieren oder verkleinern.

Beim Optimieren geht es darum, die Anwendung auf die gewählte Plattform hin zu trimmen. In den meisten Fällen *muss* ein Kompromiss eingegangen werden: Die Datentransferrate sollte so niedrig wie möglich gehalten werden, allerdings sollte man nicht zuviel an Ausgabequalität verlieren. Die Synchronität der Anwendung *muss* oft an vielen Stellen verbessert werden. Der Sprechtext *muss* auch auf langsameren Rechnern an den richtigen Stellen einsetzen und die Bildfolgen dem Sprechtext synchron folgen. Ein Film wird immer mit einer konstanten Abspielgeschwindigkeit abgespielt; bei einer Software hängt die Abspielgeschwindigkeit von der Rechnerleistung ab. Je schneller der Rechner, desto schneller läuft auch die Filmdatei.

In der Phase der Optimierung stellt sich heraus, wie sauber die Definition der Struktur und die Programmierung erfolgten und ob die gesetzten Standards richtig waren. Tragen Sie die Ergebnisse der Testprotokolle zusammen und analysieren Sie die aufgetretenen Fehler. Am einfachsten sind die Programmierfehler zu beseitigen, da ja nur das entsprechende Skript zu ändern ist. Je klarer der Aufbau Ihrer Scripte und je besser die Dokumentation ausfallen, desto schneller sind die Fehler in den Skripten aufzufinden und zu beseitigen. Aufwendiger wird es, wenn es zu ungenügenden Antwort- und Ladezeiten kommt. Hier haben Sie die Möglichkeit, die verwendeten Informationen nachzubearbeiten oder nachzukomprimieren.

In den Testprotokollen werden Sie aber auch Fehler finden, die nur bei bestimmten Testkonfigurationen auftreten. Hier gilt es herauszufinden, ob der Fehler innerhalb der eigenen Anwendung auftritt oder ob es Probleme mit dem Betriebssystem des Testrechners gibt. Diese Probleme sind nicht kalkulierbar und sehr ernst zu nehmen. Trotz größter Vorsicht und Achtsamkeit wird es immer Rechner geben, auf denen Ihre Anwendung entweder überhaupt nicht oder fehlerhaft abläuft.

Nach der Korrekturphase wird erneut ein Testlauf durchgeführt, und die ganze Arbeit beginnt von vorne. Am Ende steht das fertige Produkt. Die Disk ist fertig, hat keine Fehler mehr und ist für die weitere Verarbeitung freigegeben. Nun kann die Massenpressung vorbereitet werden. An dieser Stelle sollte ein Sign-Off erfolgen.


## 8.5.11
## Mastering

Beim Mastering wird eine sog. Master-Disc hergestellt, die als Vorlage für die Vervielfältigung dient. Sie entspricht im wesentlichen der endgültigen Beta-CD. Jedoch werden in diesem Schritt die einzelnen Dateien geschützt. Das Authoringsystem bietet die Möglichkeit, die Filmdatei zu schützen. Die Datei und ihre Inhalte können nicht mehr bearbeitet werden. Achten Sie darauf, sie sind auch für Sie geschützt! Sie wollen ja schließlich, dass die Daten nicht von jedem weiter verwendet werden können. Auch ist es möglich, Dateien unsichtbar zu machen. Überprüfen Sie Ihre Master-CD unbedingt auf Viren. Sie sollten dafür die neueste Version eines guten Schutzprogramms verwenden. Nichts ist schlimmer als Viren weiterzugeben.

Die Master-CD wird dann auf eine CD-R gebrannt. Sie stellt eine 1:1 Version der endgültigen CD-ROM dar. Sie haben zwar die Möglichkeit, die Daten in beliebiger Form, also auf DAT-Band oder Festplatte dem Presswerk anzuliefern, haben aber dann weniger Kontrolle über das Endergebnis. Die Master-CD wird nun an das Presswerk übergeben, das in einem aufwendigen Arbeitsvorgang ein Glasmaster herstellt. Dieses Glasmaster ist sozusagen der Stempel, mit dem die Auflage gepresst wird. Dies ist ein mechanischer Vorgang und wird industriell durchgeführt.

## 8.5.12
## Replikation, Label-Druck

Im Presswerk kann neben der eigentlichen Pressung, also der mechanischen Vervielfältigung, auch die komplette Fertigstellung der CD-ROM erfolgen. Dazu zählt insbesondere der Label-Druck, ein beigefügtes Booklet und die Verpackung der CD-ROM.

Die CD-ROM kann auf der Oberfläche in einem Siebdruckverfahren bedruckt werden. Das kann bis zu einem Vierfarbdruck gehen. Das Label kann also sehr aufwendig gestaltet werden. Auf dem Label sollten allerdings folgende Informationen nicht fehlen:

❍ Titel der Software

❍ Bestellnummer

❍ Copyright-Vermerk

❍ Nutzungsrechte-Vermerk, z.B. „Alle Rechte vorbehalten“

❍ CD-ROM Data Logo

Auf die CD-ROM lassen sich so alle wichtigen Information direkt aufdrucken. Die Filme für den Label-Druck sollten in Abstimmung mit dem Presswerk hergestellt werden. Die Filme sind zusammen mit einem Andruck oder Proofausdruck sowie mit der Master-CD anzuliefern. Die Presswerke bieten Gestaltung, Satz und Filmherstellung oft als Dienstleistung an.

Dem Presswerk sollte ein ausführlicher Auftrag beigefügt werden, aus dem ersichtlich wird, wie die CD-ROM zu produzieren ist. Folgende Angaben sind wichtig:



○ Dateiformat der CD-ROM

○ Auflage der Pressung

○ Termin der Fertigstellung

○ Beschreibung der Master-CD

○ Beschreibung für Label-Druck

○ Sonstige Hinweise

Das Presswerk kann nun die gewünschte Auflage erstellen und den Label-Druck durchführen. Der Prozess von der Abgabe der Daten bis zur Auslieferung dauert ungefähr sieben Tage. Kürzere Zeiten sind gegen eine Extragebühr meist möglich. Sie sollten rechtzeitig mit dem Presswerk Kontakt aufnehmen, um die Details zu besprechen. Das Presswerk kann die Rohlinge zur Verfügung stellen und die Vorbereitungen einleiten. Dies ist bei großen Auflagen wichtig, da die Bestände von CD-Rohlingen noch begrenzt sind. Es kann bei großen Auflagen durchaus einmal vorkommen, dass alle Rohlinge vergriffen sind. Die CD-ROMs werden dann meistens auf einer Spindel gesammelt. Danach können die letzten Arbeitsschritte durchlaufen werden.

## 8.5.13
## Verpackung, Verteilung

Sie wollen Ihrem Kunden ja nicht nur eine kahle Scheibe überreichen. Die CD-ROM braucht eine nette Verpackung und vielleicht ein beigefügtes Booklet. Wie Sie die Verpackung gestalten, hängt in erster Linie von Ihrem Vertriebsweg ab.

○ Mailorder

○ Schallplattenhandel

○ Buchhandel

○ Direktvertrieb

Die gesamte Verpackungsgestaltung Ihres Produkts sollte die richtige Akzeptanz beim Kunden erzielen. Das Paket ist der erste Eindruck, den der Kunde von Ihrem Produkt erhält. Standardmäßig wird eine CD in einem Plastikgehäuse (Jewelbox) vertrieben, wie Sie es bereits von den Audio-CDs her kennen. Es gibt aber eine

Vielzahl von Covers aus Pappe, Papier, Zellophan, ja sogar aus Holz oder Metall. Der freien Kreativität sind keine Grenzen gesetzt.

Die Verpackung sollte alle notwendigen Informationen enthalten. Normalerweise sind nur die Vorder- und Rückseite der Verpackung sichtbar. Die Vorderseite stellt den ersten Kontakt zum Kunden her und sollte somit entsprechend gestaltet werden. Eine Beschränkung auf wenige, aber wesentliche Elemente macht neugierig und verleitet zum In-die-Handnehmen. In der Anwendung verwendete Grafiken, Bilder und Schriften bilden sicher eine gute Ausgangsbasis für die Gestaltung. Gerade im Musikbereich gibt es wunderschöne und eigenwillige Coverdesigns.

Die Rückseite einer Verpackung mit den dort festgehaltenen Informationen verkauft letztendlich das Produkt. Ganz wichtig ist die schnelle und eindeutige Identifizierbarkeit der Softwareart. Handelt es sich um ein Spiel, Archiv oder Nachschlagewerk? Dies gilt auch für die deutliche Kennzeichnung der Abspielplattform und der Systemvoraussetzungen. Besonders wichtig ist es, wenn von der Stange verkauft wird und keine direkte Produktberatung stattfinden kann. Auf der Rückseite stehen die notwendigen Logos, Copyright-Vermerke oder Gewährleistungsansprüche. Gerade bei einem breitgestreuten Vertrieb ist ein Barcode notwendig. Der sog. EAN-Code ist ein Code, der von Computerkassen verwendet wird, um ein Produkt eindeutig zu identifizieren. Der EAN-Code wird von der in Köln ansässigen Verwaltungszentrale CCG zugeteilt. Der Code ist ein Strichcode, der z.B. von Scannerkassen gelesen und mit den gängigsten Warenwirtschaftssystemen weiterverarbeitet werden kann.

Ein Logo auf dem Label jeder CD sollte die Art des Mediums kenntlich machen, damit der Benutzer sofort erkennen kann, ob es sich z.B. um eine CD-Audio oder CD-ROM handelt. Als Leitlinie für die Information auf der Verpackung dient die **Checkliste: Verpackung**

○ Vorderseite:
   Grundelemente der Software aufgreifen; herausragende, grafische Eigenständigkeit betonen

○ Rückseite:
   Art der Software (Spiel, Education etc.)
   Inhaltsbeschreibung, Screenshots
   Systemvoraussetzung
   Urheberrechtsverweise

*Abbildung 8.9*
*Disclogos*

- möglichst rechts oben:
  EAN-Code
  ISBN-Code
  Bestellnummer

- möglichst rechts unten:
  Art der Software
  Betriebssystem-Logos

- möglichst links unten:
  Firmenlogo
  © & ® Hinweise, Firmenanschrift

Auch ein Booklet oder eine beiliegende Broschüre heben den Wert einer CD-ROM-Publikation. Das Heftchen sollte nicht zu trocken sein und keinesfalls ausschließlich technische Daten über die Steuerung des Programms enthalten. Vielmehr sollten Bilder oder Grafiken, die auf der CD-ROM vorzufinden sind, die Darstellung auflockern und die Inhalte klar und übersichtlich darstellen. Darüber hinaus kann es als Werbeträger und als ergänzendes Medium dienen.

Der Designer von CD-ROM-Verpackungen hat eine Menge technischer Gegebenheiten zu beachten und arbeitet in enger Abstimmung mit dem Auftraggeber und dem Vertrieb. Es gibt sehr viele Beispiele für ein mutiges und grafisch anspruchsvolles Coverdesign das alle technischen Ansprüche gut integriert, variiert und auslotet. Sowohl Auftraggeber und Designer sollten im Rahmen der Richtlinien stets ihr Bestes geben. Denn erst wenn gute Software und ansprechendes Design zusammengehen, entsteht am Markt ein positives Image, und es klingelt die Kasse.

Booklet und CD-ROM werden nun in die Hülle verpackt. Sie können noch, wenn nötig, in eine Folie eingeschweißt werden. Den Vorgaben entsprechend werden die CDs in Pakete abgepackt. Sie stehen nun dem Versand zur Verfügung. Die komplette Auflage liegt vor und kann verteilt und vertrieben werden.

## 8.6
## Web & Design

*We become*
*what we see*

Was macht einen Internet-Auftritt zu einem guten Internet-Auftritt? Dafür gibt es einige Merkmale, die in der Web- und Multimedia-Community respektiert werden und deren Beachtung dazu führt, dass die Surfer und Zapper einem die Ehre geben, die Website – also das fertige „Werk" – anzusehen. Im Kern *muss* man stets daran denken, dass nur der Benutzer entscheidet, ob, wie, wann und in welchem Umfang es weiter geht. Es lohnt sich, die Anforderungen der Web-Community und der unmittelbaren Zielgruppe zu akzeptieren. Dies nicht zu tun, bedeutet Geld, Zeit und Energie zu vergeuden.

Hier nur einige typische Merkmale multimedialer Kommunikation im Web:

○ Direkte Kommunikation wird erwartet.

○ Über Angebot, Informationstiefe/-breite entscheidet
   der Benutzer.

○ Es herrscht Egonomics (Ich-bezogenes Wirtschaften).

○ Erleben, Phantasie und Abenteuer werden gewünscht.

○ Die Media-Mischung macht den Reiz.

○ Verwendung der Sprache des Verbrauchers („wehrhafter Konsument") ist angesagt.

○ Response-Management wird verlangt.

Abbildung 8.10
Lawless Web

Noch wird das Netz vorwiegend von einem geringen Prozentsatz der Bevölkerung genutzt. Die demographischen Daten sind eindeutig: Männer und Frauen um die 35–45, hohes Einkommen, gute Ausbildung und Entscheidungskompetenz. Diese Gruppe wird ergänzt durch „the Kids" und die Studierenden, die der ersten Gruppe in Entscheidungskraft und im Verbalisieren im Netz nicht nachstehen. Sie suchen klare Kommunikation, bei der sie selber wählen und steuern können, was passiert. Das macht die Werbung im Web so schwierig. Niemand *muss* ein Banner anklicken. Niemand *muss* eine Botschaft bis zu Ende anhören. Die Freiheit liegt bei dem Benutzer. Es entsteht eine Umkehrung in der Kommunikationspolitik, bei der die bisher Bestimmenden plötzlich um „Gehör" bitten und ringen müssen.

Da jeder Benutzer jederzeit den Kontakt zum Server abbrechen kann, *muss* sowohl das Angebot interessant gestaltet als auch der Inhalt strukturiert werden, damit die unterschiedlichen Niveaus der Interessenten getroffen werden. Diese Macht der Auswahl passt sehr genau zu dem Psychogramm der Benutzer, die teilweise das Netz als „last frontier" bzw. „Land der eigenen Freiheit" empfinden. Hieraus wächst das Ich-bezogene Wirtschaften, neudeutsch: „Egonomics".

Die Konsequenz dieser Macht bekommt jeder Webanbieter zu spüren. Denn nicht die Anzahl von „Hits" in den ersten Tagen oder im ersten Monat sind wichtig, wenngleich es jedem schmeichelt, einige Tausend erreicht zu haben, sondern wie viele einem über die Monate und Jahre hinweg treu bleiben.

Hier kommt der Wunsch des Benutzers zum tragen, etwas zu erleben, Spaß zu haben und zu genießen. Deswegen wandern die Surfer von einer zur anderen Seite und suchen die Abwechslung und das „Glück des Augenblickes".

Als Website-Betreiber tut man gut daran, im Dialog zu bleiben: Nur wer Feedback- und Response-Management einführt und wahrhaftig mit Leben füllt, kann mithalten. Dies bedeutet für manche Unternehmen eine Modifizierung und für andere eine völlige Umstrukturierung.

Neben der Beachtung der Grundregeln der Kommunikation gibt es in der Entwicklungsphase einige Meilensteine, die unbedingt gesetzt werden sollten. Dies sind kurz gefasst:

○ Konzeptionelles Design

○ Strukturelles Design

○ Visuelles Design

○ Technische Architektur

○ Implementierung

○ Pflege

Zum Auftakt ein kurzer Überblick über diese Entwicklungsphasen mit einigen ihrer Ziele.

## 8.6.1
## Konzeptionelles Design

Überlegen Sie, mit wem und worüber Sie im Netz kommunizieren möchten. Sowohl die Definition des Zielpublikums als auch die Identifikation von Themen, Inhalten und Zielen der Kommunikation bestimmen, wie Sie Ihre Homepage gestalten sollen und entscheiden damit über Ihren Erfolg. Denn Ihr Publikum *muss* im Netz „direkt" angesprochen werden.

Haben Sie Ihr Publikum im Auge und wissen, welche Botschaften, Dienste, Inhalte und Dialoge Sie anbieten möchten, müssen Sie jetzt die Gewichtung, also die Tiefe und Breite, jedes Themas fixieren. Dabei sollte auch über die Dramaturgie in der Präsentation und die Homogenität des Angebots nachgedacht werden. Sicherlich kommen diese Faktoren in der Phase der visuellen Darstellung noch stärker zur Geltung. Dennoch müssen die groben Strukturen bereits in der Konzeption verankert sein.

Besuche ich beispielsweise die Seiten einer Versicherung, erwarte ich seriöse Auskünfte und eine klare Gliederung. Besuche ich aber eine Shopping-Mall mit diversen Angeboten, erwarte ich Abwechslung und eine bunte Mischung von Aufmachungen, Bildern, Texten und Funktionen. Benutze ich das Web für das Training, erwarte ich eine ergonomische Funktionalität und eine erkennbare Didaktik in der Thematik und Vortragsweise. Wenn ich das Web zur Kommunikation mit Geschäftspartnern nutze, erwarte ich eine Unterstützung durch Working Tools, Inhalte und Kommunikationsinstrumente, Standardschriftstücke, Möglichkeiten der Konferenzschaltung, Datentransfer und ggf. Videokonferenz.

Somit stellt die Auswahl von Themen und Inhalten sowie ihre Ausgewogenheit eine wichtige Aufgabe dar, die am Anfang eines Projektes zu klären ist. Neben dem Ausarbeiten und Erstellen dieser Details, spielen diese auch eine erhebliche Rolle bei der Auswahl an Hard- und Software, die benötigt wird, um die ganze „Geschichte" ins Netz zu befördern.

## 8.6.2
## Strukturelles Design

Dialogorientierung ist ein Kernbestandteil des Netz-Auftrittes. Hierzu müssen immer wieder Inhalte erstellt und verarbeitet werden. Als Konsequenz müssen Feedback- und Response-Management und ein redaktionelles Backbone eingesetzt werden, damit die adäquate Aktualisierung der Site erfolgen kann.

Spätestens an diesem Punkt sind die firmeninternen Informations- und Kommunikationsstrukturen diesen Anforderungen anzupassen. Dies verlangt neue Workflows, neue Einstellungen und neues Verhalten im Unternehmen. Versuchen Sie, die Planung in Phasen einzuteilen und zu realisieren. Je genauer und umfassender dies geschieht, desto höher ist die Aussicht auf Erfolg. Beim strukturellen Design geht es um Ideen, Inhalte und Konventionen, die in die Homepage eingebracht werden sollen. Hierzu gehören Recherche, Bedarfs- und Zielgruppen-Analyse.

Wie bei der CD-ROM erstellen Sie ein Flowchart über die Abfolge der Seiten und die Verteilung der Informationen. Auf jeder Seite sollte sich eine erkennbare und umfassende Information beziehungsweise eine Botschaft befinden. Überladen Sie die Seiten weder einseitig mit Text noch mit Bildern, da im Netz keiner gerne viel liest und Bilder viel Zeit für das Downloading brauchen. Überprüfen Sie dann, ob Sie mit diesem Flow-Design tatsächlich Ihre Idee „rüberbringen". Bereits in dieser Phase müssen Sie über den Angebotscharakter entscheiden und welche Art von Mehrwert dem „Besucher" angeboten werden soll.

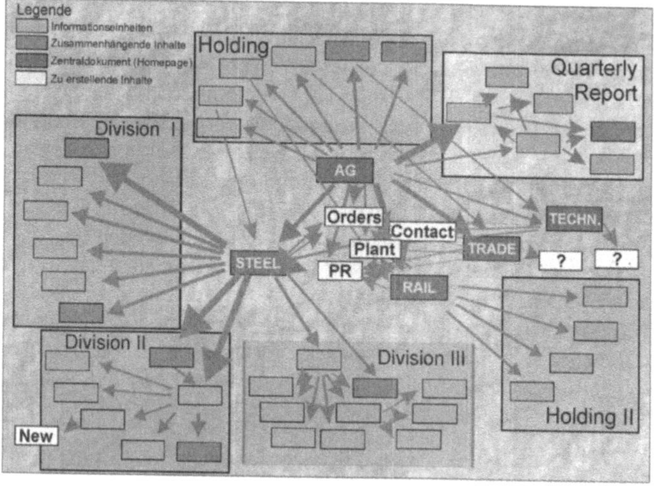


Abbildung 8.11
Ein Flowchart für die Website eines größeren Konzerns mit unterschiedlichen Divisionen, Produkten und Kommunikationsbedarf

Legen Sie die Funktionalität des Angebotes fest. Versuchen Sie, die angewandte Technologie und die Inhalte mit dem Zielgruppen-Benutzerprofil abzustimmen.

Wenn Sie an e-Business denken, versuchen Sie Ihre Umgebung durch Zusatzdienste, wie Integration von Partnern bzw. Aufbau von benötigen Logistiklösungen, einzigartig zu gestalten. Attraktivität hängt von der Breite des Angebotes, Funktionalität, Benutzerfreundlichkeit, Aktualität und Performance ab. Abbildung 8.12 gibt die Kriterien für den Besuch einer Business-Wesite wieder.

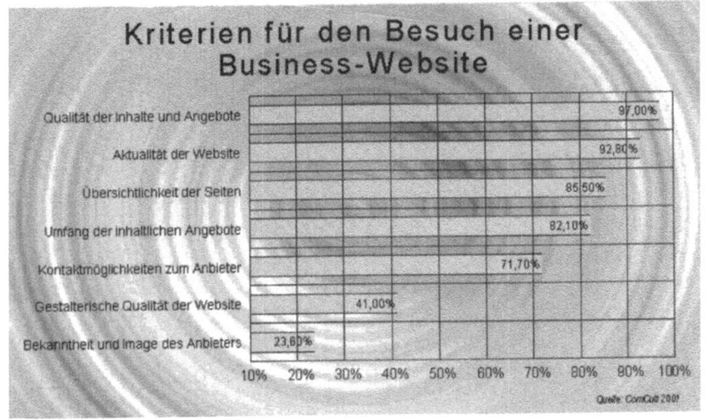


Abbildung 8.12
Netzbenutzer verraten, was sie zum Besuch einer Site bewegt.

Hier einige Tips über die produktbezogene Kriterien für den Besuch einer Business-Website.

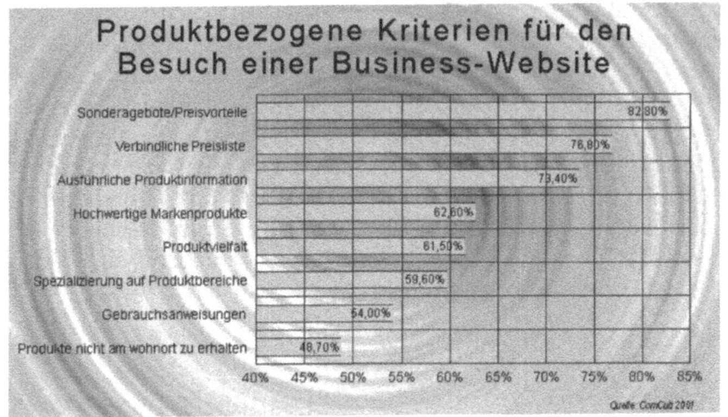


Abbildung 8.13
Auch die Auswahl der Produkte ist entscheidend für den Erfolg!

Spiele, Tombolas, Aktionen, Umfragen etc. können Instrumente sein, die den Websurfer anregen, Ihre Website wieder zu besuchen, dennoch ist es der Inhalt der anzieht. Die Gewinnung von E-Mail-Adressen durch diese Aktionen ist eine wertvolle Marktsegmentierung. Hierauf aufbauend können Sie neue Aktivitäten aufsetzen, Zusatzangebote mit direkter Kommunikation gestalten und gegebenenfalls auch Kommunikation unter den Besuchern Ihrer Homepage ermöglichen. Somit ist Customer Relationship Management angesagt. Auch Service gehört zum Kundenattraktivität, wie im nachfolgenden Abbildung verdeutlicht wird.

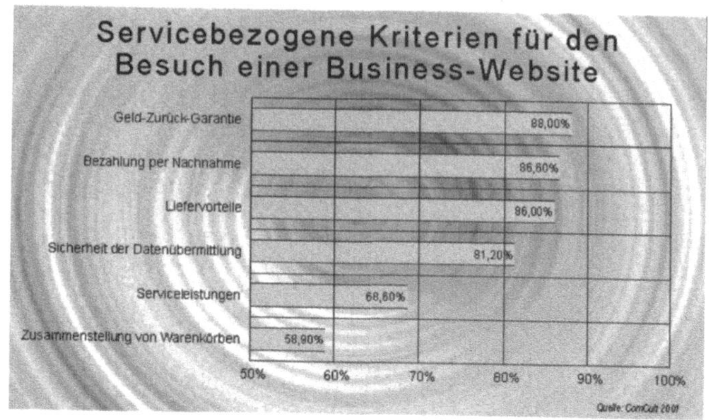


### 8.6.3
## Visuelles Design



Haben Sie das Strukturdesign erstellt, müssen Sie der Site ein visuelles Design geben. Versuchen Sie, die Seiten mit Überschriften
und Abbildungen übersichtlicher zu gestalten. Bitte denken Sie
daran: Ihr Interface ist Ihre Visitenkarte. Versuchen Sie, eine Corporate Identity zu entwickeln. Vielleicht nehmen Sie dabei eine
Metapher als Leitlinie zu Hilfe (virtuelle Stadt, Buch oder Phanta-
siewelt). Bauen Sie eine Stil-Richtlinie auf, damit die Seiten einheitliche Elemente aufweisen (Gruppierung, Blöcke, Navigation,
Headlines, Typographie, Bildunterschriften, Auszeichnungen etc.).
Gestalten Sie Ihre Site weder gesichtslos noch überladen, sondern
geben Sie Ihrer Homepage eine persönliche Note!

### 8.6.4
## Technische Architektur

Haben Sie Ihr Konzept für Botschaften und Inhalte sowie strukturelles und visuelles Design definiert, geht es daran, die technische
Architektur umzusetzen. Es gilt zu entscheiden, welche Information welche Priorität hat, in welcher Form sie präsentiert wird und
wie das Ganze technisch umgesetzt werden soll.

Die meisten Webpages sind mit HTML (HyperText Markup
Language) geschrieben. Dies ist eine sehr einfache Programmier-
sprache, die eine eher primitive Form von Word Processing und
Layouting erlaubt. Weil es sehr viele Unterstützungstools für
HTML gibt, ist es meist nicht mehr notwendig, die Sprache selbst

zu beherrschen. Wenn mehr als nur ein statisches Schild in die Internetlandschaft gestellt werden soll, müssen zusätzliche Funktionen wie Formulare, Animationen, E-Mail oder andere Internet-Dienste technisch in die Seite integriert werden. Beachten Sie dabei, dass die Übertragungszeit der Flaschenhals im Internet ist. Erst mit der breiten Etablierung von ASDL und UMTS werden die Übertragungsgeschwindigkeiten im Bereich von 24-fach und mehr CD-ROM Laufwerke und somit für Stehbilder kaum eine Rolle spielen. Natürlich werden dann Applikationen multimedial, so dass die Anforderungen an der Übertragung steigen werden.

Bis dahin sollte die Größe einer Seite, gemessen in Bytes, relativ klein gehalten werden, was wiederum dazu führt, dass nicht zu viele und möglichst einfache Bilder in den Webpages verankert werden sollten. Die folgende Tabelle vergleicht die Übertragungszeiten für Bildmaterial in den Formaten RGB, 8-Bit-Graustufe und 1-Bit-Grafiken für ein einfaches Modem, ein 56K-Modem und eine ISDN-Verbindung.

| Downloadzeiten für Bilder im Netz | | | | | |
|---|---|---|---|---|---|
| Format | Bildgröße | Dateigröße | Übertragung in Sek. mit BPS | | |
| | in cm | in KByte | 28.800 | 56.000 | 64.000 |
| RGB | 8 x 3<br>2 x 9 | 15<br>42 | 48<br>12 | 24,7<br>6,2 | 21,6<br>5,4 |
| Grau-stufen | 8 x 3<br>2 x 9 | 51<br>15 | 14<br>4 | 7,2<br>2 | 6,3<br>1,8 |
| 1-Bit | 8 x 3<br>2 x 9 | 7<br>2 | 4<br>0,5 | 2<br>0,26 | 1,8<br>0,23 |

HTML bietet hierzu zwei Lösungsansätze: Erstens können Bilder als Referenz aufgerufen werden, so dass ein geladenes Bild mehrfach in einer Homepage erscheinen kann. Die zweite Möglichkeit sind Interlaced GIFs. Dieses Verfahren erlaubt, dass das Bild als Umriss sehr früh erkennbar ist. Es wird nach und nach mit zunehmender Datenübertragung „schärfer“. Wegen der frühen Erkennbarkeit weiß der Benutzer, um was es sich handelt. Er kann rasch entscheiden, ob er auf das Bild wartet oder eine schnellere Seite besucht.

Vektorgrafiken und -animationen oder gleich ganze Vektorseiten sind schnell transportiert, da die Datenmenge sehr klein gehalten werden kann und dabei selten 200 KByte überschreitet. Ferner können sie oft in Bitstreams erstellt werden. Bei einer Bitstream-Animation fängt die „Show“ an, sobald das erste Bild geladen ist; die restlichen Bilder werden im Hintergrund nach und nach geliefert. Die Bilder sind frei skalierbar. Somit ist es mehr eine Frage der Rechnerkraft als der Netzleistung, wie schnell und glatt die Animation abläuft und wie groß sie erscheint. Diese Technik wird zunehmend beliebter.

Egal welche Techniken Sie anwenden, planen Sie immer mit den längsten Downloadzeiten und strukturieren Sie Ihre Animationen, Bilder, Effekte und Filme entsprechend. Obendrein empfehlen wir, den Bildframe mit einer Beschriftung über den Inhalt und Zweck zu versehen, insbesondere wenn das Bild einen Hyperlink darstellt, damit der schnelle Surfer (mit ausgeschaltetem Browser-Bild-Import-Filter) sich orientieren kann. Die nachfolgende Tabelle bietet eine Übersicht über die zu erwartenden Transferraten je nach Verbindungsart.

| Übertragungsmodus | Maximale Transferrate | |
|---|---|---|
| | Bits pro Sec | Byte pro Sec |
| 14,4-Kps-Modem | 14,4 Kpbs | 1,8 kB |
| 28,8-Kps-Modem | 28,8 Kpbs | 3,6 kB |
| 56-Kps-Modem | 56 Kpbs | 7,0 kB |
| Einzelner ISDN B-Kanal | 64 Kpbs | 8,0 kB |
| ISDN BRI (2 B-Kanäle) | 128 Kpbs | 16 kB |
| ISDN PRI (23 B-Kanäle) | 1,472 Mpbs | 184 kB |
| T1 | 1,544 Mpbs | 193 kB |
| WAP | 1,772 Mpbs | 221 MB |
| ADSL | 8 Mpbs | 1,0 MB |
| Ethernet | 10 Mpbs | 1,25 MB |
| T3 | 44,74 Mpbs | 5,59 MB |
| Fast Ethernet | 100 Mpbs | 12,5 MB |
| ATM/B-ISDN/Sonet OC-3 | 155,52 Mpbs | 19,44 MB |
| 2x CD-ROM | 300 Kpbs | 37,49 kB |
| 24x CD-ROM | 7,2 Mpbs | 0,9 MB |

Hat man einen klaren Plan über die Site, ist es an der Zeit, die Hardware- und Software-Anforderungen zu definieren. Je nach Medienauswahl und -menge sowie der erwarteten Besucherfrequenz und Zugriffsdauer werden Server und Router ausgesucht. Denn die Anforderungen an den Server unterscheiden sich, wenn man z.B. viel Audio- und/oder Videodateien oder nur Text bereitstellen möchte. Erwartet man 500.000 Hits/Monat oder großen FTP-Verkehr, benötigt man auch entsprechende Router- und Serverkapazität, um die Aufgabe zu bewältigen. Die genaue Spezifikation für

den geeigneten Server und den Router sollte man eng mit einem
Provider oder Multimedia-Berater treffen. Wir können hier nur
kurz darauf hinweisen.

Die Entscheidung über Werkzeuge für die Erstellung der Site
hängt weitgehend von dem geplanten Charakter und den Funktionen ab. Auf jeden Fall wird man einen HTML-Editor nicht entbeh-
ren können. Ob Sie Software für Site-Management, Datenbank-
Anbindung, Filmbearbeitung und -encoding, Audioaufnahmen,
Bildbearbeitung und mehr benötigen, hängt von Ihren Fähigkeiten
und Zielsetzungen ab. Es gibt eine Vielzahl von Software-Programmen für diese Aufgaben. Auch hier kann ein Multimedia-Berater
Ihnen bei der Suche nach einer geeigneten Kombination von Programmen behilflich sein. Außerdem bietet das Web hierzu eine ausführliche Unterstützung für HTML-Entwickler, einige gängige
Adressen sind:

www.netzwelt.com/selfhtml/
www.iwns.de/edit.html
www.royal.owl.de/kurz.html
www.netsacpe.com/assist/net_sites/index.html
www.microsoft.com/workshop/
www.stars.com
www.browserwatch.iworld.com/activex.html

## 8.6.5
## Implementierung

Umfangreiche und komplexe Homepages, Informationen mit
raschem Wechsel und hoher Interaktivität lassen sich am besten aus
einer Datenbank „dynamisch generieren". Denken Sie an Teleshopping, Gebrauchtwagenmarkt, Immobilienangebote, Nachrichten
etc., die fast täglich, wenn nicht schneller, aktualisiert werden müssen.

Mit einer Datenbankstruktur kann man die neue Information einfach und in geeigneter Form erfassen, und durch die dynamische
Generierung wird die Website beim nächsten Abruf automatisch
aktualisiert. Nun gibt es zwei Arten der dynamischen Generierung.
Es können gesamte HTML-Seiten direkt aus der Datenbank generiert werden, sogenannte „on the fly site building". Die zweite
Möglichkeit besteht in der Bestükkung von gezielten Inhalten einer
oder mehrerer Seiten, um das Angebot ständig zu aktualisieren.

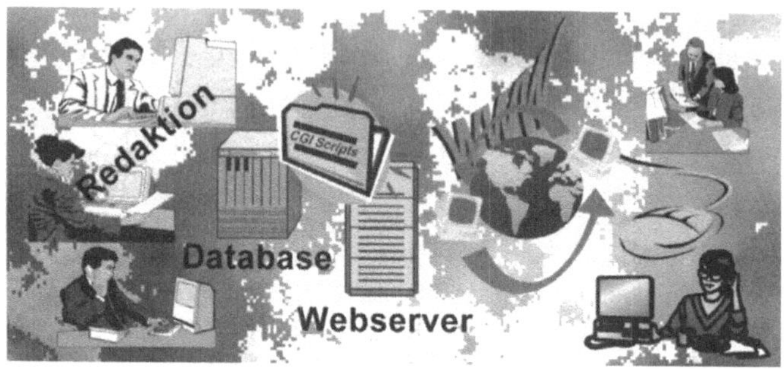

Abbildung 8.15
Bausteine der
Website:
Redaktion,
Database und
Webmastering

Eine feine Sache – keine Kopfschmerzen, keine langen Redaktionswege und keine Unordnung. Stellen Sie sich vor, Ihre Homepage hat 10.000 bis 120.000 Seiten und Sie wollten nur 10 bis 15 Prozent monatlich ändern. Da wäre es praktisch unmöglich, die jeweils neu zu strukturierenden Seiten zu suchen und mit allen erforderlichen Links umzubasteln. Auf die oben genannte Art und Weise wird es ein „Kinderspiel".

Database Publishing ist das Domain von XML Content Management Systemen, wie bereits ausführlich in Kapitel 6.7 besprochen.

Hilfreich ist die Festsetzung von Meilensteinen für die Implementierung. Nutzen Sie eine prototypische Umsetzung von Seiten, Bereichen und bestimmten Funktionen, um zu prüfen, inwiefern Ihre Vorstellungen erfüllt werden. Jetzt müssen auch die Wege für Freigaben, Reviews und Neubestückung endgültig festgelegt werden.

## 8.6.6
## Pflege

Ist man stolzer Website-Betreiber, fängt die eigentliche Arbeit erst an. Wir erinnern uns: Wir wollten interaktiv, aktuell und interessant bleiben. Hierfür sorgt die Pflege der Site. Das heißt:

○ Langfristiger Ausbau der Redaktion;

○ Institutionalisierung der Verbindung von interner und externer Kommunikation;

○ Etablierung eines Feedback- und Response-Managements;

○ Initiierung eines Webtracking und Customer Relationship Management für die Evaluation;

○ Markt- und Akzeptanzforschung über Fragebögen und Marktsondierung;

◯ In der Konsequenz braucht das Re-Design von Modulen und damit Anpassung an die Wünsche der Benutzer sowie Anwendung neuer Technologien und Kommunikationsformen, z.B. Portale und Marktplätze.

Nur mit diesen Mitteln bleibt die Site attraktiv und vital. Im Unternehmen müssen die entsprechenden Strukturen geschaffen werden, damit der begonnene Dialog mit allen seinen Versprechungen erfüllt wird.

## 8.6.7
## Checkliste: Internet-Kommunikation

Ihr Webpartner hat Hunger nach Wirklichkeit und Erlebnis. Hook them with ergonomics, contents, fun and design! Hier einige Vorschläge für Ihren Auftritt. Versuchen Sie, die Checkliste vor Aufnahme Ihrer Web-Kommunikation zu beantworten.

◯ Wer ist Ihr Zielpublikum? Eigene Mitarbeiter, Lieferanten, Kunden oder potentielle Kunden?

◯ Wie ist Ihre Stellung im Markt? Wollen Sie regional, überregional oder international wirken?

◯ Wie stellen Sie sich die Web-Community vor? Worauf basiert Ihre Vorstellung?

◯ Leben/wirken Sie in einer horizontalen Struktur?
Verstehen Sie diese Form der Kommunikation und Managementführung?

◯ Wollen Sie Information bereitstellen oder PR, Marketing, Sales betreiben?

◯ Wollen Sie zum Dialog auffordern?

◯ Wollen Sie Transfers zum Beispiel von Daten, Zahlungen, E-Mails etc. gestatten?

◯ Wollen Sie Internet- und/oder Intranetfunktionalität?

◯ Was wollen Sie in einem Jahr? In zwei Jahren?

◯ Soll der Auftritt in Phasen erfolgen? In welchen?

◯ Welche Abteilung(en) soll(en) wann/wie involviert werden (Konzept, Erstellung, Pflege etc.)?

◯ Wo liegen die Schnittstellen? Wer koordiniert das Ganze?

◯ Stimmen diese Pläne mit der Unternehmenskultur überein?

*Checkliste: Internet-Kommunikation*

O Welches interne Know-how ist vorhanden, um das Projekt zu realisieren? Muss externe Unterstützung in Anspruch genommen werden? Wofür und wie lange?

O Wollen Sie den Auftritt alleine vornehmen oder im Verbund mit anderen Firmen? Ist genügend „Stoff" vorhanden, um die Site aktuell und vital zu halten? Oder bietet eine Kooperation möglicherweise Vorteile?

# 9 Interface = die Tür



## 9.1
## Navigation – kryptisch oder offen

Das Layout der Anwendung spielt eine kritische Rolle im gesamten Programm. Denn Screendesign sollte eine Reihe von verbalisierten/ visualisierten und nonverbalisierten/nonvisualisierten Funktionen erfüllen:

◯ Breite und Tiefe der Inhalte signalisieren

◯ Spontanes Verständnis für Bedienung des Programms sichern

◯ Corporate Identity transferieren

◯ Einladen zum Weitermachen

◯ Ergonomische Führung bieten

◯ Stand/Orientierung im Programm anzeigen

◯ Navigationsinstrumente präsent halten und die momentan aktivierbaren Optionen pro Szene anzeigen

◯ Konditionierung des Benutzers durch konstante Platzierung von „Knöpfen" und durch wiederholte, erkennbare Funktionen sanft erzielen

Es gilt, den Screen optimal hinsichtlich Funktionalität und vorgeschriebener Designmerkmale aufzuteilen. Durch die Begrenzung des Screens artet diese Aufgabe oft in kreative Klimmzüge aus.

Je übersichtlicher die Auswahlmöglichkeiten sind, desto schneller kann der Anwender in die Tiefe gelangen. Wenn mehrfach multiple Selektionsmöglichkeiten notwendig sind, bieten sich Pop-up- und Pulldown-Menüs an sowie Menübalken mit Scrollfunktionen, Buchstaben-Grobsuchfunktionen und Kategorienaufteilung. Diese Instrumentarien können permanent sichtbar und abrufbar sein, was allerdings sehr viel kostbaren Platz auf dem Bildschirm in Anspruch nimmt. Für jeden Ungeübten ist es jedoch eine große

Hilfe, wenn diese Instrumentarien sichtbar oder verdeckt in einer Ecke bzw. hinter einer Fläche abrufbar sind und somit zunächst, wenn inaktiv, die Fläche für andere Funktionen freistellen.



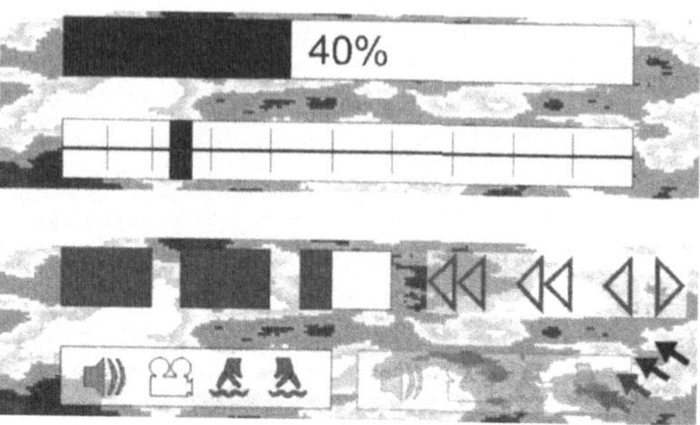



Ein Beispiel für Navigationsinstrumente ist oben abgebildet.

Wir sehen zwei typische Bar-Darstellungen für ablaufende Funktionen, z.B. Installationsvorgang oder Ton-/Filmablauf. Unten finden wir in der oberen Hälfte ein Beispiel für Kapitelunterteilung (hier in drei Teilen). Zwei Subkapitel und etwa 30 % des letzten Kapitels wurden bislang abgespielt. Durch die Doppelpfeile kann man die abgelaufenen Kapitel individuell ansteuern bzw. das unterbrochene Kapitel fortsetzen. In der unteren Hälfte links steht eine sichtbare Menüleiste. Rechts sehen wir die gleiche Leiste; sie ist allerdings verdeckt. Erst beim Darüberfahren mit dem Cursor „leuchtet" diese wie die linke Leiste auf.

Neben dem Design im ergonomischen Sinne gilt es ferner, die Benutzung von Typographie, Farbe, Objekt- und Abstandsproportionen derart anzusetzen, dass ein erkennbarer „roter Faden" im gesamten Programm sofort (bewusst oder auch unbewusst) wahrgenommen werden kann. Kleine Animationen und Zwischenbilder können behilflich sein für die Aufrechterhaltung von Corporate Identity oder anderen sich wiederholenden Elementen, um somit freie Flächen auf dem Bildschirm zu schaffen.

Nützlich können Hinweise auf die Abspieldauer von Kapiteln, Audio und/oder Videobeiträgen sein, falls Unterbrechungen geplant sind oder sogar vorab eine Entscheidung über das Ansehen bzw. Anhören getroffen werden soll. Balken mit Farbänderungen, mitlaufende Zeitachsenindikatoren und Unterteilung von Beiträgen in kleinere Subkapitel helfen Transparenz zu schaffen.

Wenn Wiederholungen von Audioinformation und sogar Text erwartet werden, ist es ratsam, diese in „Häppchen" zu präsentieren. Somit kann der Anwender gezielt zum zweiten oder dritten Subkapitel zurückgreifen, ohne das Ganze über sich ergehen lassen zu müssen.

Animationsknöpfe, gerade wenn sie im Hintergrund „versteckt" sind, helfen dem Anwender erkennen, wie und was er tun muss, um im Programm weiterzukommen.

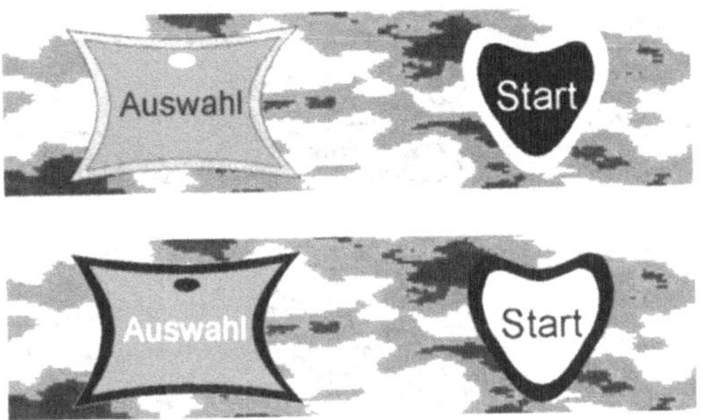




Bitte bedenken Sie, dass Audiobeiträge, die auf eine Fehlbedienung hinweisen, oft nicht nur störend wirken, sondern auch psychologisch ungeschickt sind, wenn z.B. die Bedienung des Programms in einer öffentlichen Umgebung erfolgt. Die akustischen Signale entlarven den Anwender als „Nichtkenner". Daraus können eine sehr kurze Anwendungszeit, Frustration und ein negatives Firmenimage resultieren.

Das spielerische Blinken, Highlighting und angenehm unterstützende Audioclicken kann hier über manche Hürde der Ladezeit und über einen eventuellen Konzentrationsmangel hinweg helfen. Auch kleine Animationen und andere witzige Abläufe können die Anwendungszeit erheblich verlängern. Bei oft anzuwendenden Applikationen müssen sinnvollerweise hinter solchen Aktionen mannigfaltige Szenen nach dem Zufallsprinzip ablaufen, damit nicht der gegenteilige Effekt auftritt.

Für das Pflichtenheft sollen Navigationsinstrumente und Flowcharts fixiert werden. Darin sind die Navigationstools klar definiert und bestimmten Inhalten zugeordnet. Passen Sie aber auf, nicht gefangen zu werden. Leicht hat man sich unzählige „Knöpfe" ausgedacht, und die Seite ist damit überproportioniert voll.

*make friends and lovers*

Stellen Sie sich vor, Sie hätten 72 Auswahlmöglichkeiten auf einer Seite. Wie viele würden Sie aktivieren? Wenn Sie auf dieses spezielle Problem stoßen, versuchen Sie die Information anders aufzuteilen.

Schauen wir uns einen schemenhaften Lösungsansatz an. Unsere Ausgangspunkte sind drei Ansichten zu zwölf Themen, und diese sind für drei verschiedene Qualifikations- bzw. Know-how-Niveaus ausgelegt.

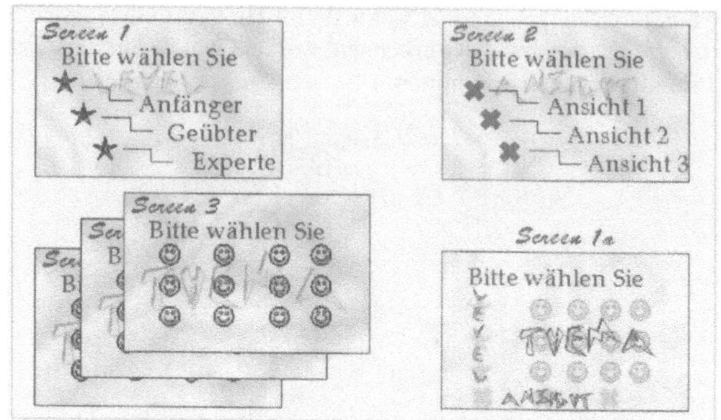

Abbildung 9.3
Zwei schematische Navigationsdesigns. Ziel: Einsetzen von 72 Auswahlmöglichkeiten in einen Screen

In der oben stehenden Abbildung stellen Screens 1, 2 und 3 a, b, c einen häufig angetroffenen Navigationsansatz dar. Hier wählt man zuerst sein „Niveau" aus, dann die Ansicht und schließlich geht man an die Themen heran. Wie weiß ich schon zu Beginn, ob ich ein Experte oder Anfänger für alle Themen bin? Wir benutzen oft eine Art kubistischer Morphologie (Skizze unten rechts, Screen 1a), um aus diesem Dilemma herauszukommen. Dadurch wird die individuelle Informationsbetrachtungszeit kürzer, die Zeitspanne der gesamten Betrachtung verlängert, Neugier über die unterschiedlichen Informationsangebote geweckt, Flexibilität in der Auswahl von Level und Ansicht zu jedem Thema offen gehalten und die Struktur des Zugriffs geordnet.

Füllen wir das Beispiel mit Leben. Wir haben gerade unsere „Platzreife" erworben und am Wochenende steigt mit dem Chef von ABZ eine gemütliche Runde. Man ist etwas nervös, weniger wegen des hohen Besuchs, sondern wegen der gesellschaftlichen Auswirkung des lästigen Seitenhiebs, den man immer noch nicht verschmerzt hat.

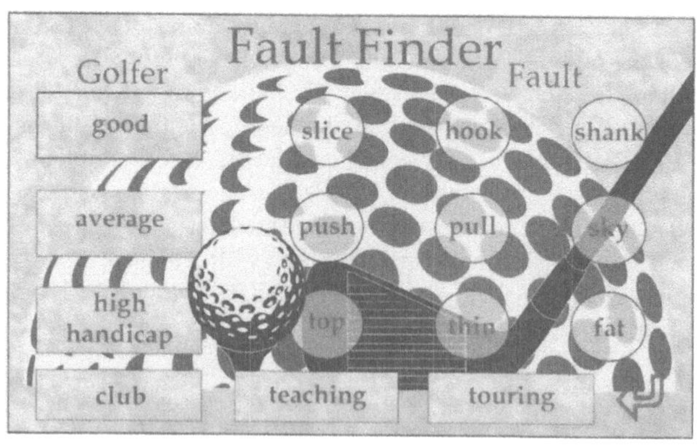



Abbildung 9.4
Golf Faultfinder

Zum Glück hat die liebe Tochter eine CD über Golf entdeckt. Jetzt sitzen wir in ihrem Zimmer vor dem Kapitel „Faultfinder" (Fehlersuche). Gleich merken wir, dass wir bestimmen können, ob die Information für Anfänger, Erfahrene oder für den Chef „persönlich" eingestuft werden kann. Ferner lernen wir den „Stoff" aus der Sicht der Basics (club), des guten Caddys (teaching) oder gleich von einem Superpro (touring). Na warte, bis zum Samstag!

Schön, nun wird es spannend! Stellen wir uns jetzt vor, dass wir Geschäftsführer bei dem großen goldenen M-Burger sind und weltweit sichern müssen, dass das Handling der Produkte Beef, Chikken und Ribs gleich abläuft. Wir wissen, dass es nicht zwanzig verschiedene Mitarbeiter gibt, die jeweils einen Handgriff tun, sondern meistens eine Person, die eher zwanzig verschiedene Handgriffe verrichten muss. Somit kommt es eher auf die unterschiedliche Handhabung im jeweiligen Schritt bei den diversen Produkten an als auf ein lineares Verständnis für die jeweilige Produktlinie. Heute morgen ist diese Person an der Kasse (catering), nachmittags am Herd (cooking), und abends muss sie den Laden schließen (managing). Das „Burger-Navigationsbild" fällt somit gleich wie die Golf-Fehlersuche aus, hat jedoch plötzlich ein anderes Gewicht bekommen.

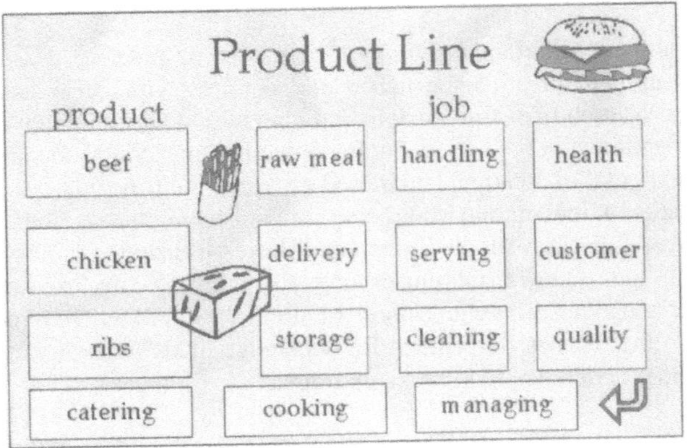


Abbildung 9.5
Burger-Navigation

In fast allen Situationen gibt es eine passende Lösung für die Informationsaufteilung und die damit verbundene Navigationsart. Navigation bildet mit dem Screendesign und der ergonomischen Didaktik das Rückgrat für Multimedia.

## 9.2
## Komplexität = hyperaktiv?

Die Interaktivität muss bei jeder Applikation auf das richtige Niveau eingestellt werden.

Manchmal ist allerdings die schönste Interaktivität die Passivität. Es ist immer in jeder Szene zu überlegen, ob z.B. ein automatischer Ablauf, geringe oder ausgiebige Selektionsmöglichkeiten und/oder gemischte Optionen verfügbar sein sollen. Dies ist meistens anhand des Inhalts und im Hinblick auf das Zielpublikum zu definieren.



Will ich verstärkt auf Messen oder an Ständen „präsentieren", dann benötige ich mehr Demo-artiges, also Selbstabläufe. Das Programm wird vor kleinen Gruppen situativ präsentiert, die Funktionen sind alle individuell abrufbar, um dem Vorführenden die größtmögliche Freiheit während der Präsentation zu gewähren.

*Wählen Sie die Interaktivität ausschließlich nach Bedarf.*

Bei der Entwicklung einer Multizweckanwendung, die Demos, situative Präsentationen, Zugriff auf Layoutunterlagen etc. unterstützt, muss sorgfältig geplant und sogar das Personal geschult werden, damit das Maximum aus der Anwendung herausgeholt werden kann.



Apropos Mitarbeiterschulung. Viele Firmen meinen, dass sie jetzt endlich ihre Scheibe haben und der Rest von allein laufen muss. Während der Entwicklung hat man all die Diskussionen und Überlegungen vergessen, die auftauchten und manchmal sogar das Projekt gefährdet hatten. Um diese Lernkurve multimedial zu kommunizieren, müssen die Mitarbeiter im Feld ebenfalls schreiben. Es ist deswegen sinnvoll, die Damen und Herren frühzeitig ins Boot zu holen, um deren Erfahrungen und Begeisterung im Programm widerspiegeln zu lassen. Unfein ist die Taktik „Vogel, friss oder stirb" und bei den derzeitigen Entwicklungs- und Hardwarekosten bei einer ersten Applikation kaum tragbar.

## 9.3
## Geschwindigkeit – Drag & Drop?

Die Geschwindigkeit des Abspielens ist ein sehr empfindlicher Punkt. Viele Firmen scheuen sich, per Multimedia zu publizieren, weil gerade im Netzbereich lange Ladezeiten und langsame Animationen zum Alltag gehören. Bei der Vielzahl und Art von Computern ist es kein Wunder, dass das Gefühl für Geschwindigkeit wie eine Droge sein kann.

Bei gut ausgestatteten Geräte, z.B. mit achtfachem CD-ROM-Laufwerk und Grafik-Acceleratorkarten, rauschen diese Anwendungen nur so durch. Allerdings kann dies an einem solchen Gerät so schnell sein, dass es auch mit dem Genuss vorbei ist. Anders sieht es nebenan aus, wo der alte 386SL20 gerade aus dem letzten Loch pfeift und bei mir die Lust zu warten längst vergangen ist, und ich mich langsam frage, ob er sowieso nicht schon längst abgestürzt ist.

Alles weitere ist klar. Die Anwendung der tollen User-Programme, wie Datenbanken oder Textverarbeitung mit Drag & Drop, kann bei mir zu einem „Drag" werden, so dass ich dann die Anwendung „droppe".

Schon hier können Sie Abhilfe schaffen! Zunächst optimieren Sie die Applikation an einem eher langsamen Gerät, insbesondere an dem Modell, auf dem sie auch endgültig laufen soll. Ferner versuchen Sie durch höhere Programmiersprachen zeitempfindlichen Ansprüchen zu genügen.



Es gibt hierfür eine Menge Tips, die gute Multimedia-Entwickler kennen. Es leuchtet jedem ein, dass die Ladezeit für ein Bitmap in 24-Bit-Tiefe einiges länger dauert als eine 1-, 4- oder 8-Bit-Vektorgrafik, welche vom Rechner generiert wird. Auch die Verwendung von Standardfarben und Farbverläufen kann erheblich die Performance verbessern. Aus diesem Grund werden die meisten Animationen in geringeren Farbtiefen und in Betriebssystem nahen Sprachen entwickelt.

Wenn komplexe und umfangreiche Medien gemischt werden (z.B. Video und mehrfache Audiodateien mit wechselnden hochqualitativen Bildern), muss man noch tiefer in die Trickkiste greifen. Manchmal nutzt nur noch bessere Hardware, also bessere bzw. auch zusätzliche Grafikkarten, höhere Takte, schnellere Laufwerke und Programmierkunst, um gewünschte Effekte zu erzielen. Darauf muss man sich gefasst machen, wenn man beispielsweise auf fullscreen full motion Video in Echtzeit und Echtfarbe mit Dolby Surround Sound steht. Auch wenn man nur mit Millionen von Farben in Stehbildern operieren möchte, kann das nur mit exzellenter Hardware gehen. Solche Ansprüche werden nicht selten gestellt. Die Applikationen sehen entsprechend beeindrukkend auf dem richtig konfigurierten System aus. Nur zu Hause gehen die Lichter aus.

## 9.4
## Bequemlichkeit – Dekoration vor Funktion?

Es gibt eine große Anzahl existierender Titel, die sich durch die Dekoration auszeichnen. Am Anfang wirkt dies richtig spannend. Man erwartet automatisch mehr. Wenn allerdings die Funktionstüchtigkeit des Programms dann nicht mitzieht, wird man rasch enttäuscht.

Es kommt eher auf ein Gleichgewicht zwischen dem erlebten Sehen und Verstehen an. Wenn Sie glauben, dass das optische Bild nicht ganz so hochwertig ist, raten wir Ihnen, dass Sie mehr auf den Inhalt und eine spannende Aufbereitung der Information als allein auf den Hintergrund achten sollten. Es muss etwas Tolles sein, wenn der Bikinieffekt anhalten soll.

In dem Beispiel *San Diego Zoo* werden die optischen Erwartungen voll und ganz erfüllt. Spielerisch vorgehende Anwender können sich die Bereiche des Zooparks aussuchen, um die Tiere je nach Klima und Wohnbedingungen zu besuchen. Den Anwender erwarten jede Menge Filme, Audiodateien und herrliche Fotos der Tiere. Texte sind gut lesbar und schön „untergebracht". Für die Indexfreunde gibt es einen leichten Zugang mit schönen Bildern. Wenn andere Medien zu einem Thema vorhanden sind, machen Symbole darauf aufmerksam. Das Programm ruft jung und alt zum Besuch des Zoos auf. Diese Disk wird nicht nur einmal angeschaut!

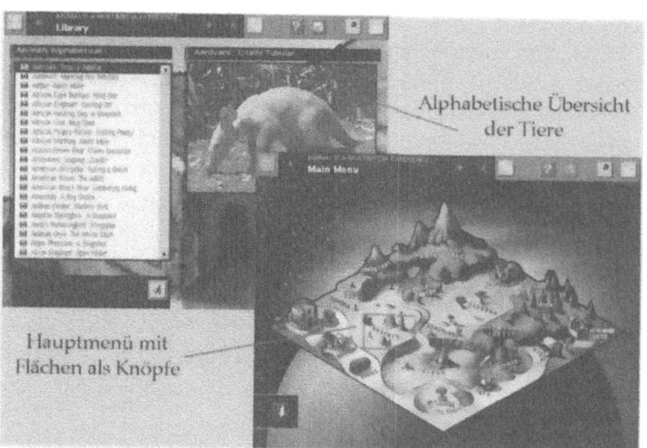



*Abbildung 9.6
Zwei Interfaces
des Programms
„The Animals" von
Software Tool-
works, California*

Im nächsten Beispiel sehen wir ebenfalls eine einladende Serie von Interfaces. Ziel war es, Schulprojekte an österreichischen Gymnasien zu dokumentieren

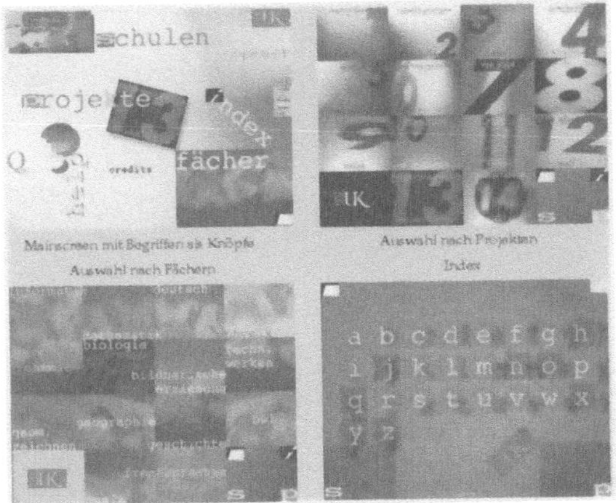



Abbildung 9.7
Vier Interfaces
einer Dokumen-
tation von Schul-
projekten.
Rens Veltman,
Schwaz i.T.

Die Schüler durften sich aus einem Katalog von Übersichtsthemen
eines aussuchen, mussten sich dann in selbst gebildeten Projektteams ein Zielthema ausdenken, dessen Projektprozess definieren
und innerhalb einer bestimmten Zeit das Projekt anpacken. Die CD
gibt die Ergebnisse der Klassen wieder. Vom Mainscreen kann man
nach Projekten, Fächern oder Schulen selektieren bzw. über einen
Index einsteigen. Die Begriffe bilden die Navigationsknöpfe. In den
Submenüs finden wir die Screens grafisch ansprechend aufbereitet.
Auch hier wirken die Flächen als Knöpfe für die jeweiligen Kapitel.
Im Indexbereich können wir nach dem Alphabet aussuchen. Die
Flächen sind derart gestaltet, dass das Programm bequem per
Touchscreen bedient werden kann.

Es gibt unzählige gute und passende Lösungen für das Interfacedesign. Besprechen Sie Ihre Vorstellungen rechtzeitig mit einem
Multimediaexperten.

Abbildung 9.8
Alloy auf der
Suche nach der
Ultimatlösung

# 10 Datentransfer

*- Men´s evil manners live in brass;*
*their virtues we write in water.*
*- Der Menschen Sünden leben fort in Erz;*
*Ihr edles Wirken schreiben wir ins Wasser.*

## 10.1
## Standards

Henry Ford war immer fortschrittlich. Neben der Fließbandproduktionstechnik hat er auch den Sinn der Diversifikation ergründet und durchdacht. Tiefgründig reagierte er und bot seine Produkte so an: „Sie können das T-Modell in allen Farben haben, solange es schwarz ist."

In der digitalen Welt läuft es nicht anders. Neben unzähligen Formaten der jeweiligen Assets gibt es ebenfalls eine große Anzahl von Transfermöglichkeiten. Manche erlauben Crossbetriebsoberflächen-Transfer, manche nicht. Wichtig ist es, sich gleich am Anfang einen Überblick über die diversen, notwendigen Entwicklungsplattformen zu verschaffen und gleich zu versuchen, den Austauschweg zu fixieren. Dabei ist zu berücksichtigen, dass sich Gigabytes von Material ansammeln, die hin und her bewegt werden müssen. Die Folge kann sein, dass man stundenlang herumsitzt und nichts zu tun ist, bis z.B. 3 GB Databand sich abrundet. Unter normalen Bedingungen mag so etwas unwichtig erscheinen. Bei Multimedia-Produktionen spielt dies oft eine entscheidende Rolle! Immer steht die Messe vor der Tür, die Agenturen liefern alles 10–20 Tage später, und der Auftraggeber setzt die letzten Korrekturen 24 Stunden vor dem Schlusspfiff an. Unter solchen Umständen spielt die Transferrate eine wesentliche Rolle.

Datentransfer steht und fällt mit einem 100 % sicheren Übertragungsweg zwischen Informationsprovider(n) und Entwickler. Meistens scheitern die Entwicklungen an diesem Punkt, weil man die Vision doch nicht so mit Leben füllen konnte, wie vielleicht ursprünglich gedacht. Ein Grund des Nichtgelingens liegt häufig in den undefinierten Transfermöglichkeiten; sind diese definiert, dann spart das Zusatzkosten, Terminverzug und eine Menge Ärger. Wir raten unseren Kunden immer, gleich am ersten Tag Probetransfers unter den Produktionspartnern auszutauschen, um Unklarheiten zu beseitigen. Noch ein Tipp. Vergewissern Sie sich, dass Ihr Partner die Daten auch erhalten hat und lesen kann. Auch wenn es altmodisch erscheint, ist ein Telefonanruf oft Gold wert!

Was gibt es an Transfermöglichkeiten? Die Massenspeicher-Medien/Transfer-Möglichkeiten sind:



○ **Diskette.** Auch in komprimierter Form bietet die Diskette reichlich wenig Platz für den Austausch. Kaum eine brauchbare Audio-Datei oder ein Film können per Diskette übermittelt werden; nur Bilder in niedrigen Auflösungen und Farbtiefen können so ausgetauscht werden.

○ **DATA-Cartridge** (weitverbreitet) in 4 mm und 8 mm Breite. Die Übertragung erfolgt je nach Gerät und Generation zwischen 2 und ca. 14 MB/Minute, neuere Geräte bis zu 60 MB/Min. Bei 650 MB Bildmaterial (Layouts, Grafiken etc.), Audio oder MPEG-Files bedeutet dies zwischen 1 und 5 Stunden Transferdauer. Es gibt diverse Standards unter DAT-Streamer, die nicht untereinander kompatibel sind. Daher ist es absolut erforderlich, vorher auch den Standard zu fixieren (z.B. QIC). Da die Lesegeräte nicht alle Bänderformate lesen, sollte auch dort nachgefragt werden, ob sie die gleichen Bänder lesen können. Vergewissern Sie sich, ob Ihr gewähltes Format zumindest z.B. Novell-netzfähig ist, wenn irgend etwas vom MAC auf den PC übertragen werden soll.

○ **Magneto-Optical Disk** (MO) in 5,25″ und 3,5″ mit der Übertragungsgeschwindigkeit einer CD-ROM benötigt je nach Inhalt und Kompression einige Minuten für die Überspielung von 650 MB.

○ **Iomega ZIP** lässt Datentransfer vom MAC zum PC und umgekehrt bei einer Rate um 60 MB/Minute zu. Zur Zeit ist es im 100 MB-Format verfügbar, demnächst soll auch ein GB-Format erhältlich sein.

○ **Iomega JAZ.** Ein neues Syquest ähnliches Format für einen GB-Speicher mit einer SCSI-Transferrate von ca. 600 MB/ Minute.

○ **Syquest** 44, 88, 135, 200 und 270 MB. Syquest wird vorwiegend in der MAC-Welt benutzt, kommt aber gelegentlich auch in der DOS/WINDOWS-Welt vor. Die Bänder sind jedoch nicht Crossplattform-austauschbar! Die Backupgeräte für 44 bzw. 88

können die 200 MB-Bänder nicht lesen und umgekehrt, obwohl beide 5,25″ sind; die 135 MB und 270 MB Cartridges haben 3,5″ Format.

○ **Exabyte** Bänder. Diese sind eigentlich für UNIX gedacht, können aber unter geeigneten Bedingungen auch in der PC- bzw. MAC- und sogar OS/9-Welt gelesen werden.

○ **Wechselfestplatten und externe Festplatten**. Hier gibt es diverse Modelle und Größen. Das Laufwerk wird wie eine interne Festplatte formatiert. Es bedarf der gleichen Betriebsoberfläche und Controllerfunktionen wie in der ursprünglichen Umgebung.

○ **CD-ROM** in der Regel in MAC- oder PC-Format. Wenn sie von beiden Seiten gelesen werden soll, so bietet sich das **CD-ROM-XA**-Format an. Eine gute Transferquelle für Bildmaterial stellt die **PhotoCD** dar, die aufgrund des Crossplattformformats auf MAC, PC und UNIX gelesen werden kann.

○ **ISDN.** Das Wort zum Sonntag könnte auch nicht besser klingen als ISDN. Nur müssen, wie beim Glauben, auch die Ansichten in etwa gleich sein, sonst fällt die Kommunikation schwer. Seien Sie sicher, dass Ihre Partner kompatible ISDN-Karten haben, bevor Sie per Äther die Gigabytes ins Nirwana um die Welt schicken. Dennoch wenn alles klappt ist dies eine schnell und sichere Form des Transfers. Da es Point-to-Point abläuft, geht weder was verloren noch kommt eine andere dazwischen.

○ **FTP.** Auch das Netz bietet zwei bequeme Möglichkeiten des Datentransfers: FTP und Email. FTP (File Transfer Protocol) unterstützt das Senden von auch großen Datenmengen. Der Transfer, wie alle im Netz, erfolgt asynchron, weswegen Dateien „unterwegs" manchmal corrupted (verfälscht = kaputt) werden. Deswegen ist es ratsam die obere Grenze bei ca. 50 MB zu legen und die Daten vorher in einer Kompressionsform, z.B. WinZip, zu verpacken.

○ **Email** ist sehr verlockend für Transfer. Leider gibt es unterschiedliche Email Formate, weswegen Dateien corrupted ankommen und ferner viele Email-Server haben einen oberen Limit für die Datenmenge. Meistens geht es problemlos bis ca. 2 MB, manchmal sogar bis 9MB.

Was muss man definieren? Am besten alles in klaren Listen, die an alle beteiligten Lieferanten gleich am Anfang der Produktion verteilt werden. Welche Transfermöglichkeiten werden akzeptiert und welche Bandgrößen und Schreibformate?

## 10.2
## Qualität

Nach der Fixierung des Transfermediums müssen auch die jeweiligen Asset-Formate und die gewünschte Qualität definiert werden. Einzelheiten hierzu finden Sie in den Kap. 4, 5 und 6. Bitte bedenken Sie, dass in der Regel die Urbilder und die im Laufe der Entwicklung geänderten Bilder während der Applikationsentwicklung mitgeschleppt werden, um sämtliches Material parat zu halten. Dies erhöht den Speicherbedarf und die erforderliche Transfergeschwindigkeit. Während Filmmaterial nach dem Editieren selten erneut bearbeitet wird, werden Bilder, Grafiken und sogar Audiodateien öfters in die Hand genommen. Daher sollte das Urmaterial zumindest immer als Muster in einer Qualität vorliegen, die eine Weiterverarbeitung jeglicher Natur ohne Informationsverlust zulässt.

## 10.3
## Einigung

Bald erkennt man, dass die idealen Bedingungen nicht existieren. Wenn man mit fünf bis zehn diversen Firmen an einem Projekt zusammenarbeiten muss, stellt man fest, dass jede Firma ihre bevorzugten Transfermöglichkeiten besitzt und benutzt. Deswegen ist es wichtig, eine Einigung zu erzielen. Auch hier kann das Vorhaben am Anfang mit Zusatzkosten verbunden sein, wenn z.B. alle Beteiligten sich gleichermaßen für die Produktion aufrüsten sollen. Dennoch ist es sinnvoller, dies zu tun, als fünf Tage durch die Gegend zu fahren oder sich auf Nacht- und Nebelaktionen einzulassen, damit der Transfer klappt.

Wie oben erwähnt, empfiehlt es sich, sich die Mühe zu machen, gleich in den ersten Briefingphasen unter den Partnern Testläufe zu veranstalten. Es hilft, die gemeinsame Kommunikation = Dialog in Gang zu bringen und spart manches „Wieso?". Lassen Sie sich nicht fünf vor zwölf überraschen!

# 11 „My Very Good Friend the Milkman Said"



Multimedia hat nicht nur Werbung, Unterhaltung und Information revolutioniert. Auch die sonst so zögerlich reagierenden Gesetzgeber wurden durch die neuen Medien wachgerüttelt. Rasch stellte man fest, dass die herkömmlichen Schutzmechanismen für Daten, Datenschutz, Leistungsschutzrechte, Urheberrechte und Urheberpersönlichkeitsrechte in internationaler und nationaler Hinsicht nicht mehr angemessen waren. Es geisterten multiformatige Gesetzgebungen und Grundsatzurteile durch die Gegend, und die Vorstellungen variierten von Land zu Land. Dies hat dazu geführt, dass sowohl im europäischen als auch im internationalen Bereich (zumindest im RBÜ-Bereich [revidierte Berner Übereinkunft], eine Zusammenkunft von Ländern, die gegenseitig Urheberrechtsbestimmungen anerkennen) langsam aber sicher Richtlinien und Gesetzgebungen für neue Medien entstehen.

Seit August 1997 herrscht in Deutschland als erstem Land Recht und Ordnung, zumindest was Multimedia betrifft, seit das „Informations- und Kommunikationsdienste-Gesetz – IuKDG" erlassen wurde. Das Gesetzt ist sehr umfassend und zielt insbesondere auf eine Regelung der Inhalte bei Online-Kommunikation sowie Datenschutzpflichten.

*In Deutschland herrscht Multimedia-Recht und -Ordnung*

Die Folgen sind in den einzelnen Fällen für einen Produzenten manchmal weitreichender und komplizierter als die der Produktion selbst. Es hilft jedoch nichts, wenn man glaubt, es werde gut gehen. Einige Ratschläge sollte man doch beherzigen, wenn man sich mit Multimedia beschäftigen möchte. Ohne einen Schnellkurs in Jura absolvieren zu wollen, schauen wir uns einige dieser Knackpunkte des Rechtswesens neuer Medien an.

## 11.1 Rat und Glück

Zuvor herrschte Chaos, dann kam Multimedia und seither gibt es Grün und Gesetz.

Grün ist nicht nur das farbige Symbol für die Programming-Produktionsphase, es ist auch die gewählte Farbe der Europäischen Kommission für ihr Grünbuch über Urheberrecht und verwandte Schutzrechte in der Informationsgesellschaft (KOM (95) 382). Ziel ist es, zumindest für das Europäische Recht eine einheitliche Neuordnung des gesamten Multimedia-Rechts zu entwickeln. Das Grünbuch umfasst Rechtsgrundlagen für:

*Grünbuch*

○ vorhandene Werke (Fotografien, Texte, Grafiken)

○ Urheberrechte für Digitalisierung

○ Urheberrechte für elektronischen Abruf

○ Verbotsrechte für Herstellung und Versenden von Tonträgern

○ Urheberpersönlichkeitsrechte

○ Leistungsschutzrechte für:

- Sprachwerke
- Werke der Musik
- Werke der Tanzkunst
- Werke der bildenden Kunst sowie Baukunst
- Lichtbilder (gestaltete Fotografie)
- Hersteller von nicht-künstlerischen Fotografien
- Filmwerke
- Darstellungen wissenschaftlicher oder technischer Art
- Herausgeber wissenschaftlicher Ausgaben von urheberrechtsfreien Texten
- Hersteller von Tonträgern
- Sendeunternehmen
- Filmhersteller
- ausübende Künstler

Was das im einzelnen bedeutet, werden wir gleich sehen. Wichtig ist es, vor Beginn zu verstehen, dass a) eine ganze Reihe von neuen Gesetzgebungen in diesem Bereich wahrscheinlich noch in den kommenden Jahren entstehen werden und b) diese Gesetze grundlegend anders sein können als die jetzt geltenden Rechte in Deutschland. Man merkt es schon. Man muss sich nicht nur im Inland absichern, sondern ebenfalls, solange es keine gültige internationale oder zumindest europäische Einigung gibt, auf eventuelle Fallgruben des internationalen Rechts achten, um selber Unannehmlichkeiten zu umgehen und Piraterie des eigenen Werks im In- und Ausland zu verhindern.

Dem Grünbuch gegenüber steht das „Multimedia-Gesetz" in Deutschland. Hiermit werden erstmals eine Reihe von Merkmalen des Grünbuches geregelt sowie einiges darüber hinaus. Insbesondere regelt das Gesetz:

○ Urheberrecht von Datenbanken

○ Nutzung von Telediensten und die damit verbundenen datenschutzrechtlichen Pflichten für Multimedia-Anbieter (Personenschutz bei Online-Diensten und Telebanking!)

○ Gültigkeit digitaler Signaturen (Zertifizierung, Schlüssel, Genehmigung von Zertifikationsstellen)

○ Rahmenbedingungen für Mediendienste

○ Verbreitung jugendgefährdender Schriften

Nach dem Gesetz sind Online-Dienste frei: Sie bedürfen keiner besonderen Zulassung oder Anmeldung.

Anbieter haften unmittelbar für die **Inhalte** ihres Angebots. Dies gilt auch für Provider! Somit muss der Provider (=Anbieter) sicherstellen, dass kein Missbrauch innerhalb seiner Dienstdomäne stattfindet. Bei Offline-Projekten dürfte dies überschaubar sein. Denn der Inhalt einer CD-ROM ist erkennbar und kontrollierbar. Anders sieht es im Online-Bereich aus. Hier steht jeder Homepage-Betreiber in erster Linie für seinen Inhalt gerade. Also dürfen keine Hyperlinks zu oder Homepages mit gesetzwidrigem Inhalt im Netz sein. Noch strittig scheint die Frage, in wie fern Access-Provider, also jemand, der einen Internet-Zugang anbietet, für Inhalte haften müssen. Auch nach der Revision des Urteils in Bayern scheint es, als ob auch der Access-Provider seinen Kunden vor gesetzwidrigem Inhalt schützen muss!

In Zusammenhang mit dem Verbot der Verbreitung jugendgefährdender Schriften dürfte dieser Aspekt der Gesetzgebung sehr interessante Folgen mit sich ziehen. Welche Konsequenzen dies für die Entwicklung des Internets haben wird, werden wir alle demnächst verfolgen. Zumindest scheint die bisherige Annahme falsch zu sein, dass Online-Provider lediglich für die eigenen Inhalte verantwortlich sind, die sie zur Nutzung bereitstellen, sowie für fremde Inhalte, wenn sie diese kennen, und es ihnen technisch zumutbar und möglich ist, deren Nutzung zu verhindern.

Bezüglich **Werbung und Online-Marketing** schreibt das Gesetz vor, dass der Dienstanbieter Name und Anschrift angeben muss, um Transparenz zu schaffen. Wenn die Dienste kostenpflichtig sind, müssen die Tarife vorher erklärt und die Wahl angeboten werden, eine kontinuierliche Anzeige der entstehenden Kosten sichtbar mit verfolgen zu können. Neu ist, dass vergleichende Wer-

*Anbieter haften unmittelbar für die Inhalte ihres Angebots*

*Werbung und Online-Marketing*

bung jetzt im Internet stattfinden darf. Ansonsten gelten die bisherigen Regelungen des Werberechtes. Dieses verbietet zum Beispiel:

○ E-Mails mit kommerziellem Inhalt ohne Zustimmung des Kunden zuzusenden

○ Werbung mit redaktionellem Inhalt zu vermengen

○ Homepages mit Werbecharakter ohne entsprechenden Hinweis einzurichten

○ fremde Marken oder Geschäftsbezeichnungen ohne Zustimmung des Rechteinhabers in die Homepage zu integrieren oder als Internet-Adresse zu verwenden

○ irreführende Werbung

In Zusammenhang mit dem letzten Punkt scheint ein weiteres Urteil der bayerischen Justiz bezüglich Last-Minute-Reisen einen weiteren Schritt in Richtung Regulierung des Netzes darzustellen. Der Provider wird mitverantwortlich gemacht, dass die Branchenregeln des Angebotes eingehalten werden. Nach dem Urteil ist es verboten, Werbung/Angebote auf dem Server anzubieten, wenn zwischen dem Zeitpunkt der ersten Werbung für eine Reise und dem Abreisetermin mehr als 14 Tage liegen. Somit wird der Provider angehalten, durch Suchprogramme die Gültigkeitsdauer der Reiseangebote zu kontrollieren. Die Empfehlung des urteilenden Richters an den Provider war, dass er (der Provider) die Vertragsbeziehungen zu seinen Kunden so gestalten müsse, dass er nicht gezwungen sei, sich an einer wettbewerbswidrigen Handlung zu beteiligen.

Internationales<br>Werberecht

Die Frage des **internationalen Werberechts** ist noch keines Falls beantwortet. Muss man sich bei seinem Angebot nach den Rechtsbestimmungen anderer Länder richten? Dies bleibt zunächst noch unklar. Fest steht allerdings, dass, falls das Angebot auf den deutschen Markt gerichtet ist (wird in deutschen Medien geworben, auf Deutschland zugeschnitten (Sprache!)), deutsches Recht gilt. Bezüglich E-Mails gilt immer das Recht desjenigen Landes, in dem die E-Mail bestimmungsgemäß empfangen oder von dem aus eine Web-Homepage bestimmungsgemäß abgerufen werden kann. Klar bleibt, wenn ein Online-Angebot für den ausländischen Markt zugeschnitten ist, fällt es außerhalb des deutschen Rechtes.

Datenschutz

Die Vorschriften zum Datenschutz sind sehr restriktiv gehalten. Personenbezogene Daten sollen nach dem Gesetz gar nicht oder nur so wenig wie möglich erhoben werden. Will der Provider nicht mit anonymen Daten arbeiten, benötigt er in jedem Fall die Einwilligung des Betroffenen.

Mit dieser Regelung gelten elektronische Dokumente als beweissicher, wenn die Echtheit einer dabei verwendeten elektronischen Unterschrift (Signatur) mit einem öffentlichen Schlüssel überprüft werden kann, der durch ein zum Zeitpunkt der Unterschrift gültiges Zertifikat einer zugelassenen Zertifizierungsinstanz bestätigt ist. Laut EU-Abkommen vom 30. November 1999 gelten allgemeine Vorschriften wie Verschuldungsgrundsatz und eine Umkehr der Beweislast. Höchst wahrscheinlich werden Diensteanbieter Zertifikate von vornherein auf eine bestimmte Geldsumme limitieren oder auch den Verwendungszweck der Zertifikate einschränken.



Die Wettbewerbssicherung in Europa wird ferner durch Verbraucherrechte ebenfalls abgesichert. Auf der Basis einer EU-Richtlinie legte die Bundesregierung einen Gesetzesentwurf vor, der bis Juni 2000 in deutsches Recht umgesetzt sein muss. Festgelegt werden darin die Pflichten für Internetverkäufer. So muss die Ware innerhalb von 30 Tage geliefert werden. Die Lieferung darf sich zudem nicht von den bestellten Produkten unterscheiden. Anderenfalls besteht ein sofortiges Rückgaberecht. Bei Mängeln der gelieferten Ware muss der Kunde diese innerhalb von sechs Monate reklamieren. Und bei einer Auslandsbestellung sollte man sich vorab bei den deutschen Händlern darüber informieren, ob sie Garantie- und Serviceleistungen auch für importierte Waren übernehmen.



Im neuen Gesetz wurden die Urheberrechte und Leistungsschutzrechte noch nicht endgültig geregelt. Dennoch gibt es eine Reihe von gesetzlichen Bestimmungen hierzu, die beachtet werden müssen sowie Verfahren für die Rechtevergabe (Clearing-Stellen bei Verwertungsgesellschaften). Die bisherige Entwicklung zeigt, dass die oben genannten europäischen Grünbuch-Regelungen auch hierzulande verankert werden. Angestrebt wird heute eine strenge Regulierung durch nationale Gesetze. Ziel ist es, die Copyright-Verträge der World Intellectual Property Organisation (WIPO, www.wipo.org) als auch die WTO-Vereinbarung zu handelsbezogenen Aspekten von intellektuellen Eigentumsrechten (TRIPS) umzusetzen und die Einhaltung vollständig zu überwachen, um den elektronischen Marktplatz von Raubkopien zu befreien.



Ob Sie einen Rechtsstab für die Produktion benötigen, ist zu bezweifeln, doch sachkundige Beratung kann auf keinen Fall schaden. Auch hier können Multimedia-Produzenten Ihnen behilflich sein, denn diese haben entsprechende Erfahrungen bereits gesammelt.



Viele Produzenten halten Musterverträge und Übertragungs-/ Nutzungsrechtsverträge bereit, die Ihnen Zeit, Geld und Ärger ersparen. Ein Grund mehr, rechtzeitig Profis an Ihrem Projekt teilnehmen zu lassen.

Da diese legalen Überlegungen eigentlich vor dem Briefingansatz stehen, tut man gut daran, eine Richtlinie für die **Vertragsregelung** zu entwerfen.

Wie in Kap. 2 besprochen, empfehlen wir unseren Kunden, bei der Entwicklung in Phasen vorzugehen. Diese Form der Kooperation hat neben der Überschaubarkeit in der Abwicklung der einzelnen Schritte auch den Vorteil, dass man sich vertraglich ebenfalls in zeitlichen oder Phasenabschnitten einigen kann. In den meisten Fällen werden Werksverträge oder Projektverträge ausgearbeitet, die ggf. folgende Eckpfeiler umfassen:



○ Leistungsbeschreibung sowie Umfang der Produktion

○ Liefer- und Zahlungsbedingungen

○ Auflistung für die Herstellung:

  • Inhalt

  • Form

  • Entwicklungstools

○ Anforderungen an Liefermaterial

○ Aufteilung von Urheber- und/oder Leistungsschutzrechten

○ Globale Liefertermine

○ Phasenliefertermine

○ Review/Korrektur/Optimierungsverfahren

○ Haftungsbedingungen

○ Mahnverfahren

○ Gerichtsstandklausel

Man tut gut daran, den Vertrag im Geiste des Vorhabens, nämlich kooperativ und motivierend, aufzusetzen, anstelle von kleinkariert und bremsend. Zeitliche Vorstellungen sollten sehr realistisch sein. Ebenfalls ist es sinnvoll, heikle Aspekte, wie z.B. Review-, Korrektur-, Optimierungs- und Mahnverfahren, gemeinsam zu formulieren und auf absolute Gegenseitigkeit in der Akzeptanz zu prüfen. Ebenso erscheint es angebracht, die Formate für Liefermaterialien genau zu definieren, um Missverständnisse und ggf. nicht unerhebliche Konvertierungskosten zu vermeiden.



Langsam merken wir, dass die Inhalte des Kriterienkatalogs und des Pflichtenhefts einen bedeutenden Anteil des Vertrags bilden. Im praktischen Ablauf können, wie wir wissen, alle Bestandteile des Vertrags am ersten Tag noch nicht vorliegen. Als eine Hilfe kann ein Zwischenvertrag oder eine Präambel dienen, in dem das Vorhaben und die Art und Weise, wie gearbeitet wird, fixiert werden. Es können sowohl zeitliche Schienen als auch Rahmenbedingungen geschaffen werden, die allen Beteiligten eine klare Übersicht über das Projekt geben. Die Details können an der Zeitachse fixiert werden und die Ergebnisse aus der laufenden Entwicklung als Anhang bzw. Anlage zum Vertrag Schritt für Schritt in die nächste Phase eingebracht werden. Somit kommt man ohne Dutzende von Gebühren auf eine gegenseitig tragfähige Übereinkunft.

## 11.2
## Copyme/Copyyou/Copyright

Stellen Sie sich vor, Sie machen einen Titel zunächst in deutscher Sprache, und es wird ein Hit. Dann überlegen Sie sich, ihn ins Englische zu übersetzen, stellen aber fest, dass Ihr Werk in Amerika bereits auf dem Markt ist! Ein Hammer? Mag sein, aber denkbar, wenngleich auch meist in der umgekehrten Reihenfolge. Oder was ist, wenn Teile Ihrer Produktion plötzlich bei Ihrem nettesten Konkurrenten wiederzufinden sind, und zwar sowohl auf dem deutschen als auch auf dem englischen Markt. Was tun?

Es gibt einige grundsätzliche Dinge, die man beachten sollte, damit zumindest die kostbaren Grafiken, Oberflächen, Programmierung etc. nicht „schutzlos" durch die Gegend fliegen. Einige Tips dazu:

○ Grundsätzlich sollten folgende Rechte geklärt werden:

- Anwendung im Programm

- Digitalisierung von Assets

- bei Filmen: Schnitt-/Synchronisierungs- und Digitalisierungsrechte

- Verbreitungsrechte

- Vervielfältigungsrechte

- Senderechte (TV/Radio)

- Bearbeitungsrechte (Änderungen am Originalinhalt)

- exklusives vs. einfaches Nutzungsrecht (mediengebunden!)

○ Ausübung der Rechte mit folgenden Beschränkungen:

- zeitlich (Dauer)

- räumlich (Territorium)

- inhaltlich (mit und ohne Bearbeitungsrecht)

Checkliste:
Copyrights

○ Assets:
Versuchen Sie, alles, was Sie in einem Programm benutzen, wie
Bilder, Ton, Musik, Film, Grafiken, Texte etc., sowohl für das
Programm, die Verbreitungsrechte und die Digitalisierungs-
rechte als auch für die Vervielfältigung schriftlich von dem
Urheber übertragen zu lassen. Dies sollte, je nach Wichtigkeit,
entweder als Einfach/Einmal-Nutzungsrecht oder als Exklusiv-
recht ausgelegt sein. Gegebenenfalls sollte die Übertragung
auch für Senderechte im Radio und Fernsehen gelten und das
Recht der Veränderung des Originals enthalten, falls nachträglich inhaltliche oder stilistische Änderungen notwendig werden.
Obwohl eine mündliche Einigung rechtskräftig ist, bedenken
Sie, dass es im Streitfalle auf Beweisbarkeit ankommt. Ein Beispiel für einen **Übertragungsvertrag**:

*„Der Urheber überträgt dem Produzenten das ausschließliche
Recht der Nutzung (Vervielfältigung und Verbreitung) der in der
Anlage zum Vertrag näher beschriebenen Werke für die CD-
ROM-Produktion mit dem Arbeitstitel „Multimedia Powerpack"
für eine Dauer von fünf Jahren zum Vertrieb innerhalb Europas.
Der Produzent ist (nicht) berechtigt, ohne Zustimmung des
Urhebers Änderungen an den Werken vorzunehmen oder sie für
weitere Produkte, insbesondere Buchausgaben, zu benutzen."*

○ Programmierer:
Ein Programmierer ist heute gesetzlich geschützt, wenn „die
Anwendung individuell gestaltet und das Ergebnis einer geistigen Schöpfung ist". Somit muss auch mit dem Programmierer
eine Übertragungsvereinbarung getroffen werden.

○ Screendesigner:
Das Kopieren von Screendesigns vorhandener Produkte ist verboten. Seit 1990 werden derartige Kavaliersdelikte mit bis zu
drei Jahren Gefängnis oder einer Geldstrafe belegt. „Das Gesetz
schützt Computerprogramme in jeder Gestalt und jeder Ausdrucksform." (OLG Karlsruhe). Dies bedeutet, dass man jedesmal ein „neues" Design erfinden muss, aber das Werk zugleich
wie ein Film- oder Buchtitel geschützt werden kann. Somit verlangen Sie von Ihrem Screendesigner bitte nicht, dass er die
Explorer-Disk oder P.A.W.S. kopieren soll. Denken Sie aber
daran, dass Sie sich das Ergebnis der geistigen Schöpfung entweder übertragen lassen oder zumindest eine Nutzungseinigung
erzielen.

○ Urheberpersönlichkeitsrecht steht jedem zu, der einen geistigen
schöpferischen Beitrag zum Werk geleistet hat. Somit kann

jeder Mitwirkende darauf bestehen, irgendwie in der Anwendung vermerkt zu werden. Es ist mehr als nur eine Höflichkeit, die Mitwirkenden im Programm unter „Credits" bzw. auch in dem Beibuch zu nennen. Es ist einfach ein „Qualitätsmerkmal" und kann sogar eine große Hilfe im Falle eines Rechtsstreits sein.

○ Leistungsschutzrechte für Musik oder andere Beiträge müssen beachtet werden. In der Regel bedeutet dies eine Zahlung an eine Überwachungsorganisation, wie z.B. GEMA, VG BILD oder VG WORT. Im Vertrag sollte fixiert werden, wer dies zu leisten hat. Auf keinen Fall sollte es dem Zufall überlassen werden.

○ Für die Lokalisierungsfreunde gelten besondere Rechtslagen. Neben der Absicherung der Übersetzungs-, Bearbeitungs-, Verteilungs-, Vervielfältigungs-, Digitalisierungs- und Vertriebsrechte tut man gut daran, auch noch zu überlegen, unter welchem internationalen Recht bzw. welcher Gerichtsstandklausel das Ganze stattfinden soll. Bei diesem Schritt sollte nicht nur über die Vorteile der Rechtswahl des eigenen Landes nachgedacht werden, sondern auch darüber, welches Land den besten Schutz bei Auseinandersetzungen mit ausländischen Gesellschaften bietet.

## 11.2.1
## Geschützt, aber wie lange?

Das Gesetz sieht für Urheber- und Leistungsschutzrechte eine begrenzte Zeit vor, nach deren Ablauf das Werk bzw. die Produktion gemeinfrei wird. Jeder darf es danach vervielfältigen, öffentlich wiedergeben, bearbeiten und sonst ändern.

Urheberrechte erlöschen 70 Jahre nach dem Tod des Urhebers, bei mehreren Miturhebern 70 Jahre nach dem Tod des Letztverstorbenen § 64 Abs. 1 UrhG). Bei den Leistungsschutzberechtigten genießen Künstler einen Schutz von 50 Jahren nach Erscheinen des Ton-/ Bildtonträgers, für den Fall, dass keine Aufnahme erfolgte, 50 Jahre nach der Aufführung (§ 82 UrhG).

Bei den Tonträgerherstellern ist nun mit der Umsetzung der EU-Schutzrichtlinie durch die Urheberrechtsnovelle 1995 die Schutzfrist auf das Niveau der Schutzfrist bei Filmherstellern, nämlich auf 50 Jahre nach Erscheinen des Tonträgers, angehoben worden (§ 85 Abs. 1 UrhG neue Fassung). Somit wäre z.B. ein 1948 veröffentlichter Tonträger mit neuer Komposition bezüglich der Leistungsschutzrechte ab 31.12.1998 frei, jedoch die Urheberrechte erst 20 Jahre später erlöscht!

Dauer der Urheber- und Leistungschutzrechte

Die 50jährige Schutzfrist gilt aufgrund der Ratifizierung des WTO-/GATT-TRIPS-Übereinkommens durch die USA auch für amerikanische Produktionen (Art. 14 Abs. 6 TRIPS-Übereinkommen). Hierbei ist darauf zu achten, dass sogenannte angeblich „copyrightfreien" Werke oftmals so tituliert wurden, weil sie unter das alte US-Copyright-Gesetz fielen. Damals sah das Gesetz nur einen 25-jährigen Schutz vor. Mit der Rechtsharmonisierung sind diese Werke wieder geschützt.

Auch die Verwendung „GEMA-freier" Musik (z.B. Klassik-Musik alter Meister) bedeutet noch nicht, dass hierfür keine Lizenzen zu zahlen sind. Während für die Verwendung „GEMA-freier" Musik oft keine Urheberlizenzen fällig werden, fallen Leistungsschutzlizenzen in der Regel immer noch an, so dass von den betroffenen Tonträgerherstellern und den mit ihnen vertraglich verbundenen Künstlern eine Zustimmung erforderlich ist.

## 11.2.2
## Nichts Ganzes, nichts Halbes

Wie bereits erwähnt, hat man in der Regel bei Multimedia-Produktionen mit unterschiedlichen Rechten einer Vielzahl von Rechte-Inhabern zu tun, ähnlich wie bei der Filmproduktion, bei der ebenfalls eine Vielzahl von Rechten – z.B. für Drehbuch, Kostüme, Spezialeffekte etc. – betroffen ist. Daher ist eine Multimedia-Produktion als Ganzes urheberrechtlich auch als „filmähnliches Werk" im Sinne § 2 Abs. 1 Nr. 6 UrhG einzustufen, an dem vorbehaltlich der Multimedia-Produzent die Rechte an den Einzelelementen aufgrund seiner kreativen und wirtschaftlichen Investition seinerseits die Rechtsposition eines Filmherstellers besitzt. Auch der Multimedia-Produzent selbst kann daher sein Einverständnis verweigern, wenn Dritte die Multimedia-Produktion in Teilen daraus nutzen wollen. Gegen eine unerlaubte Nutzung seiner Leistungen kann er zivil- und strafrechtlich vorgehen.

Will man als Produzent sein Werk schützen, muss es mit einem Copyright-Symbol „©", dem Erscheinungsjahr, einer juristischen Person und dem Hinweis „All Rights Reserved" gekennzeichnet sein. Zum Beispiel:

© 2001 Dr. Richard Schifman All Rights Reserved

Will man sein Werk im Ausland auch schützen, sollte man sich tunlichst frühzeitig mit entsprechenden Juristen und auch Registrierungsstellen zusammensetzen, um das Werk vor dem Erscheinen im jeweiligen Markt anzumelden.

### 11.2.3
### Clearing statt Hearing

Grundsätzlich gilt bei der Übertragung von Nutzungsrechten das Prinzip der Vertragsfreiheit, d.h., dass die Vertragsparteien Art und Umfang der Rechtsnutzung frei aushandeln können. Rechte können als exklusives oder als einfaches Recht vergeben werden (§ 31 Abs. 1 UrhG). Der Erwerb erfolgt normalerweise individuell direkt von den Berechtigten. Sie können ihre Rechte aber auch von Verwertungsgesellschaften wahrnehmen lassen. In der Bundesrepublik Deutschland existieren derzeit neun Verwertungsgesellschaften, die für ihre Tätigkeit die Erlaubnis der Aufsichtsbehörde (Deutsches Patentamt, München) erhalten haben:

1. Gesellschaft für musikalische Aufführungs- und mechanische Vervielfältigungsrechte (GEMA) für Komponisten, Textdichter und Musikverleger, Bayreuther Str. 29/30, 10789 Berlin und Rosenheimer Str. 11, 81667 München.

2. Verwertungsgesellschaft WORT (VG WORT) für die Wortautoren und ihre Verleger, Goethestr. 49, 80336 München (Nebenstelle: Clara-Zetkin-Str. 105, 10117 Berlin).

3. Verwertungsgesellschaft Bild-Kunst (VG Bild-Kunst) für die Bildenden Künstler, Designer, Fotografen und deren Verleger sowie Filmurheber und Filmproduzenten, Poppelsdorfer Allee 43, 53115 Bonn (Nebenstelle: Clara-Zetkin-Str. 105, 10117 Berlin).

4. Gesellschaft zur Verwertung von Leistungsschutzberechtigten mbH (GVL) für die ausübenden Künstler, Veranstalter, Tonträgerhersteller und Hersteller von Videoclips sowie für deren Bildurheber, Heimhuder Str. 5, 20148 Hamburg.

5. Verwertungsgesellschaft der Film- und Fernsehproduzenten mbH (VFF) für die Auftragsproduzenten sowie öffentlich-rechtliche und private Fernseh- und Rundfunkveranstalter, Widenmayerstr. 32, 80538 München.

6. Verwertungsgesellschaft für Nutzungsrechte an Filmwerken mbH (VGF) für deutsche und ausländische Kinofilmproduzenten sowie Filmurheber, Langenbeckstr. 9, 65189 Wiesbaden.

7. Gesellschaft zur Wahrnehmung von Film- und Fernsehrechten mbH (GWFF) für deutsche und ausländische Kinofilmproduzenten sowie Filmurheber, Brienner Str. 1, 80333 München

*Verwertungsgesellschaften*

8. Gesellschaft zur Übernahme und Wahrung von Filmauf-
   führungsrechten mbH (GUFA) für Produzenten vorwiegend
   erotischer und pornografischer Filme, Vautierstr. 72, 40235
   Düsseldorf.

9. Verwertungsgesellschaft zur Wahrnehmung von Nutzungsrechten an Editionen von Musikwerken (VG Musikedition) für die
   Herausgeber wissenschaftlicher Ausgaben von Musikwerken
   und nachgelassener Werke und ihrer Verleger, Königstor 1,
   34117 Kassel.

Die Verwertungsgesellschaften unterliegen einer doppelten Ver-
pflichtung: Sie sind verpflichtet, in ihrem jeweiligen Wahrneh-
mungszustand auf Wunsch des Berechtigten dessen Rechte
vertragsmäßig wahrzunehmen und auch verpflichtet, einem potenziellen Nutzer die Nutzungsrechte einzuräumen, wenn dieser sich
zur Leistung der geforderten angemessenen Vergütung verpflichtet.
Rechte an Multimedia-Nutzungen nehmen bisher nur die GEMA
und die VG Bild-Kunst für ihre Wahrnehmungsbereiche wahr.

Dank Datenbank-Technologie wird es im Zeitalter von Multimedia möglich die Lizenzierungsvergabe demnächst kurzfristig und
effizient zu gestalten. Hierfür sehen die europäischen Richtlinien
vor, dass eine zentrale Stelle (**Clearing Center**) für die Identifizie-
rung der Rechte-Inhabern und die Benennung der Konditionen verantwortlich sein wird.

*CMMV*  In Deutschland werden die Verwertungsgesellschaften weiterhin
bestehen, jedoch durch eine übergeordnete Schnittstelle miteinander verbunden. Hierfür wurde die **„Clearingstelle Multimedia der
Verwertungsgesellschaften für Urheber- und Leistungsschutzrechte GmbH" (CMMV)** mit Sitz in München gegründet.

Zunächst soll die Clearingstelle als reiner Informationsvermittler
tätig werden, in der Folge soll sie – wenn die Rechte-Inhaber es
wünschen – als Lizenzvergabestelle und schließlich als lizenzertei-
lende Verwertungsgesellschaft tätig werden. Geplant ist folgender
Ablauf:

1. Der Multimedia-Produzent („Nutzer" genannt) wendet sich mit
   einer Anfrage an die Clearingstelle, wahlweise fragt er
   Rechte-Inhaber und Tarife ab oder will direkt einen Lizenzvertrag abschließen.

2. Die Clearingstelle prüft, welche Verwertungsgesellschaft
   zuständig ist und leitet die Anfrage beispielsweise an die
   GEMA (Musik), die VG Bild-Kunst (Fotos), die VG Wort
   (Texte) oder eine Filmverwertungsgesellschaft weiter.

3. Die zuständige Verwertungsgesellschaft beantwortet die Anfrage oder nimmt den Lizenzvertrag an.

4. Die Clearingstelle gibt die Informationen an den Produzenten weiter.

5. Der Produzent bezahlt bei der Clearingstelle.

6. Die Clearingstelle zieht Verwaltungskosten ab und verteilt die Vergütungen auf die jeweiligen Verwertungsgesellschaften, die das Geld wiederum an die Rechte-Inhaber weiterleiten.

Daneben soll es weiter möglich sein, dass der Produzent mit den Informationen, die er über die Clearingstelle erhalten hat, sich direkt mit den Rechte-Inhabern in Verbindung setzen kann.
Weitere Auskünfte erhalten Sie bei der: GEMA, Rosenheimer Str. 11, D-81667 München, Tel.: (089) 480 03-00 Fax: (089) 480 03-969 oder unter http://www.cmmv.de.

## 11.2.4
## Lizenzen und Tribute

Noch gibt es keine vereinbarten Sätze für Lizenzen. Die verlagsüblichen Honorare in Höhe von 8–10 % für bestellte Ware sind weitgehend „out". Vollentwickelte Programme, die vom Auftraggeber für den Vertrieb/Einsatz übernommen werden, erzielen zwischen 25 – 50% vom Brutto-Endabgabepreis, wenn alle genutzten Elemente der Produktion aus bereits gefertigten Werken/Produktionen bestehen. Ist die Produktion weniger als zu 100% aus „Fremdmaterial" zusammengesetzt, so ist dieser Anteil im Verhältnis zur Gesamtproduktion zu reduzieren. Eine Beispielrechnung für eine Multimedia-Produktion könnte wie folgt aussehen:

| Endabgabepreis | Anteil Fremdmaterial | Lizenz | Summe aller Lizenzen |
| --- | --- | --- | --- |
| 70 DM | x 100 % | x 35 % | = 24,50 DM |
| 70 DM | x 35 % | x 35 % | = 8,58 |

Leider spiegelt das Beispiel die wahrhaftige Bewertung des potentiellen Fremdmaterials nicht wider. Zweifelsohne liegt hier der Hase im Pfeffer, denn die Vorstellungen der Lizenzgeber weichen oftmals erheblich von den Vorstellungen der Lizenznehmer ab.

Erfahrungsgemäß verbringt man etwa 50% der Planungszeit mit Lizenzrechten. Somit empfiehlt es sich, so früh wie möglich damit zu beginnen bzw. den Weg so zu planen, dass diese Klippen zu umgehen sind.

Oft ist es billiger und schneller die eigene Artwork in Auftrag zu geben als Picasso ins Haus zu holen. Räumen Sie einen bestimmten Lizenzanteil am Nettoerlös des Programms den Entwicklern ein. Es wird sich in der Grafikqualität und Funktion des Programms auszahlen. Denn unter diesen Prämissen werden die unendlichen Stunden vor dem Schirm plötzlich auf eigene Verantwortung erfolgen. Bei hochwertigen Produkten mit Entstehungskosten von über DM 200.000,– oder mehr, kommt man sowieso nur unter solchen Bedingungen zum Zuge, ansonsten wären die Budgets stets astronomisch.

*Royal who*
*Royalties*
*Loyalties*

Apropos Beteiligung. Noch gibt es keine Richtlinien hierfür, aber ein Markt ist im Entstehen begriffen. Oft werden Beteiligungen nach verkaufter Auflage gestaffelt. Teilabzahlungen im voraus als Bestand der Entwicklung könnten die Tantiemen reduzieren. Hierdurch können dann Sätze um die 3–15 % vom Brutto-Endabgabepreis entstehen. Im Vergleich zu den oben genannten Royalties kann dieser Weg sehr attraktiv sein.

Ähnlich verhält es sich, wenn eine Lizenzierung für eine Lokalisierung erfolgen soll. Auf Kosten des Vertriebs wird lokalisiert, der Urheber bleibt immer dabei; die Lizenzgebühr liegt zwischen 5–25 % oder die vereinbarten Rechte werden gegen eine Pauschalsumme übertragen. Die Entstehungskosten, der Gedanke des geistigen Eigentums und der potentielle Gewinn bestimmen maßgeblich die Festsetzung der Summe.

Wie man hier übereinkommt, liegt im Verhandlungsgeschick. Manchmal kann man das Risiko teilen oder etwas minimieren, indem ein Cashflow vorab erfolgt, aber weitere Lizenzgebühren erst anfallen, wenn die eigenen Investitionen am Breakeven-Point liegen. Manchmal muss man in den sauren Apfel beißen und durch die Bank für die Lizenz bezahlen.

Eine weitere Eigenschaft liegt im „Editorial Control". Mancher Urheber schreibt ein dauerhaftes „Editorial Control" vor, also muss der Urheber sämtliche Änderungen und Anwendungsmodi der Inhalte und Programmbestandteile freigeben, bevor sie auf den Markt kommen. Diese Handhabung wird z.B. gern im angelsächsischen Bereich als Kontrollhebel gegenüber Drittnutzern von Assets eingesetzt.

Zu guter Letzt erfolgen die Abgeltungen nicht mehr jährlich, sondern in Quartalen (zumindest als Abschlagszahlungen), um der Schnelllebigkeit des Multimedia-Markts Rechnung zu tragen.

Wenn Sie eine einmalige Produktpräsentation für die Messe X oder Verkaufsförderungsmittel erstellen wollen, versuchen Sie deswegen mehr Gewicht auf die Umsetzung und Anpassung an Ihre Geschäftsabläufe zu legen als auf die Rechtslage.

Multimedia-Firmen arbeiten oft kreativ und orientieren sich nicht so sehr an der Rechtsauslegung. Die meisten sehen ihre Aufgabe in der Entwicklung des Programms und eignen sich nur bedingt für typische „Bürovorgänge". Zuviel Haarspalterei kann sich in einem Mangel an professioneller Kreativität äußern. Überlegen Sie sich gut, ob der Vertrag ausführlich und wasserdicht oder das Produkt rechtzeitig fertig und verlockend sein soll.

Nun ist der Kreis geschlossen. Es bleibt nur, die eigene Kommunikationsstrategie, das eigene Thema und das eigene Zielpublikum zu identifizieren – dann kann es losgehen. Wir wünschen Ihnen viel Erfolg und Freude mit der Entwicklung Ihrer ersten Anwendung. Wenn Sie Fragen haben, wenden Sie sich an einen der zahlreichen Multimedia-Experten im Lande.

*Machen Sie es rund!*

# 12 Das Projektgeschäft

*- Tooth of time.*
*- Zahn der Zeit.*

Das Projektgeschäft beinhaltet eine Vielzahl von Facetten. Alle aufzuzählen und zu diskutieren, würde den Rahmen des Werkes sicherlich sprengen. Dennoch wollen wir hier einige Aspekte kurz aufzeigen. Dirk Schornstein, Projekt-Management-Leiter bei Six Offene Systeme GmbH, Leinfelden-Echterdingen (www.six.de), kommentiert das Problemfeld Redaktionssystem für einen Internetauftritt und generelle Stolpersteine im Projektmanagement.

## 12.1 Internet-Redaktionssystem

### 12.1.1 Ressourcen, Arbeitsweisen, Aufgabenverteilung

Ohne ein Redaktionssystem werden die Inhalte, Texte und Bilder, an eine Agentur oder eine spezielle Abteilung innerhalb des Unternehmens weitergegeben, dort zentral aufbereitet und auf dem Webserver eingebunden. Ursache hierfür ist, dass für diese Tätigkeiten bestimmte technische Qualifikationen und Tools vorausgesetzt werden, wie z.B. umfangreiche Kenntnisse in HTML und File-Transfer-Programme, um eine Website pflegen zu können. Die Inhalte und das Layout müssen von Fachkräften kombiniert und strukturiert werden.

*Redaktionssystem – die Tür zur Selbstordnung*

#### 12.1.1.1 Traditionelles Vorgehen

Wenn Sie mit herkömmlichen Mitteln eine Website pflegen, benötigen Sie üblicherweise drei Hilfsprogramme:

○ einen Webbrowser, um Ihre Seiten anzuschauen,

○ einen FTP-Client, um Seiten vom und auf den Webserver zu laden,

○ einen HTML-Editor, um Ihre Seiten zu gestalten.

Sie haben beispielsweise einen Bereich „News", in dem Sie Neuigkeiten über Ihr Unternehmen publizieren. Auf der Homepage werden die wichtigsten Nachrichten als Liste dargestellt, klickt man auf eine der Headlines, gelangt man auf die Detaildarstellung und sieht die Neuigkeit in voller Länge. Zusätzlich kann man in der Hauptnavigationsleiste auf „News" klicken und bekommt eine Liste aller Neuigkeiten, die Sie publizieren.

Wenn Sie eine neue Meldung erfassen möchten, gehen Sie üblicherweise folgendermaßen vor:

1.  Erstellung der Meldungsseite
    Sie erstellen eine neue HTML-Seite (oder öffnen eine bestehende News-Detailseite), erfassen dort Ihre Meldung und platzieren ein Bild (das Sie im richtigen Verzeichnis abgelegt haben). Dabei achten Sie darauf, dass Sie das gleiche Design verwenden wie in Ihren anderen Meldungen. Danach speichern Sie diese Seite als „news32.html".

2.  Aktualisierung der News-Übersichtsseite
    Sie öffnen die News-Übersichtsseite und tippen dort den Titel Ihrer Meldung noch einmal ein. Sie achten darauf, dass die neue Meldung am Anfang der Liste erscheint – neueste Meldung oben – und verlinken diese mit der Seite „news32.html".

3.  Aktualisierung der Homepage
    Sie öffnen die Homepage, löschen einige alte Einträge aus der News-Liste und fügen die neue Meldung auch hier ein. Diese verlinken Sie wieder mit „news32.html".

4.  Aktualisierung des Webservers
    Schließlich starten Sie Ihren FTP-Client und laden alle neuen und geänderten Dateien auf den Webserver. Sollte Ihr HTML-Editor keinen automatischen Abgleich vornehmen, müssen Sie darauf achten, alle betroffenen Dateien zu aktualisieren.

### 12.1.1.2 Arbeiten mit einem Redaktionssystem

Ein Redaktionssystem erlaubt Ihnen eine Aufgabenteilung:

Der Systemadministrator oder Webmaster richtet die Bereiche und Designs zur Pflege einmal ein und vergibt spezifische Zugriffsberechtigungen.

Die Redakteure benötigen keine umfangreichen HTML-Kenntnisse, sondern können ihre Inhalte in leicht zu bedienende Masken eingeben. Das Redaktionssystem sorgt dafür, dass die Inhalte an den richtigen Stellen und im korrekten Design dargestellt werden. Es ist also nicht mehr nötig, die Inhalte an eine spezialisierte Abteilung zu transferieren – die Kontrolle über die Inhalte liegt in den Händen der Redakteure.

Für die Arbeit mit einem Redaktionssystem, z.B. SixCMS, benötigen Sie nur einen Webbrowser. SixCMS geht davon aus, dass Sie von einer Informationsart (hier: eine News-Meldung) mehrere erfassen und darstellen möchten. Dabei trennt es streng zwischen Content (die eigentliche Meldung) und Layout (wie soll die Meldung dargestellt werden). Um oben genanntes Fallbeispiel mit dem SixCMS durchzuführen sind folgende Schritte nötig:

1. Einmalige Einrichtung

   Die Einrichtung ist sicherlich umfangreicher, als ein paar HTML-Seiten zu erstellen und auf den Server zu laden, muss allerdings nur einmalig ausgeführt werden und erleichtert den Arbeitsprozess danach enorm. Üblicherweise wird dies vom Webmaster/Administrator durchgeführt, in der täglichen Arbeit wird der Redakteur mit diesen Dingen nicht belastet.

   a) Festlegung der Struktur der Information

   Sie definieren einen neuen Content-Bereich „News" und legen fest, wie die News-Meldung strukturiert ist, z.B. Titel, Einleitung, Artikel, Bild und Quelle.

   b) Festlegung der Detaildarstellung

   Sie speichern ein Detail-Template (zur Darstellung einer Meldung).

   c) Festlegung der Abfragen und Listendarstellung

   Sie legen die Abfragen fest und bestimmen ein Template für die News-Übersichtsseite, sowie eventuell ein Template für die Homepage.

   d) Definieren von Seiten

   Sie kombinieren die oben festgelegte Abfrage und das Listen-Template zu einer Seite und geben ihr einen Namen.

   e) Einbindung in die Website

   Sie richten die Links auf die festgelegten Seiten (Homepage und News-Übersichtsseite) in Ihrer Website ein. Diese Links ändern sich nicht, wenn neue Inhalte eingepflegt werden, sondern verweisen auf eine dynamisch generierte Seite.

2. Meldung erfassen

   Um eine neue Meldung zu erfassen, loggen Sie sich mit Hilfe Ihres Webbrowsers im SixCMS ein und wechseln dort in den Content-Bereich „News".

   a) Erstellung der Meldungsseite

   Sie klicken auf „Neuer Artikel", füllen die Eingabemaske aus (Titel, Untertitel, etc.), wählen ein Bild aus der Mediendaten-

bank oder von Ihrer Festplatte aus und klicken auf „Speichern“.
Die neue Meldung ist sofort in dem vorher festgelegten Design
verfügbar, und Sie benötigen keine Kenntnisse in HTML.

b) Aktualisierung der News-Übersichtsseite
Die News-Übersichtsseite enthält automatisch einen Link auf
diese Meldung.

3. Aktualisierung der Homepage
Wenn Sie auch die Homepage aktualisieren möchten, klicken
Sie auf Highlights und stellen per Drag and Drop die Liste für
die Homepage zusammen.

4. Aktualisierung des Webservers
Die Aktualisierung ist bereits geschehen. Alles, was Sie im Six-
CMS tun, wirkt ohne Zeitverzögerung sofort auf Ihre Website.

 Bei der Erstellung einer Website basierend auf einem Redaktionssystem sind meist folgende Partner beteiligt:

a) Auftraggeber (www.kunde.de), alle beteiligten Abteilungen,
üblicherweise Marketing, Redaktion, Grafik
b) Designagentur (Webdesign)
c) Technische Agentur (Realisierung eines kundenspezifischen
Redaktionssystems oder Anbieter eines Standardproduktes)

b) und c) können eventuell in einem Dienstleister zusammengefasst sein, es kann jedoch durchaus sinnvoll sein, spezifische Stärken verschiedener Dienstleister auszunutzen.

1. Konzeption der Site
Diese Phase spielt sich hauptsächlich beim Auftraggeber ab.
Die Struktur der Site wird festgelegt, dazu gehören vor allem
das Festlegen der Hauptnavigation, gewünschte Navigations-
tiefe, grobe Konzeption der geplanten Inhalte, etc.
Hier sollten auch schon verschiedene Navigationskonzepte
geprüft werden (andere Sites) und Präferenzen festgelegt werden.
Am Ende des Prozesses steht ein Strukturplan, der die geplanten Inhalte wiedergibt.

2. Design der Site
Zusammen mit der Designagentur und der Technischen Agentur
entsteht aus dem vorliegenden Strukturplan und dem
gewünschten CI des Unternehmens ein Designentwurf. Hierbei
sollte die Realisierbarkeit in HTML bereits berücksichtigt werden, ebenso wie die Abbildung mit Hilfe eines Redaktionssystems.

Nach Abnahme des Entwurfs steht die Realisierung desselben in HTML.

3. Realisierung des Designs in HTML
   Diese wird üblicherweise von der Designagentur ausgeführt. Beachten Sie, dass für diese Aufgabe ein Realisierungspartner festgelegt werden muss, manche Design-Agenturen liefern nur „Screens", also Bilder wie der spätere Auftritt aussehen soll. Die Umsetzung in HTML ist ein nicht zu vernachlässigender Aufwand.
   Ergebnis ist prinzipiell die fertige Website, gefüllt eventuell mit Blindtext für Teile, die mit dem Redaktionssystem gefüllt werden sollen.

4. Einrichtung / Programmierung des Redaktionssystems
   Die technische Agentur richtet das Redaktionssystem so ein, dass Redakteure ihre Inhalte einpflegen können. Dies teilt sich auf in den administrativen Teil (sichtbar nur für Redakteure) und das Front-End, also die Ausgabe der Inhalte im eingerichteten Design, welches für die Öffentlichkeit erreichbar ist.
   Das Front-End basiert auf dem in HTML realisierten Design und wird dort eingebunden. Beachten Sie hierbei, dass Designänderungen in dieser Phase nur noch schwierig realisiert werden können.

5. Abnahme und Einrichtung des Redaktionssystems durch den Auftraggeber
   Es sollte allerdings Raum für letzte Korrekturen bleiben, sowie für Änderungen die meist erst beim Einpflegen der Inhalte auffallen.

6. Einpflegen der Inhalte
   Üblicherweise erfolgt dies durch den Auftraggeber selbst – dabei letzte Korrekturen des Redaktionssystems und dessen Einrichtung.

7. Online-Termin
   Sind alle Inhalte eingepflegt, kann die Site online gehen. Das Projekt ist abgeschlossen.

## 12.1.2
## Fallen in Redaktionssystemen

Die Macht, selbst Dinge zu verrichten, hat auch ihren Preis. Ohne Feedback und Response Management kann die so positive Geschäftsidee ein Bumerang werden. Stellen Sie sich vor, wie Ihr Kunde reagiert, wenn er eine Bestellung durchführt, aber niemand in der Firma auf die E-Mail reagiert. Keine Seltenheit, denn laut Umfragen werden bei mehr als der Hälfte aller deutschen Websites mit E-Commerce bzw. Kunden-Informationsangebot eingehende E-Mails links liegen gelassen. Hier einige Tipps und Tricks für die Einrichtung Ihrer Redaktion, damit sie aktuell und interaktiv bleiben kann.

*Tipps und Tricks*

a) Online-Redakteur

Ein Redaktionssystem ist ein Hilfsmittel zur einfachen und regelmäßigen Aktualisierung der Inhalte Ihrer Website, dennoch sollte mindestens ein dedizierter Online-Redakteur vorhanden sein.

b) Bild- und Textredaktion

In den meisten Print-Redaktionen sind Text und Bild streng voneinander getrennt. Online sind die Ressourcen meist etwas knapper, daher sollte der Redakteur auch im Umgang mit Bildern geübt sein, zumindest aber Bilder in die, im Web üblichen, Formate JPEG und GIF umsetzen können. Ein Bildbearbeitungsprogramm (auch der einfachen Ausführung) gehört zur Standardausstattung eines Online-Redakteur-Arbeitsplatzes.

c) Kenntnisse

Die meisten Redaktionssysteme setzen keine HTML-Kenntnisse beim Redakteur voraus, zumindest nicht für die Erfassung von einfachem Fließtext. Es ist jedoch außerordentlich vorteilhaft, wenn Sie zumindest mit den Möglichkeiten und Limitationen von HTML vertraut sind und Basiskenntnisse der Sprache besitzen, z.B.:

```
<B> <I> <A HREF=http://www.six.de>
```

d) Terminplan

Üblicherweise werden Redaktionssysteme „leer" geliefert. Meistens sieht die Planung vor, dass Sie selbst die Inhalte erfassen können. Berücksichtigen Sie dies im Zeitplan für Ihren Online-Termin.

e) Qualitätskontrolle

Wenn der Zeitplan zur Erstellung Ihrer Software dies zulässt, sollten Sie schon während der Entwicklung Ihr Tool testen, so weit das möglich ist. Dadurch können Ihnen eventuelle konzeptionelle Missverständnisse früh auffallen.

Wenn möglich, nutzen Sie die Zeit um bereits Inhalte in ihr Redaktionssystem einzugeben, das verschafft Ihnen ein wenig Luft zum Online-Start.

f) Finale Testphase

Koordinieren Sie die Tests und lassen Sie genau eine Person Fehler melden, am besten einmal pro Tag, gesammelt und schriftlich. So wird vermieden, dass der gleiche Fehler mehrmals gemeldet wird und es ist für alle Beteiligten leicht nachvollziehbar, ob bestimmte Fehler behoben wurden.

Trennen Sie streng zwischen Fehlfunktionen der Software und konzeptionellen Änderungen.

g) Flexibles Design

Achten Sie darauf, dass Ihr Design für flexible Textlängen ausgelegt ist und mit allen gut aussieht. Oftmals wird ein Design optimiert auf eine bestimmte Textmenge und wird eventuell durch zu viel Text zerstört. In einem Redaktionssystem wird der Inhalt unabhängig vom Design hinterlegt und kann beliebige Längen annehmen.

h) Realistische Platzhalter

Ein Design sollte immer Platzhalter in realistischer Länge enthalten. Beispiel: Wenn Sie ein Design für eine Ansprechpartnerliste vorliegen haben, macht es wenig Sinn für den Namen 3 Zeilen Text vorzusehen.

i) Terminliche Abfolge

Beachten Sie, dass Teile der Programmierung eines Redaktionssystems erst dann beginnen können, wenn das Design abgenommen ist. Verzögerungen in der Designabnahme bedeuten meist auch Verzögerungen für den geplanten Online-Termin.

# 12.2
# Fallen im Projektgeschäft

Ja, Projektmanagement ist ein Geschäft, sogar, laut einem Bekannten, ein Lebensweg. Nun gibt es auf diesem Weg auch einige Fallen, die man tunlichst vermeiden sollte. Hier eine kurze Checkliste mit Lieblingskommentaren zum Thema Projektmanagement.

# 12.2.1
## Checkliste: Fallen im Projektmanagement



1. Zeit ist relativ – Zeit ist Geld
   Im Internet-Business vergeht die Zeit um einiges schneller. Fachleute sprechen davon, dass ein Jahr in der Entwicklung des Internets gleichzusetzen ist mit vier Jahren in der „normalen" Welt. Beziehen Sie diesen Grundsatz in Ihre Überlegungen ein.

2. KISS – Keep it simple and stupid
   Je allgemeiner eine Software geschrieben wird, desto aufwendiger und teurer wird sie. Dabei steigt auch die Realisierungszeit. In manchen Fällen sind viele kleine – hochspezialisierte und einfache – Softwareteile sinnvoller als eine Anwendung, die versucht alle Anforderungen abzudecken.

3. Stufenpläne
   Je höher die Anforderungen an eine Softwareentwicklung, desto mehr Zeit wird für ihre Fertigstellung benötigt.
   Konzentrieren Sie Ihre Anforderungen auf Ihren unmittelbaren Bedarf und sehen Sie weitere Features für eine zweite oder dritte Stufe vor. Auf diese Weise können Sie mit der Software sofort nach relativ kurzer Zeit arbeiten, während die weiteren Features entwickelt werden.
   Achten Sie darauf, dass nach jeder Stufe ein einsatzfähiges Produkt entsteht.
   Informieren Sie Ihren Dienstleister detailliert über die weiteren geplanten Stufen. Eventuell kann dies in die Konzeption der ersten Phase bereits Einzug halten und somit die Erweiterung vereinfachen.
   Am besten entwickeln Sie gemeinsam mit Ihrem Dienstleister diesen Stufenplan, der Ihre Prioritäten und realistische Realisierungszeiträume berücksichtigt.

4. Pflichtenheft
   Stellen Sie sicher, dass Ihr Dienstleister und Sie die gleiche Vorstellung von Ihrem Produkt haben. Ein Pflichtenheft ist für beide Seiten eine verlässliche Referenz.

5. Der Appetit kommt beim Essen.
   Ähnlich ist es auch in der Softwareentwicklung. Manchmal kann man erst während der Realisierung feststellen, dass das eine oder andere Feature überflüssig ist oder fehlt. Sie sollten in Ihrem Budget und Zeitplan genügend Freiräume lassen um spontane Änderungswünsche noch einarbeiten lassen zu können.

6. Konzentrieren Sie sich auf Anforderungen, nicht auf die Realisierung.
   Wichtig für die Softwareentwicklung sind Ihre Anforderungen, also eine Beschreibung, was Ihre Anwendung bieten soll. Wie sie das tut, sollten Sie dem Dienstleister überlassen, schließlich ist die Entwicklung sein täglich Brot. Ein gutes Beispiel hierfür sind Datenmodelle.

7. Technik
   Niemand in der Branche kann Ihnen guten Gewissens garantieren, dass eine bestimmte Technik in zwei Jahren noch Up-to-date sein wird. Verstehen Sie das nicht falsch ... Egal mit welcher Technik Sie heute eine Software entwickeln lassen, sie wird in einigen Jahren sicherlich noch laufen, es wird jedoch wahrscheinlich nicht mehr die eleganteste Art sein, Ihr Problem zu lösen.

8. Zielgruppe
   Legen Sie möglichst am Anfang fest, wer Ihre Zielgruppe sein wird. Sowohl Design als auch Benutzerinterface sollten möglichst gut auf diese Gruppe abgestimmt sein. Was für eine Zielgruppe funktioniert, kann bei einer anderen Ablehnung hervorrufen.

9. Businessmodell
   Weder die beste Technik noch das tollste Design können dafür sorgen, dass Ihre Site Geld verdient. Stellen Sie genaue Businesspläne auf.

10. Ein Internet-Auftritt ist nie fertig
    Das mag vielleicht nicht ganz stimmen, jedenfalls kann er jederzeit erweitert werden. Es gibt keinen Drucklegungstermin, die Auslieferung kann jede Sekunde neu erfolgen und ebenso schnell können Sie neue Features zu Ihrem Auftritt ergänzen.

# 13 Tauwetter



Gesagt ist getan, aber wie geleistet? Genug Plaudereien, lassen wir uns 2 Projekte ansehen um die Bewegmomente besser zu verstehen. In beiden Beispiele geht es darum „typische" Abläufe im Projektgeschäft zu durchleuchten. Bekanntlich spielen bestimmte Faktoren wie Vision, Budget und Zeit maßgebliche Rollen im Projekt-Rollout. Dennoch kommen andere Größenordnungen während der Produktion ins Spiel. Schauen wir uns ein CD-ROM Produktion und ein Internet Marktplatz an. Versuchen wir die jeweiligen Anforderungen an Projektmanagement näher zu analysieren.

## 13.1
## Die Datenbank – CD-ROM

Stellen Sie sich vor, Sie möchten auf spielerische Art Information über Nutzfahrzeuge und deren Service darstellen. Hier handelt es sich um ein relativ trockenes Thema: Anzahl Tonnen & Räder, Motorstärke, Fahrwerklänge, etc. Sicherlich spannend für eine Speditionsfirma mit Interesse an einen Spezialtransporter mit Anhänger oder an einen 32-Tonner. Eins ist klar. Wir haben Tausende von Fahrzeugtypen, Modellen, Daten, etc. Um die Thematik etwas anschaulich für den Zielkreis zu machen, gehören auch ein spielerisches Interface und natürlich eine intuitive Navigation dazu. Weil viele LKW-Händler und Interessenten ältere Computer haben, müsste die Scheibe auf 4 Plattformen laufen: MAC, Power-MACs, Windows 3.11 und Windows 95/98/NT4.0. Die Deadline wird durch eine Beilage zum Sonderheft über das Thema Nutzfahrzeuge vorgegeben. Somit gibt es keine Möglichkeit in Verzug zu kommen. Der Auftrageber ist ein großes Verlagshaus mit eingeübtem Redaktionsteam und stellt ein Budget von maximal DM 62.500 zur Verfügung.

## 13.1.1
## En Route

Somit dürfte die Aufgabe relativ klar sein:

○ Eine Datenbank muss angelegt werden, damit die Menge einzelner Daten in Information fließen kann.

○ Eine Metapher muss geschaffen werden, damit ein Impactfähiges Interface entstehen kann.

○ Einige Zusatzinformationen müssen ebenfalls besorgt werden, damit das Ganze abgerundet wird (z.B. Anfangsanimation, kleine Videoclips, Audiobeschreibungen diverser Fahrzeuge, Bilder der Modelle, ein Kalkulationsmodell für die Kosten des Fahrzeugs, etc.)

○ Eine Kampagne muss entworfen werden, welche das Gesamtkonzept vermittelt und Werbe-Sponsoren das Plazieren von „Anzeigen" auf der Scheibe schmackhaft macht.

Als Technik wählten wir Macromedia Director in Version 6.1 als Entwicklungsumgebung, weil Director durch Lingo-Scripting und individuelle Projektoren Lösungen für alle 4 vorgesehene Plattformen unter Zugriff auf einen zentralen Datenaufbau ermöglicht.

*Abbildung 13.1*
*Ein spielerisches Interface wurde mit der Metapher „Lastwagen fahren macht Spaß" entworfen. Straßenszenen und -Schilder dienten als Menüs und Reklamen*

Hat man als Produzent diese Vision erfasst, muss man dies nur noch dem Auftraggeber vermitteln und durch ihn verabschieden lassen.

Hier entsteht meistens die erste Fallgrube im Geschäft: der Auftraggeber greift oft viel zu spät das Thema auf, um alle diese Raffinessen in Anspruch zu nehmen. Um potenziellen Sponsoren das Konzept zu unterbreiten, muss es mindestens 3 Monate vor dem eigentlichen Beginn der Anzeigen-Verkäufe vorliegen. Dies wiederum setzt voraus, dass eine Vorlaufzeit für die Auswahl der Multimedia Agentur und die nötige Zeit für das Design stattfinden kann. Man merkt schon: die Räder sollen anlaufen, sobald die Idee des Sonderhefts mit CD-ROM geboren ist; nicht kurz bevor das eigentliche Heft in Druck gegeben wird.

Nach der Erstanalyse wurde ein Rollout-Plan für das Projekt festgelegt, wie in der nachfolgenden Gantt-Chart (Abbildung 13.2) dargestellt. Ingesamt sah das Projekt 167 Tage vor, wobei 60 Tage allein für die Auswahl der Multimedia-Agentur benötigt wurden.

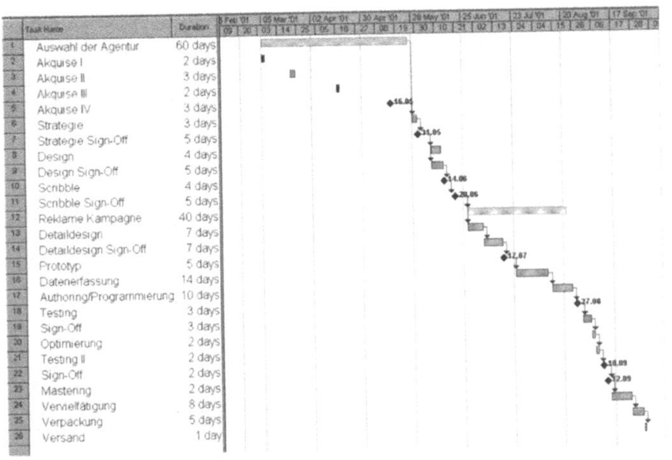

Abbildung 13.2 Gantt-Darstellung des Projekts mit Meilensteinen sind als Diamanten dargestellt. Die Reklame-Verkauf konnte parallel zur Produktion laufen, da die Strategie dafür rechtzeitig im Vorfeld verabschiedet wurde.

Eine Aufsplitterung der Zeit in den Kategorien: Auftraggeber, Akquisition/Strategie/Design, Produktion und externe Vervielfältigung spiegelt die verschiednen Verantwortlichkeiten und Aufgaben sowie den groben Projektablauf wieder. Die nachfolgende Tabelle stellt die somit anfallenden Arbeitstage und prozentuellen Anteil pro Kategorie dar. Wenn man die Partnerauswahlzeit abzieht, dauerte das Projekt insgesamt 105 Tage mit einem Kundenanteil von nur 27 Tagen.

| Gesamtaufwand | Kunde | Akquise/Strategie/Design | Produktion | Extern |
|---|---|---|---|---|
| 167 | 87 | 28 | 38 | 14 |
| 100% | 52% | 17% | 23% | 8% |

Nun schien alles in bester Ordnung. Der geübte Umgang mit der Redaktion machte einen ordentlichen Eindruck:

○ Glücklicherweise konnte relativ schnell ein globales Konzept entworfen und verabschiedet werden.

○ Da die Thematik für die Printausgabe parallel vorbereitet wurde, konnte auf sehr viel Content zurückgegriffen werden. Beispielsweise wurden Sprecher-Texte aus dem Printbereich direkt übernommen, sodass wenig neue Redaktionsarbeit erforderlich war. Ferner war das Bildmaterial für die Printausgabe vorhanden.

○ Ein weiteres Plus lag darin, dass es sogar Daten aus dem vergangenen Jahr mit einer angeblich sicher zu nutzenden Struktur (fertige Datenbank) und einige neuen Daten in der gleichen Struktur vorlagen. Die endgültigen neuen Daten würden während des Projektes in der gleichen Struktur und Datenbankform in Aussicht gestellt. Somit könnte ein Prototyp gleich zu Beginn erstellt und getestet werden. Infolgedessen musste bei Eintreffen der endgütigen neuen Daten theoretisch lediglich die Integrität dieser Daten überprüft und anschließend in den alten Daten ausgetauscht werden.

○ Es wurde über alles offen gesprochen, klare Termine, Meilensteine und Verantwortlichkeiten fixiert, und ein Projektmanager seitens des Verlags (aus dem Redaktionsteam) benannt.

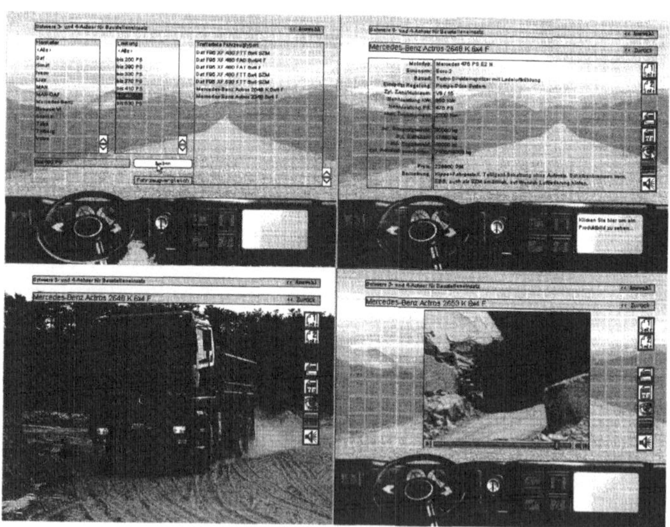

Abbildung 13.3
Intuitive Navigation gekoppelt mit sachgerechtem Einsatz von Medien macht Spaß

## 13.1.2
## Detouren

Wie es häufig vorkommt, weichen Planung und Realität stark voneinander ab. Es stellte sich rasch heraus, dass der Termindruck für das Sonderheft überwiegte und die Koordination seitens des Auftraggebers für die digitale völlig fehlte. Somit kam es zu einigen unerwarteten Problemen:

- Obwohl ein Projektmanager vom Verlag vorhanden war, konnte diese Person weder die anfallende Arbeit erledigen noch die anfallende Probleme lösen. Es fehlte an interner Kommunikationsschienen und Projektmanagement-Kompetenz.

- Der Verlag hatte die Bedeutung von Datenbereitstellung, Datentransfer und Datenbearbeitungszeit falsch eingeschätzt.

- Content. Es konnten keine verlässlichen Angaben über Transfertermine gemacht werden, zu welchem Zeitpunkt also was zur Verfügung gestellt werden sollte. Somit war zu keinem Zeitpunkt nachvollziehbar, ob alle Daten vermittelt wurden bzw. welche ausstanden. Dies führte zu extremen Konflikten, da ständig nur Teile der vorgesehenen Daten flossen. Eklatant war es z.B. mit Bildmaterial. Hier fehlte beinah die Hälfte des Materials bis zum Final-Sign-off, weil keine Listen = Übersicht der zu verwendenden Bilder vom Verlag erstellt wurde. Somit konnten die Redakteure lediglich aus dem Gedächtnis merken, ob etwas fehlte oder nicht.

- Wie üblich waren die Sign-off-Zeiten anfänglich länger, da oft größere firmeninterne Kreise hierfür eingeschaltet werden. Hierfür muss man ausreichende Pufferzeit einbauen. Als Faustregel gilt immer doppelte Länge der intern geschätzten Zeiten. Im Laufe des Projekts werden dieser Zeiten zunehmend kürzer, da alle Beteiligten ihre Aufgabe besser verstehen und einen klaren Überblick über den Stand gewinnen.

- Wahrhaftiger Mehraufwand entstand aus einer völlig unerwarteten Ecke, nämlich mit den neuen Daten. Nicht nur kam es zu erheblichen Verzögerungen in der Bereitstellung der neuen Daten, sondern sie wurden auch in einer total anderen Datenkonfiguration als die „alten" geliefert. Ferner fehlten merkliche Anteile der vorgesehenen Daten. Hierdurch waren ein erneuter Aufbau der Datenstruktur, die erneute Erfassung fehlender Daten, Änderungen im Design und natürlich entsprechende neue Programmierung, erneute Austestung und Optimierung erforderlich.

Ein teurer Spaß, insbesondere wenn man den Termindruck bedingt durch das Deadline für das Sonderheft betrachtet. Zum Schluss entstanden 18 unerwartete Zusatzarbeitstage à DM 1.500, die nur durch Nachschichten und zusätzliches Personal abzudecken waren. Diese Überraschung hätten wir gern vermieden, wenn nur der Auftraggeber Informationen rechtzeitig bekannt gegeben hätte. Hier fehlte es intern an Kommunikation und Klarheit. Alle unser Ansprechpartner verstanden zuwenig über die Datenhaltung und – quelle für das Projekt. Sie beschören, dass sie alles im Griff hatten und bestanden darauf aus Kostengründen die neuen Daten selber zu erfassen. Obwohl wir relativ rasch merkten, dass es schief ginge, hatten wir keine Möglichkeit an die Quelldaten und vor allem an bestimmten „Zubringer-Redaktionsteams" direkt zu gelangen, um das Unheil zu verhindern. Wenn man ein Fazit aus der Geschichte ziehen möchte dann:

○ Alle betroffenen Bereiche im Voraus ins Projekt mit einbeziehen.

○ Klare Bedingungen des Datentransfers, der Dateninhalte und der Datenstrukturen am Anfang fixieren. Dies kontrollieren und durch Probeläufe testen.

○ Nie aufhören, rechtzeitig Ablaufprobleme im Projekt anzusprechen und Lösungen zu suchen.

## 13.2
## Mein Marktplatz

Wenn irgendein Thema zur Zeit alle aus dem Sitz reißen ist es Marktplätze und Portale fürs Internet. Kaum gibt es zur Zeit was kostbares, folgeschweres und gleichzeitig zukunftsträchtiges Unterfangen als ein Portal zu entwickeln. Viele Industrien sehen dadurch eine Absicherung und Erweiterung Ihres Daseins, weswegen Investitionen in Millionen höher hierfür fließen. Schauen wir uns ein Projekt für $5 Million an, um etwas über die Projektmanagement-Aufgaben in dieser Größenordnung zu verstehen. Es handelt sich um einen typischen Marktplatz mit den Funktionen: Magazine, Service, Börse, News, Ratgeber etc. Dabei wurden 36 Mitarbeiter für 5500 Projekttage innerhalb 8 Monate eingesetzt.

# 13.2.1
# Was darf E-Commerce kosten?

Zunächst fragen wir uns, was Internetauftritte überhaupt kosten. Die GartnerGroup hat eine nützliche Analyse im Jahre 2000 zu diesem Thema gemacht. Dabei fragten sie 20 mittlere und große Unternehmen, die Web Sites mit immer mehr als 500 Concurrent User und mehr als 10.000 Web Seiten gelauncht haben. Als Ergebnis kamen drei Kategorien von Webstrategien heraus:

○ Get on the Map:

- Schnell eine Site ins Internet bringen
- Kaum Funktionalität

○ Run with the Pack:

- Dieselbe Funktionalität wie die Hauptmitbewerber
- Keine Differenzierungsmerkmale

○ Market Differentiator:

- Mehr bzw. neue Funktionalitäten als Hauptmitbewerber
- Starke Differenzierung vom Markt

Somit ist alles von statischen HTML-Homepages über schicke dynamisch generierte Datenbank-Applikationen bis hin zum integrierten B2B-Marktplatz berücksichtigt. Laut eine Umfrage wurden dann die Kosten für die Entwicklung der Infrastruktur und Funktionalität der jeweiligen Kategorie ermittelt. Das Ergebnis ist in Abbildung 13.4 dargestellt. Hierbei werden die Folgekosten, die Unterhaltungskosten und Ausbaukosten nicht berücksichtigt.

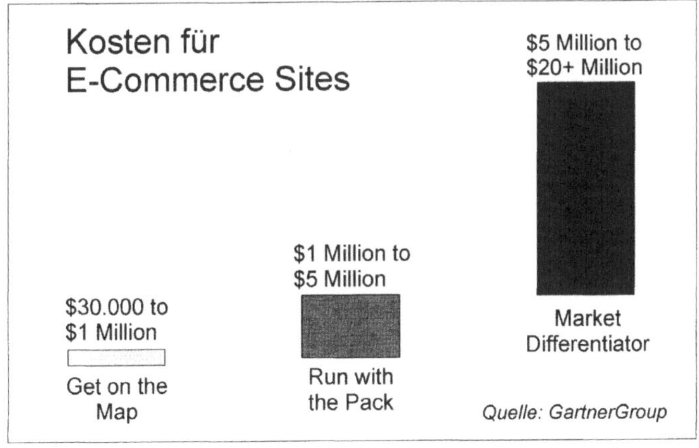


Abbildung 13.4
Je komplexer desto teurer wird der E-Commerce-Spaß. Der Eintritt ist nur die halbe Miete; es folgen die Unterhaltungskosten.

## 13.2.2
## Kostentreiber

An dieser Stelle sprengt es den Rahmen, die Details der Applikation zu erläutern. Ein wichtiger Aspekt davon ist jedoch die technische Architektur, da somit ein klarer Kostenfaktor angesprochen wird. Um ausreichende Flexibilität, Möglichkeit der Upscaling und Performance sicherzustellen, ist es notwendig die Applikationsarchitektur in zweifacher Ausführung für die Site zu halten, damit durch Crashes das System durch die Reserve abgefangen, beliebige Tests gefahren und falls erforderlich Zugriffskapazität blitzartig erhöht werden können. Eine dritte Konfiguration existiert für Weiterentwicklung und Beta-Testing. Eine schematische Darstellung der technischen „Landschaft" ist Abbildung 13.5 dargestellt.

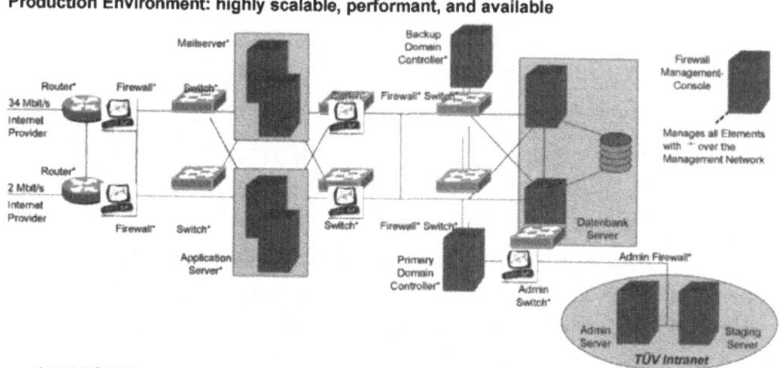



*Abbildung 13.5 Schematische Architektur eines Marktplatzes*

Eine Aufsplitterung der Projektkosten ging klar zu Gunsten des Personals: Während Hard- und Software nur 21% der Kosten betrugen (Standard-Hardware 11%, Standard-Software 10%), nahmen die Personalkosten 79% des Budgets in Anspruch. In dem Personal-Kostenfaktor werden auch die Programmierungskosten für die Customisierung mitkalkuliert, denn dies erfolgt nach Mitarbeiterzeit. Somit kommt man zum typischen 2:1 Kostensplitt zwischen Projektkosten (Individualsoftware) und Betriebskosten (inkl. HW, Standard SW) bemessen über drei Jahre.

Nun stellt sich die Frage, wie kommen diese Kosten zusammen. Generell kann man sagen, dass etwa 5 Hauptfaktor in der Zusammenstellung der Kosten eine Rolle spielen:

○ Zeit
  Je kürzer die vorgegebene Entwicklungszeit, desto mehr Manpower wird benötigt.

○ Risiko
  Je unerprobter eine Software ist, desto höher ist das Risiko.

◯ Infrastruktur
Je größer die Funktionalität, desto umfangreicher und teurer
wird die benötigte Infrastruktur.

◯ Schulung
Je komplexer die Aufgabe, desto mehr Schulung wird notwen-
dig sein, und zwar sowohl für das Projektteam als auch für den
Auftraggeber.

◯ Projektmanagement
Je komplexer die Aufgabe, desto aufwendiger wird das Projekt-
management.

Wenn man alle Faktoren in Betracht zieht, gibt es eine klare
Gewichtung:

◯ Der größte Teil der Kosten entfällt auf die Mitarbeiter

◯ Koordination und stringentes Projektmanagement optimieren
die Ergebnisse

◯ Die Benutzung sogenannter E-Commerce Software Suites im
Vergleich zu E-Commerce Plattformen machte keinen Unterschied in den Aufwänden sowie den Gesamtkosten.

◯ Vielmehr werden diese Kosten durch die anfallenden Aufwände
für die individuellen Anpassungen in Schatten gestellt.

◯ Durchschnittliche Zeit für die Umsetzung der Web Sites war 5
Monate, teilweise betrug die Zeit für die Umsetzung mehr als 1
Jahr

◯ Erfahrungsgemäß wickelt kein Unternehmen sein Projekt in der
geplanten Zeit ab. Dabei spielten die folgenden Faktoren maßgebliche Rollen:

- Funktionsumfang

- Komplexitäten

- Anzahl der Projektmitarbeiter

- Zeitdruck

◯ Die Kostentreiber für Projekte sind:

- Neue Technologien

  – Unbekannt für die Mitarbeiter

  – Teilweise nicht ausgereift

  – Wissen nur sehr schwer verfügbar

- Aufwände

  – Schwer zu schätzen

- Externe Beratungsfirmen

  – Als Technologie Enabler

  – Als Wissensquelle

- Projektplanung

  – Sich ständig ändernde Rahmenbedingen

  – Zeitdruck („3 Monate in der New Economy entsprechen
    1 Jahr in der Old Economy")

  – Flexibilität

Abbildung 13.6 stellt die Projektplanung des Vorhabens dar. Es
wurde für Release I nur 3 vollausgebildete Funktionalitäten vorgesehen, obwohl die Oberfläche und Infrastruktur für weitere Funktionen gleich strukturiert wurden. Es ist noch notwendig interne
Strukturen, z.B. Redaktionsbereiche und Partnerschaften aufzubauen und zu schließen, um diese Funktionen endgültig in Betrieb
zu nehmen.

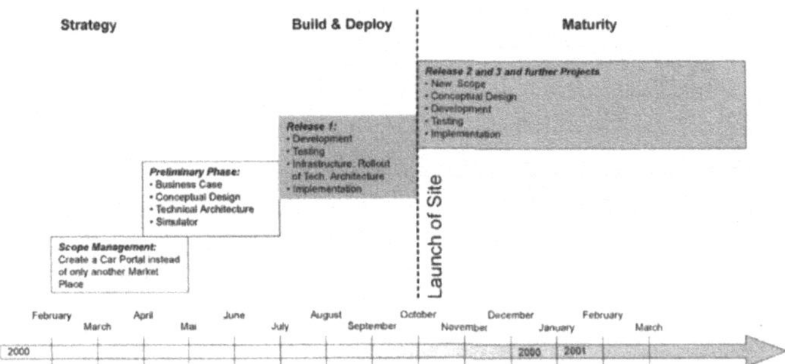


*Abbildung 13.6*
*Gantt-Chart des*
*Projekt-Rollouts*

Aufwände wurden auf Basis der geplanten Funktionalitäten
geschätzt. Dabei wurden die Anzahl und Komplexität der einzelnen
Komponenten zugrunde gelegt. Dazu wurden Aufschläge für
Testing, Management, Infrastruktur und zusätzliche einen Sicher-
heitsaufschlag wegen der Verwendung eines Beta Produktes kalku-
liert. Die Planung sehen wir in Abbildung 13.7.

Wie immer kommt beim Essen der Appetit. Ähnlich lief es bei
diesem Projekt ab. Hat man erst eine klare Vorstellung, wohin die
Reise geht, wurde mit laufender Entwicklung mehr Umfang und
Komplexität gewünscht. Dies liegt auf der Hand und ist darauf
zurück zu führen, dass kaum einer auf der Auftraggeber-Seite sich
das Ganze auf Anhieb vorstellen konnte bzw. die Konsequenz einer
Entscheidung erst später wahrhaftig verstand.

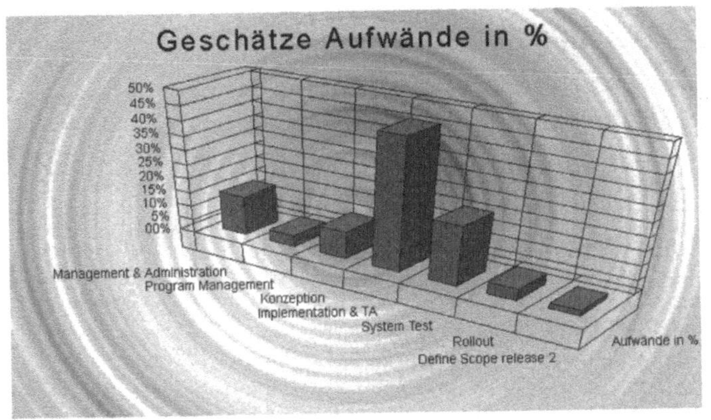


Abbildung 13.7
Geplante Auftei-
lung des Arbeits-
aufwands für den
Marktplatz

Mehr Aufwände entstanden vor allem in den Bereichen Projektmanagement, Programm-Management und Implementierung. Die Verteilung der Aufwände bewegt sich in derselben Größenordnung bei
Schätzung und angefallenem Aufwand.

Durch die hinzugekommenen Funktionalitäten ist verständli-
cherweise der meiste Mehraufwand im Bereich der Implementierung und technischen Architektur aufgetreten. Der Breakdown des
Mehraufwands ist in Abbildung 13.8 dargestellt.

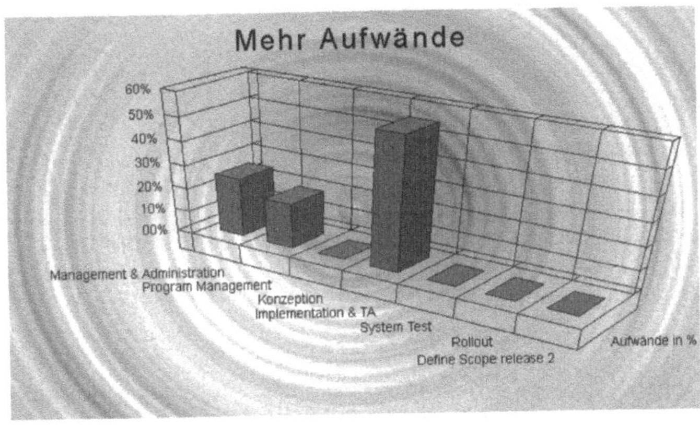


Abbildung 13.8
Durch Erweite-
rung des Kon-
zepts im Laufe
der Entwicklung
kam es zum
Mehraufwand.
Die Aufsplitte-
rung 44% für
Planung und
Beratung und
56% für Imple-
mentierung ist
branchenentspre-
chend

Betrachten wir die Aufwandtreiber in jeder Kategorie können wir
folgende Posten identifizieren:

○ Aufwandstreiber im Projektmanagement

  • Mehrfache Projektneuplanung durch Scope-Erweiterung

  • Sicherstellen der Rahmenbedingungen durch Scope-Mana-
    gement

- Motivationsmanagement im Entwicklungsteam aufgrund kurzfristiger Plan-Änderungen

- Schnittstellenmanagement

○ Aufwandstreiber im Programm Management

- Erweiterung des Aufgabenspektrums

- Einbindung externer Technologiepartner

- Koordinierung der übergreifenden Maßnahmen

- Festlegung des Scope für Release 2

○ Aufwandstreiber in der Implementierung

- Neu hinzugekommene Funktionalitäten

- Definierte Schnittstellen wesentlich komplexer als geplant

- Neu hinzukommende Schnittstellen

- Beta Version des Basis Produktes (Commerce Server 2000)

- Erweiterung der Infrastruktur

- Aufbau der Gesamtapplikation als Portalplattform

○ Im Rollout konnten die Aufwände verringert werden

- Verlagerung in den Betrieb

- Anfertigung von Drehbüchern

- Begleitung der Arbeiten

## 13.2.3
## Ein Tag wie Jeder Andere

Das beschriebene Projekt war typisch in vielerlei Hinsicht. Zum Abschluss betrachten wir die Schlüssel-Subfaktoren in den 5 Hauptfaktoren Zeit, Infrastruktur, Schulung, Risiko und Projektmanagement.

○ Zeitfaktor:

- Projektlaufzeit Konzeption und Implementierung: 4 Monate

- Gesamtprojektlaufzeit (inkl. Vorphase): 6 Monate

- Zeitdruck

○ Infrastruktur

- Aufteilung von Projektkosten (Individualsoftware) und Betriebskosten (inkl. HW, Standard SW): 2 : 1 über drei Jahre

- Aufbau von insgesamt 3 Umgebungen

○ Schulung und Risiko

- Beta Produkt des Commerce Servers (Neue Technologien)

- Zusammenarbeit mehrerer Parteien und externer Berater

- Unbekannte Vorgehensweise bei der Implementierung

- Sich ändernde Rahmenbedingungen erforderten ständiges lernen

○ PM

- Projektmanagementaufwendungen machten 26 % der Gesamtaufwendungen aus

- Sich ständig ändernde Rahmenbedingungen erforderten dauernde Neuplanung

- Koordinierung der Kundenwünsche und der Zusammenarbeit der beteiligten Parteien

Natürlich kann man sagen, das Projekt sei nicht ausreichend vordefiniert gewesen und somit sind die Zusatzkosten und mehr Aufwände entstanden. In der Realität jedoch geht jeder neuer Auftraggeber an seinen Marktplatz mit den gleichen Voraussetzungen und somit mit ähnlich zu erwartenden (Fehler-)Quoten in Entscheidungsfindungen, klaren Rahmenbedingungsdefinitionen und sequenziellen Abläufen bei der Zusammenarbeit. Sehr erfahrene Multimedia-Agenturen, die bereits ähnliche Applikationen entwickelt haben, dürften im Wiederholungsauftragsdurchlauf vielleicht 10%, maximal 15% der mehr Aufwand vermeiden können. Der Rest der Kosten entsteht durch organisches Wachstum und ist somit kaum zu vermeiden. Ein wichtiger Faktor dabei ist der Zeitdruck. Meistens haben die Auftraggeber Monate, wenn nicht 1 Jahr Vorlaufzeit mit internen Überlegungen verbracht. Nun ist der Groschen gefallen und sie erwarten die Applikation „auf Knopfdruck". Seien wir nun mal ehrlich; wie viele komplexe Neuentwicklungen hat Ihre Organisation in den letzten 5 Monaten von A-Z fertig gebracht?

# 14 Best Practice bei Multimedia Projekten



*- Although the last, not least*
*- Obwohl der Jüngste, nicht der Geringste*

## 14.1 Was können Qualitätsmanagementsysteme leisten?

Ein Projekt durchzuführen ist die eine Sache, es so zu Ende zu bringen, dass alle Beteiligten, insbesondere die Kunden, zufrieden sind, eine andere. Kein, wie auch immer geartetes, System kann den Erfolg eines Projektes garantieren. Zu viele Unwägbarkeiten, zu viele Schnitt- und damit Bruchstellen sind in einem Multimediaprojekt enthalten. Wesentliche Ursache dafür ist das Zusammenwirken von Fachleuten aus den unterschiedlichsten Bereichen mit unterschiedlichen Sprachen. Nach Peter Weidermann von Andersen Consulting hängt der Erfolg eines Multimedia-Projekts im Wesentlichen vom Zusammenwirken der Business-, Publishing-, Marketing- und IT-Skills ab. Als „The Fifth Skill" bezeichnet Weidermann die Fähigkeit, die vier Welten miteinander zu verbinden (Weidermann, Peter: Strategie und Beratung, in: Merx, Oliver (Hrsg.): Qualitätssicherung bei Multimedia-Projekten, Berlin, 1999, S. 151 ff.).

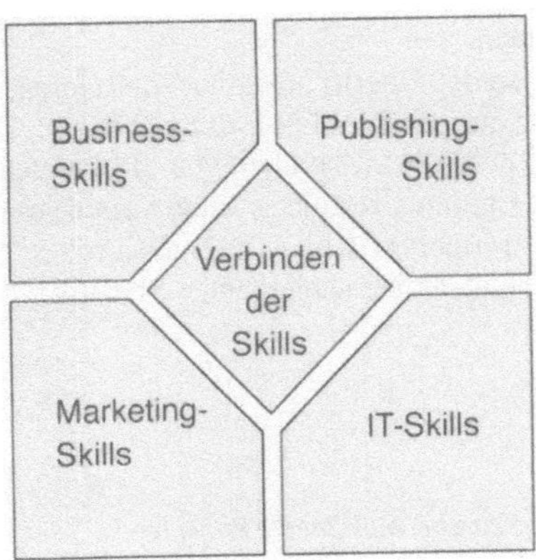


*Abbildung 14.1 Multimedia-Projekte verbinden vier Skills miteinander.*
*Die Fähigkeit dazu ist „The Fifth Skill" (Quelle: Merx, Oliver: Die Digitale Branche rüstet nach, in: Qualität und Zuverlässigkeit 12/1999, S.1521)*

Auch Systeme zur Qualitätssicherung, sog. Qualitätsmanagementsysteme (QMS), können den Erfolg eines Multimedia-Projektes, anders als der Name es möglicherweise suggerieren mag, nicht garantieren. Ihre Aufgabe ist es – und hierfür sind sie unverzichtbar –, dem Kunden ein höchstmögliches Maß an Sicherheit zu geben, dass er die gewünschte Qualität bekommt. Denn qualitativ hochwertige Arbeit wird vom Kunden verlangt und als selbstverständlich vorausgesetzt. Qualitätsmanagementsysteme sind als Maßnahmen zur Qualitätssicherung für Produzenten und Dienstleister daher ein wesentliches Instrument zur Kundenbindung, signalisieren sie doch, dass alle erdenkbaren Anstrengungen unternommen werden, das erreichte Qualitätsniveau mindestens zu halten. Gleichzeitig sind sie ein wesentliches Instrument zur Reduzierung von Fehler- und Haftungsrisiken.

Im Multimediabereich sind QMS für den Kunden darüber hinaus ein wesentliches Hilfsmittel bei der Auswahl des Partners. Ihr dokumentierter und nachgewiesener Einsatz ist eines der wenigen, vielleicht das einzig verlässliche Hilfsmittel, um sich in einem boomenden Markt mit immer neuen Anbietern, Produzenten, jungen, unerfahrenen Firmen und mit sich ständig verändernden Produktionsverfahren zurechtzufinden.

## 14.2
## Was ist Qualität?

Der sinnvolle Einsatz eines Qualitätsmanagementssystems setzt einen wesentlichen Schritt voraus: Es muss geklärt sein, was der Kunde unter Qualität versteht. Während der eine höchsten Wert auf eine nach seinem Verständnis geniale grafische Oberfläche legt, ist Qualität für den anderen höchstmögliche Datensicherheit, ein Aspekt, der im E-Commerce-Bereich von immenser Bedeutung ist. Qualität kann aber auch schnellstmöglichste Ladezeiten oder ein hohes Maß an Interaktivität bedeuten und natürlich auch eine Kombination verschiedener Elemente, die sich womöglich gegenseitig ausschließen.

*Qualität muss man definieren*

Will man den Begriff „Qualität" definieren, kann man sich an die Definition aus der DIN EN ISO 8402 halten. Dort heißt es:

„Qualität ist die Gesamtheit von Merkmalen einer Einheit bezüglich ihrer Eignung, festgelegte und vorausgesetzte Erfordernisse zu erfüllen." (Graebig, Klaus, DIN Deutsches Institut für Normung (Hrsg.): Qualitätsmanagement, Statistik, Umweltmanagement:

Anwendungshilfen und Normensammlung, Berlin u.a. 1998, Teil B/C, DIN 8402, S. 3)

Diese Definition zeichnet sich dadurch aus, dass sie Qualität nicht nur auf Produkte, sondern auch auf Dienstleistungen ausdehnt. Erreicht wird dies durch den Begriff „Einheit", der offen lässt, was hier eigentlich qualitativ hochwertig realisiert wurde. Gleichzeitig ist hier der Blickwinkel des Kunden in die Definition eingeführt: Die Einheit (also die zu erbringende Leistung, sei es ein Produkt, eine Dienstleistung oder eine Kombination beider) hat bestimmte Erfordernisse zu erfüllen, und diese Erfordernisse werden im Regelfall vom Kunden oder vom Markt definiert. Die wesentlichen Merkmale dieses Qualitätsbegriffes sind also:

- ○ Kundenorientierung

- ○ Anwendbarkeit auf ein Produkt

- ○ Anwendbarkeit auf eine Dienstleistung

- ○ Anwendbarkeit auf eine Kombination
  aus Produkt und Dienstleistung

Es ist dennoch nicht zu übersehen, dass diese Qualitätsdefinition ausgesprochen abstrakt ist und im Alltag der Multimediaproduktion nicht weiterhilft. Beispielsweise fehlt ein Verweis auf die Abhängigkeit der zu erreichenden Qualität von der menschlichen Interaktion. Im Grunde genommen sagt DIN EN ISO 8402 nichts anderes aus als: „Qualität ist gegeben, wenn der Kunde zurückkommt, und nicht das Produkt." Was unter Qualität zu verstehen ist, muss in jedem Einzelfall neu definiert werden.

# 14.3
# Kundenerwartungen vs. Leistung

Das Erfordernis, für jedes Projekt die erwartete Qualität und damit die Kundenanforderungen und -erwartungen neu zu definieren, gilt in ganz besonderem Maße im sich schnell wandelnden Multimediamarkt. Hier sind die Kunden mangels Fachkenntnis oftmals gar nicht in der Lage, ihre Qualitätsansprüche und ihre Anforderungen genau zu benennen. Zumeist fehlt auf Kundenseite schlicht die Fachkenntnis über einsetzbare Technologien, über die Möglichkeiten und natürlich auch Kosten von Multimedia-Produktionen. Mag die typische Kundenerwartung – beispielsweise bei einem Internet-Projekt – auch über die Aussage „Machen Sie mir eine schöne neue

Homepage" hinausgehen, Anforderungen, wie Einmaligkeit, Fehlerfreiheit, guter Service etc. sind als Grundlage für eine erfolgreiche Partnerschaft auch nur bedingt geeignet. Wesentliche Basis für die Qualität der zu leistenden Arbeit ist es also, schon im Vorfeld die Kundenanforderungen und -erwartungen, aber auch den Kenntnisstand des Kunden hinsichtlich der Möglichkeiten, Technologien und Kosten in Erfahrung zu bringen und entsprechend zu agieren. Eine qualifizierte Beratung mit greifbaren Ergebnissen macht dabei einen wesentlichen Bestandteil des Qualitätsanspruches eines Multimedia-Produzenten aus.



Geht die im Rahmen des Projektes dann erbrachte Leistung über die Anforderungen und Erwartungen des Kunden hinaus, wird also ein „Extra" geliefert, so kann dies ein Mehr an Qualität bedeuten und genau jenen Kick ausmachen, der dem Kunden Begeisterung abnötigt – jene Begeisterung, die für die Kundenzufriedenheit noch mehr Bedeutung hat als die Erfüllung der Anforderungen. Genauso leicht aber kann dieses „Extra" auch eine mindere Qualität aus Kundensicht bewirken. Eine längere Garantiezeit als die gesetzlich vorgeschriebene ist kein Muss, aber ein erfolgversprechendes Instrument zur Förderung der Kundenzufriedenheit. Bei einem Auto ist eine bessere Ausstattung zum gleichen Preis durchaus willkommen, ein stärkerer Motor dagegen schon zweischneidig: Er kann die Begeisterung erhöhen, kann aber auch negative Reaktionen hervorrufen, wenn dadurch Spritverbrauch und Folgekosten höher werden. Ähnlich ist es bei Internetauftritten. Wenn die Kundenerwartung „schnelle Ladezeiten" ist, ist ein besonders aufwendig gestalteter Webauftritt aus der Sicht des Grafikers möglicherweise schöner und qualitativ hochwertiger, nicht aber aus der Sicht des Kunden, wenn der Ladevorgang dadurch länger dauert. Aus dem vermeintlichen „Mehr" an Qualität ist so unversehens ein „Weniger" geworden. Die genaue Planung eines Projektes gemeinsam mit dem Kunden ist der einzige Weg, am Ende auch jene Qualität abzuliefern, die der Kunde will – und darüber hinaus auch noch das Sahnehäubchen zu finden, das die Begeisterung erhöht. Ein in Multimediakreisen sehr beliebter Cartoon zeigt besser als Worte, wie wichtig sowohl „The fifth skill" als auch die intensive Kundenkommunikation für die Qualität eines Projektes sind.

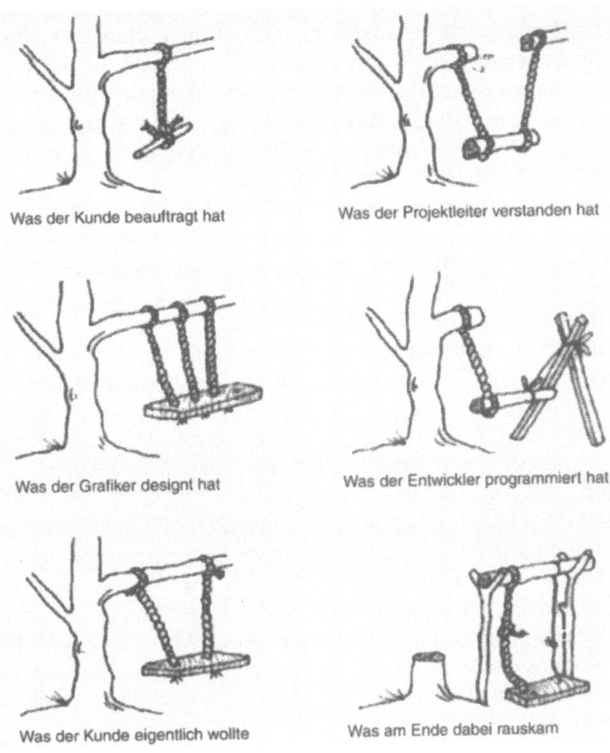



## 14.4
## Warum Qualitätssicherung?

Qualitätsmanagement und Qualitätssicherung setzen also schon beim ersten Anzeichen eines sich anbahnenden Multimedia-Projektes ein. Während das Qualitätsmanagement sich dabei auf die Organisation der Arbeit bezieht, ist Qualitätssicherung produkt- und produktionsbezogen. Beide sind eng miteinander verknüpft und beziehen sich als Umsetzungs- und Dokumentationsprozesse auf eine gemeinsame zentrale Fragestellung:

Wie kann sichergestellt werden, dass der Kunde die gewünschte Qualität bekommt und dass Qualitätsstandards eingehalten werden?

Nach DIN EN ISO 8402 umfasst Qualitätssicherung

„alle geplanten und systematischen Tätigkeiten, die innerhalb des Qualitätsmanagementsystems verwirklicht sind und die wie erforderlich dargelegt werden, um angemessenes Vertrauen zu schaffen, dass eine Einheit die Qualitätsanforderung erfüllen wird." (Graebig, Klaus, DIN Deutsches Institut für Normung (Hrsg.): Qualitätsmanagement, Statistik, Umweltmanagement: Anwendungshilfen und Normensammlung, Berlin u.a. 1998, Teil B/C, DIN 8402, S. 16).

Aufgabe eines Systems zur Qualitätssicherung ist es also in erster Linie, einen Vertrauensvorschuss für die zu erbringende Leistung zu sichern. Dies ist in der Tat ein wesentlicher Grund für ein Unternehmen, Instrumente zur Qualitätssicherung nicht nur einzuführen, sondern sie auch zertifizieren und ihre Anwendung regelmäßig überprüfen zu lassen. Vor allem aber müssen Instrumente zur Qualitätssicherung von den Mitarbeitern gelebt und kritisch hinterfragt werden, sonst entsteht ein starres, letztlich unbrauchbares System.

Wie oben bereits erwähnt, liegt ein weiterer Grund für die Einführung eines Systems zur Qualitätssicherung in der Minimierung der Fehler- und Haftungsrisiken. Strukturiert durchgeplante und ablaufende Prozesse tragen dazu bei, potenzielle und tatsächlich auftretende Fehler frühzeitig zu entdecken und leisten so einen Beitrag zur Kostenminimierung. Je später ein Fehler in einem Produkt oder einer Dienstleistung entdeckt wird, desto teurer ist es, ihn zu beheben.

| Ermittlung und Vermeidung potentieller Fehler | | Entdeckung und Beseitigung interner Fehler | | Entdeckung und Beseitigung externer Fehler |
|---|---|---|---|---|
| | | | | 1000,- |
| | | | 100,- | |
| | | 10,- | | |
| 1,- | | | | |
| Produktentwicklung | Prozeßplanung | Beschaffung | Fertigung | Nutzung |
| **Hersteller** | | | | **Kunde** |

Abbildung 14.3 Je später ein Fehler entdeckt wird, desto länger dauert es und desto höher sind die Kosten, ihn zu beseitigen. (Quelle: Merx, Oliver: Einsatz von QS-Werkzeugen, in: Qualitätssicherung bei Multimedia-Projekten, Berlin 1999, S. 53)

Weitere gute Gründe, ein Qualitätsmanagementsystem einzuführen, sind der dadurch entstehende transparente Aufbau und Ablauf,
ohne den insbesondere Großprojekte mit vielen, zum Teil externen
Mitarbeitern, nicht zu bewältigen sind. Diese Transparenz schafft
Synergieeffekte, da sich Erfahrungen leichter auf andere, neue Projekte übertragen lassen und ermöglicht es, ein begonnenes Projekt
durch andere Mitarbeiter fortführen zu lassen. Darüber hinaus ist
der Nachweis, nach international geltenden Standards zu arbeiten
mittlerweile auch im New Media Bereich oftmals Voraussetzung
für die Vergabe eines Auftrags. Nicht zuletzt schaffen standardi-
sierte Abläufe zusätzlichen Freiraum für die kreativen Leistungen,
die den Kern eines Multimediaprojektes ausmachen.

## 14.5
## Instrumente der Qualitätssicherung

Es gibt eine Vielzahl von Instrumenten zur Qualitätssicherung, die
zumeist nur bestimmte Bereiche des Produktionsprozesses betreffen. Das bekannteste ist wahrscheinlich die Software Quality
Assurance-Richtlinie (SQA), mit der die Erstellung des Anforde-
rungsprofils und der Dokumentationsprozess bei der Softwareentwicklung geregelt werden. Branchenneutrale Tools zur Qualitätssicherung sind etwa das Quality-Function Deployment (QFD), die
Failure Mode and Effects Analysis (FMEA) und der Fehler-Beseiti-
gungs-Prozess (FBP). Sie greifen (nacheinander) in unterschiedlichen Phasen des Projektablaufes und sind auf die unterschiedlichen
Anforderungen des jeweiligen Produktionsabschnittes abgestimmt.

   Mit der Einführung eines Qualitätsmanagementsystems alleine
ist es noch nicht getan. Im Sinne des „Tue Gutes und Rede darüber"
betont Dirk Buddensiek von Aperto Multimedia zu Recht, „Kun-
denorientiertes Arbeiten macht Transparenz und Darstellung eines
Qualitäts-Management-Systems (QMS) nach außen notwendig."
(Buddensiek, Dirk: ISO 9000 und Neue Medien – Veränderte
Bedingungen in der Multimedia-Branche, in: Merx, Oliver (Hrsg.):
Qualitätssicherung bei Multimedia-Projekten, Berlin, 1999, S. 289)

   Hierfür empfiehlt es sich, das Qualitätsmanagementsystem nach
einer international anerkannten Norm einzuführen und zertifizieren
zu lassen. Für den Multimedia-Bereich ist hier die ISO 9001 am
besten geeignet, da sie von allen ISO 9000 ff-Normen das breiteste
Spektrum abdeckt.

|          | Design | Entwicklung | Produktion | Montage | Wartung |
|----------|--------|-------------|------------|---------|---------|
| ISO 9001 | x      | x           | x          | x       | x       |
| ISO 9002 |        |             | x          | x       | x       |
| ISO 9003 | x      |             |            | x       |         |

Die Zertifizierung eines QMS nach ISO 9000 ff ist für den Kunden ein verlässliches Signal, dass das Multimedia-Unternehmen Instrumente zur Qualitätssicherung einsetzt und bereit ist, die entsprechenden Arbeitsweisen regelmäßig überprüfen zu lassen. Da die ISO 9000 ff ein international akzeptierter Standard für Unternehmen aus Industrie und Dienstleistung ist, können auf diese Weise Berührungsängste abgebaut werden. Nicht zuletzt verschafft die nach ISO 9000 ff erforderliche Dokumentation der Projekte dem Kunden Unabhängigkeit, kann er doch das Projekt weitergeben oder selbst übernehmen, ohne bei Null anfangen zu müssen.

Festzuhalten ist: Den Prozessnutzen und die Qualitätssicherheit bieten Instrumente zur Qualitätssicherung auch unabhängig vom ISO 9000-Zertifikat. Aber erst die Zertifizierung macht den Arbeitsprozess der Firma auch für den Kunden transparent und verschafft dem Multimedia-Unternehmen – nicht zuletzt wegen der internationalen Akzeptanz und Anwendung – den notwendigen Vertrauensvorschuss.

## 14.6
## Wo greifen Qualitätsmanagementsysteme?

Im Managementsystem eine Multimediaprojektes können alle Tätigkeiten als Prozesse zur Erreichung von Zielen angesehen werden. Dabei ist zwischen Kernprozessen und unterstützenden/begleitenden Prozessen zu unterscheiden.

○ Kernprozesse bringen direkten Kundenutzen und führen zur Kundenzufriedenheit.

○ Unterstützende Prozesse sind aus unternehmerischen, organisatorischen und qualitätstechnischen Gründen erforderlich. Sie begleiten und steuern die Kernprozesse.

Zu den Kernprozessen gehören insbesondere alle schöpferischen Arbeiten eines Multimediaprojektes, namentlich grafische Arbeiten und Programmierung. Es ist nicht Sinn und Zweck eines Qualitätsmanagementsystems, diese kreativen Arbeiten zu reglementieren oder zu normieren. Ein QMS soll vielmehr zusätzliche Freiräume für die Kreativität schaffen, indem es technische Arbeiten und administrative Abläufe standardisiert, wodurch sie nicht nur leicht nachvollziehbar werden, sondern auch – wenn sie allen Beteiligten in Fleisch und Blut übergegangen sind – mit wesentlich weniger Zeitaufwand abzuwickeln sind. Aus diesem Grund greift auch jene Kritik zu kurz, die vor allen Versuchen warnt, Kreativität zu normieren. Es gibt keinerlei Zweifel darüber, dass dies nicht nur nicht gewollt, sondern schlichtweg unmöglich ist. Eine Normierung – etwa nach ISO 9000 – bezieht sich nicht auf die kreativen Prozesse, sondern allein auf die begleitenden Arbeitsprozesse. Sie kann also auch in rein kreativen Berufsfeldern wie etwa der Werbung angewandt werden – und erst recht in Multimedia-Projekten mit ihrem hohen IT-Anteil, ist doch in der Software-Entwicklung das Arbeiten nach standardisierten Richtlinien wie etwa der SQA (Software Quality Assurance) fast schon eine Selbstverständlichkeit. Kurz: Qualitätsmanagement entscheidet nicht darüber, ob die Grafik schön im landläufigen Sinne ist, ob sie ästhetischen Anforderungen genügt. Qualitätsmanagement trägt dazu bei, dass am Ende des Projektes ein Ergebnis steht, das den Vorstellungen des Kunden entspricht und dem Multimedia-Produzenten einen wirtschaftlichen Erfolg sichert.



## 14.6.1
## Gliederung eines Multimedia-Produktionsprozesses

Jedes Multimedia-Projekt besteht aus mehreren Schritten, die zum Teil parallel ablaufen und zum Teil hintereinander abgearbeitet werden. Um sicherzustellen, dass am Projektende ein Ergebnis steht, das den Vorstellungen des Kunden entspricht, ist es unerlässlich, schon zu Projektbeginn diese Vorstellungen genauestens zu definieren und darüber ein Einverständnis zwischen Kunde und Produzent herzustellen.

Für die Qualität des Ergebnisses sind also die ersten drei Phasen – Kundenanfrage, Projektaufnahme und Projektkonzeption – von entscheidender Bedeutung. Gleichzeitig fallen in diesen Phasen alle relevanten organisatorischen und kaufmännischen Soll-Daten an, die im Laufe des Projektes den Vergleich mit den tatsächlich anfallenden Ist-Daten und somit ein sinnvolles Projektcontrolling mit entsprechenden Eingriffsmöglichkeiten im Sinne der Projektsteuerung und der Qualitätssicherung ermöglichen.



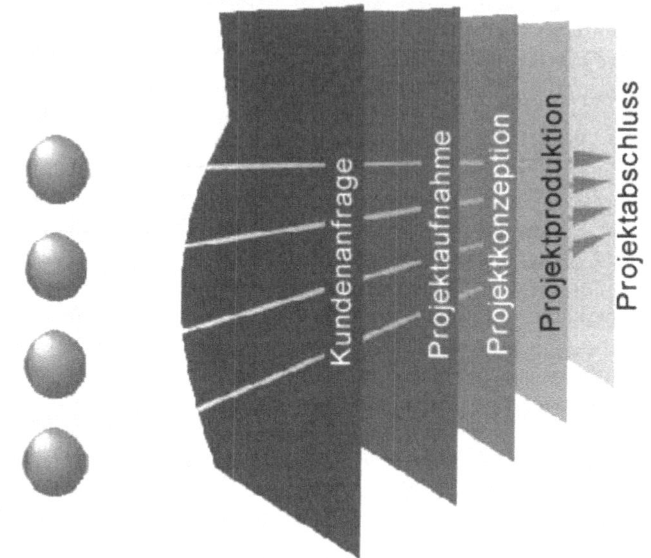



## 14.6.2
## Kundenanfrage

Die Produktion und deren Ablauf ist nicht allein vom Inhalt der Anwendung abhängig, sondern auch von der Art der technischen Umsetzung, dem Grad der Interaktivität, dem Zielmedium, der Heterogenität der zu erstellenden Produkte und der Komplexität des Produktionsvorganges. Eine ausführliche Kundenanfrage – oder zielgerichtete Nachfrage des Produzenten – ermöglicht es, einen Großteil dieser Angaben schon zum frühstmöglichen Zeitpunkt der Zusammenarbeit zu machen. Nicht zuletzt ermöglichen diese Angaben erst die Erstellung eines fundierten Angebotes, eines ersten Konzeptes und eines Pflichtenheftes, worauf alle an der Herstellung Beteiligten im Laufe der Produktion Bezug nehmen können. Somit ist in dem Moment, in dem der Vertrag unterschrieben wird, schon ein wesentlicher Teil des Projektes abgeschlossen.

Um im Verlauf dieser Phase zu einem Ergebnis zu kommen, auf dem das Projekt sicher aufbauen kann – oder auch, um rechtzeitig zu erkennen, dass die Basis für eine erfolgreiche Projektabwicklung

*Projektabwick-
lung nur mit Work-
flow*

fehlt –, empfiehlt es sich, einen Workflow zu erarbeiten, aus dem die aufeinander folgenden Schritte und Entscheidungen hervorgehen.

Aus diesem Workflow ergibt sich eine Checkliste als roter Faden zur Bearbeitung der Kundenanfrage, die etwa folgendermaßen aussehen könnte:

○ Entspricht die geforderte Leistung unserem bisherigen Leistungsspektrum?

○ Handelt es sich um einen bereits bestehenden Kunden?

○ Würde uns die Erfüllung der geforderten Leistung technisch, künstlerisch oder unternehmerisch weiterbringen?

○ Ist durch diese Anfrage unsere Kreativität gefordert?

○ Ist der Kunde für Folgeaufträge interessant?

○ Ergeben sich aus der Durchführung des Projektes Risiken?

○ Ist der anvisierte Auftrag finanziell tragbar?

○ Bestehen freie und nicht genutzte Kapazitäten?

○ Entspricht der Auftrag unseren Leistungen in Bezug auf Technik und Kreativität?

Ein „Nein" bei einer dieser Fragen muss nicht zwangsläufig das Aus für das Projekt bedeuten, genauso wie viele „Ja" nicht automatisch die Projektaufnahme nach sich ziehen. Letztlich kann die Entscheidung durch die Abarbeitung des roten Fadens nur unterstützt, nicht aber automatisiert werden.

Die Daten zu dem anstehenden Auftrag sind so genau und umfangreich wie möglich zusammenzutragen. Nur so kann sichergestellt werden, dass das Angebot und damit die Vertragsgrundlage realistisch ist und das Projekt zu den darin festgelegten Konditionen abgewickelt werden kann. Denn wenn Qualität, wie oben definiert, „die Gesamtheit von Merkmalen einer Einheit" ist, gehören Einhaltung der vereinbarten Projektdauer und des vorgegebenen Kostenrahmens eben auch zu diesen Merkmalen und sind damit wesentlicher Bestandteil der späteren Produkt- oder Dienstleistungs-Qualität. Ganz abgesehen davon, dass nur auf der Grundlage solcher Daten der wirtschaftliche Erfolg für den Multimedia-Produzenten sichergestellt werden kann.

Die zentrale Fragestellung für den Umgang mit einer Kundenanfrage lautet demnach:

*„Wer will was, in welchem Umfang, auf welcher Basis, zu welchen Konditionen?"*

### 14.6.3
### Projektaufnahme



Die Aufnahme eines Projektes ist, wenn alle relevanten und benötigten Daten vorliegen, im Wesentlichen ein administrativer Akt,
der die für den erfolgreichen Ablauf eines Projektes nötige Transparenz erst ermöglicht. In einem Projekt kann man sich nur auf die
wesentlichen Aufgaben und Themen – Teambildung und -motiva-
tion, Kundenzufriedenheit, Kreativität, Innovation etc. – konzentrieren, wenn man die Struktur dafür geschaffen hat. Die Struktur
schaffen heißt: Einen mehrdimensionalen und dynamischen Prozess für andere greifbar machen.

Diese Überzeugung führt zu nichts anderem als der Anforderung, von Beginn an alle anfallenden relevanten Daten, Korrespon-
denzen, Projektschritte und Anforderungen strukturiert, an einem
physikalischen Ort, für alle an dem Projekt Beteiligten greifbar zu
sammeln. So simpel dies klingen mag, aber nur dadurch lassen sich
die notwendige Transparenz und eine sinnvolle Kommunikation
herstellen, nur dadurch wappnen sich die Beteiligten gegen alle
Eventualitäten und nur dadurch wird das Ziel erreicht, Arbeit zu
reduzieren, statt zu vermehren.

Eine sinnvolle Gliederung eines solchen Projektordners könnte
sein:

○ Kundenanfrage

○ Angebotsunterlagen

○ Projektbeschreibung / Projektablaufplanung

○ Teammitglieder

○ Pflichtenheft

○ Projektstatus (fortlaufend)

○ Schriftverkehr

○ Material

○ Angebote und Rechnungen externer Dienstleister

○ Rechtsangelegenheiten

○ Projektabschlussdaten

Als zentrale Fragestellung für die Projektaufnahme ergibt sich
daraus:

*„Wie schaffe ich für die relevanten Daten eines Projektes eine sinn-
volle Archivierungs- und Zugriffsstruktur?"*

## 14.6.4
## Projektkonzeption

In der Konzeption des Projektes werden – neben der inhaltlichen Arbeit – der Ablauf des Projektes, die anfallenden Vorgänge und Teilschritte sowie der sinnvolle Ressourceneinsatz geplant. Diese Planungen sind für den Erfolg des Projektes schon deshalb notwendig, weil nur so alle Beteiligten wissen, wann sie was zu liefern haben. Der Kunde erfährt auf diese Weise, zu welchem Zeitpunkt welche Daten und Materialien beim Produzenten sein müssen, dieser wiederum kann nur so einplanen, wann welche Ressourcen – insbesondere Mitarbeiter, aber auch benötigte Instrumente und Einrichtungen wie Kameras, Schnittplatz, Tonstudio etc. – benötigt werden. Ein detaillierter Ablaufplan macht deutlich, wie einzelne Prozess-Schritte voneinander abhängen und definiert konkrete Milestones. An diesen Punkten wird überprüft, ob die im Projekt gesetzten quantifizierbaren Ziele erreicht werden. Eine fundierte Projektkonzeption ist allerdings letztlich erst mit viel einschlägiger Erfahrung möglich. Der Zugriff auf die Daten vorangegangener, vergleichbarer Projekte erleichtert die Konzeption – und macht dadurch den Wert eines strukturierten Qualitätsmanagements deutlich.

Auch der Projektkonzeption liegt eine Kernfrage zugrunde:

*„Welche Aufgabe wird in welchem Zeitraum von wem realisiert?"*



## 14.6.5
## Produktion

Während der Produktion gilt es, die anfallenden Ist-Daten ständig zu erheben und mit den bekannten Soll-Daten zu vergleichen. Dazu werden in regelmäßigen Abständen vordefinierte Statusberichte erstellt. Sie dienen dem Projektcontrolling als Frühwarnsystem, mit dem mögliche Abweichungen von den erarbeiteten Plänen rechtzeitig erkannt werden können. Qualitätseinbußen können so verhindert oder zumindest minimiert werden.

Der inhaltliche Projektstatus gibt einen Überblick über das bislang Erledigte und über anstehende Aufgaben. Er dient dem Projektleiter als Planungshilfe und erleichtert nicht zuletzt – etwa im Krankheitsfall – eine mögliche Übergabe des Projektes. Im kaufmännischen Statusbericht werden die finanziellen Soll- und Ist-Daten gegenübergestellt. Wenn etwa die grafische Bearbeitung von Bildern oder die Entwicklung des Bedienkonzeptes länger dauert als veranschlagt, schlägt sich dies unmittelbar in den anfallenden

*Ist/Soll Statusvergleich benötigt ein Review-Verfahren*

Kosten nieder, da die beteiligten Teammitglieder länger als vorgesehen in dem Projekt beschäftigt sind und nicht für andere Aufgaben zur Verfügung stehen. Im günstigsten Falle ist aus den inhaltlichen Statusberichten zu entnehmen, wo die Verzögerung verantwortet werden muss. Liegt sie im Kunden begründet – etwa weil Materialien nicht rechtzeitig oder nicht in der vereinbarten Qualität geliefert wurden –, sind die anfallenden zusätzlichen Kosten dem Kunden durch ein Zusatzangebot mitzuteilen. Auf diese Weise ist sichergestellt, dass sie im Rahmen der Rechnungsstellung berücksichtigt werden können.

Den Statusberichten liegen demnach eine ganze Reihe von Instrumenten zugrunde, mit denen die geleistete Arbeit und die angefallenen Kosten erfasst werden. Die Kernfrage der Produktion lautet unter dem Gesichtspunkt des Qualitätsmanagements:

*„Wer hat was gemacht, wie verhält sich die erledigte Arbeit zu den Soll-Daten, weshalb gibt es Abweichungen und wie kann ich eingreifen?"*

## 14.6.6
## Projektabschluss

Zum Abschluss eines Projekts gehört – neben einer anständigen Feier – die endgültige Erfassung der geleisteten Arbeit und der angefallenen Kosten als Grundlage für die Rechnungsstellung. Darüber hinaus ist es für künftige Projekte von großer Bedeutung, die angefallenen Daten und die gesammelten Erfahrungen auszuwerten und verfügbar zu machen. Dies erleichtert die Planung und Konzeption künftiger Projekte, geleistete Arbeit kann zudem zur Grundlage neuer Aufgaben werden. Ein sorgfältig aufbereiteter Datenpool kann darüber hinaus ein wesentlicher Bestandteil des eigenen Marketings werden, da er nicht nur die sich wandelnden Anforderungen des Marktes widerspiegelt, sondern auch die eigenen Leistungen nach außen hin sichtbar dokumentiert. Die eigentliche Bedeutung des Projektabschlusses ist jedoch die Antwort auf die Frage:

*„Was ist gelaufen und was lässt sich langfristig verbessern?"*

## 14.7
## Resümee

Ziel des Qualitätsmanagements bei Multimediaprojekten ist es sicherzustellen, dass vereinbarte Leistungen (und sinnvolle, den

Kundenanforderungen entsprechende zusätzliche Leistungen) in einem vereinbarten Zeitraum und zu vereinbarten Konditionen erbracht werden. Die dabei einzusetzenden Instrumente und Maßnahmen sind variabel und von der Größe und Komplexität des Projektes abhängig. Sie sollten jedoch in jedem Fall nachvollziehbar sein und sind dem Kunden und allen Beteiligten transparent zu machen. Die Standardisierung von projektbegleitenden, unterstützenden, administrativen Prozessen ist ein wesentliches Instrument in dem Bestreben, Arbeit zu reduzieren statt zu vermehren und Freiräume für Kreativität zu schaffen. Die Zertifizierung des eingesetzten Qualitätsmanagementsystems nach einer international anerkannten Norm ist ein Instrument der Vertrauensbildung und signalisiert Zuverlässigkeit nach außen. Kreativität und Innovation allerdings sind durch kein Qualitätsmanagementsystem zu ersetzen.

## Literatur

Graebig, Klaus, DIN Deutsches Institut für Normung (Hrsg.): Qualitätsmanagement, Statistik, Umweltmanagement: Anwendungshilfen und Normensammlung, Berlin u.a. 1998
Merx, Oliver (Hrsg.): Qualitätssicherung bei Multimedia-Projekten, Springer-Verlag, Berlin, 1999
Merx, Oliver: Die Digitale Branche rüstet nach, in: Qualität und Zuverlässigkeit 12/1999, 1521-1524

*Die Autoren*

**Petra Ruder** studierte Betriebswirtschaftslehre in Nürnberg mit den Schwerpunkten Marketing und Wirtschaftspädagogik. Nach einer Marketing-Tätigkeit in der Unterhaltungselektronikbranche arbeitet sie seit 1995 bei der FELDMANN media group AG und ist seit Ende 1996 für die zentrale Projektleitung und die Qualitätssicherung zuständig.

**Heiner Stix** studierte Politikwissenschaft in Münster, Berlin und Erlangen und war anschließend acht Jahre in der Presse- und Öffentlichkeitsarbeit und im Marketing verschiedener Universitäten tätig. Seit Ende 1999 leitet er die Unternehmenskommunikation der FELDMANN media group AG.

# 15 Checkme Checkup

*- Come what come may,*
*Time and the hour runs throught the roughest day.*
*- Komme, was kommen mag,*
*Die Stunde rinnt auch durch den rauhesten Tag.*

**Checkliste: Globale Ziele** *Ziele*

○ Zielsetzung

○ Zielpublikum

○ Inhalt – Tiefe und Breite

○ Art der Didaktik, Gestaltung und Interaktivität

○ Globale Designmerkmale

○ Entwicklungssoftware

○ Fileformate

○ Medium

○ Plattform

○ Zeiträume

○ Budget und Ressourcen

**Checkliste: Zielgruppe** *Zielgruppe*

○ Wie lässt sich die Zielgruppe genauer beschreiben? (Wie viele? Räumliche Distanz)

○ Haben die potenziellen Teilnehmer bereits Erfahrung mit computergestützten Applikationen? Kann man davon ausgehen, dass eine computerunterstützte Lernumgebung (oder andere Medien) bei den Teilnehmern auf Akzeptanz stoßen wird?

○ Ist die Teilnahme an der Weiterbildung freiwillig?

○ Wie motiviert sind die potenziellen Teilnehmer?

○ Welches Vorwissen bringen die Teilnehmer mit? Welche schulische bzw. berufliche Ausbildung haben die Teilnehmer? Sind die Teilnehmer bereits mit anderen Applikationen vertraut?

O Sind die potenziellen Teilnehmer Gruppen- oder Einzelarbeit gewohnt?

O Wie homogen oder heterogen ist die Zielgruppe (z.B. hinsichtlich Alter und Ausbildung, Kultur und Werdegang)?

O Was soll die Zielgruppe am Arbeitsplatz können? (Kompetenzen am Arbeitsplatz)

O In welchen Situationen soll das Gelernte eingesetzt werden? Handelt es sich um Situationen, die im allgemeinen gleich, ähnlich oder sehr verschieden sind?

O Wie erlangen die Teilnehmer Kenntnis von der Weiterbildung? Welche Marketingschritte müssen eingeleitet werden, um ein Bewusstsein für das Programm zu schaffen?



## Checkliste: Präsentation

O Wer benutzt das Programm? (Kunde, Vortragender, Trainer etc.)

O Wie läuft es? (kontinuierlich, situativ)

O Wie wird es präsentiert? (Monitor, Screenprojektion, portables Display)

O Wo wird es installiert? (Lichtverhältnisse, Bewegung, Lärm)

O Welches Niveau der Interaktivität bzw. welche Art der Interaktivität wird benötigt? (editoriell/verlockend, welche Geschwindigkeit, Kontinuität, Homogenität?)

O Welche Charakteristika soll das Interface besitzen? (Screendesign; Hotspots; Cusorform(en); Steuerung: Remotecontrol, Touchscreen, Trackball, Keyboard, Maus etc.; Text/ Menügestaltung; Navigationstools; analoge Metapher(n); didaktische Anwendung von Farbe, Fonts, Video und Audio)

O Wie lange soll Information auf dem Bildschirm stehen? (display time)

O Wie komplex soll der Inhalt sein? (Niveaus, Links, Schlüsselbotschaften)

O Können die Themen (mit Tiefe) skizziert werden?

O Welche vorhandenen Assets können identifiziert, sortiert und zur Verfügung gestellt werden? (Photos, Grafiken, Film/Video, Animationen, Audiomaterial etc. – Copyrights!)

O Welche vorhandenen Inhalte können identifiziert, sortiert und zur Verfügung gestellt werden? (Copyrights!)

O Was ist der Budgetrahmen?

○ Wie ist die zeitliche Produktionsplanung? (Kickoff-Datum und Abschlussdatum; ggf. Phasing)

○ Ist die Planung realistisch?

**Checkliste: Botschaft**


○ An wen richtet sich die Applikation? Handelt es sich um Anfänger oder Fortgeschrittene?

○ Soll Wissen vermittelt werden oder eher Fertigkeiten oder Einstellungen?

○ Wenn Wissen vermittelt werden soll: Ist dieses Wissen bereits systematisches Faktenwissen? Wie komplex ist das zu vermittelnde Wissen?

○ Wenn Fertigkeiten vermittelt werden sollen: Wie lassen sich diese Fertigkeiten genauer beschreiben? Wie komplex sind diese Fertigkeiten? Wie viel und welches Hintergrundwissen ist für die Ausführung dieser Fertigkeiten erforderlich?

○ Wenn Einstellungen vermittelt werden sollen: Wie lassen sich diese Einstellungen konkretisieren?

○ Gibt es einen „Experten", der bereits über die angestrebten Kompetenzen verfügt und sie am Arbeitsplatz umsetzt? Ist ein Idealkonzept formuliert?

○ Was sollen z.B. die Teilnehmer am Arbeitsplatz können, was sie zum gegenwärtigen Zeitpunkt noch nicht können?

**Checkliste: Navigation**


○ Welche dramaturgischen Elemente sollen eingesetzt werden?

○ Wie lange soll die Information erscheinen? (Geschwindigkeit)

○ Wie komplex soll der Inhalt sein?

○ Wie komplex sollen die Bedienungsfunktionen sein? (Datenbankfunktionen, Hypertext, Hypermedien)

○ Wie plausibel sind die Funktionen?

○ Wie intuitiv ist das Verständnis für Orientierung und das sogenannte „Konditionieren" des Benutzers? (das Erlernen wann, wo, wie und was zu tun ist, um an Informationen des Programms zu gelangen)

○ Wie soll ausgewählt werden? (Tastatur, Maus, Trackball, Stichwortverzeichnis, Gesamtindex, Infografik)

○ Bei Tastaturen: Wie verhindert man Fehleingaben?

O Welche Art von Fehlermeldung soll erscheinen? (nur Error, Error mit Begründung, Error mit neuem Auswahlvorschlag)

O Wie kann das System den Benutzer bei seiner Suche sinnvoll unterstützen? (Suchfilter, Fuzzy-Intelligence, Artificial Intelligence)

**Checkliste: Ressourcen**

O Welches Budget steht für die Planung und Durchführung und eventuelle Evaluation der Applikation zur Verfügung?

O Können die Budgets in Phasen aufgesplittert werden?

O Welche technische Ausstattung (vor allem Hardware) ist im Unternehmen bereits vorhanden?

O Welche Kosten fallen an, um die Ausstattung zu ergänzen?

O In welchen Phasen findet die Ausstattung statt?

O Welche Zeitplanung liegt für die Entwicklung vor?

O Wer begleitet welche Phasen?

O Sind die Zeiträume realistisch? Können die Schritte in der vorgesehenen Zeit ausgeführt werden?

O Was passiert bei Pannen, Differenzen und/oder personellen Ausfällen?

O Gibt es fixierte Termine?



**Checkliste: Publishing-Medium**
Bei einem **größeren Programmumfang** gibt es eine Auswahl des Publishing-Mediums. Welcher Weg gewählt wird, hängt von folgenden Überlegungen ab:

O Wer ist die Zielgruppe?

O Wo befindet sich die Zielgruppe?

O Wie ist der Endverbraucher ausgestattet?

O Wie viele Einheiten sollen produziert werden?

O Wie werden die Daten benutzt?

O Wie rasch soll der Zugriff sein?

O Muss eine Datensicherheit gewährleistet werden?

O Sollen die Daten transportabel sein?

O Wie umfangreich ist die Applikation?

O Welche Asset-Medien werden eingesetzt? (z.B. Video?)

O Wie erfolgt die Distribution?

**Checkliste: Publishing-Plattform**

Die Frage nach der Publishing-Plattform richtet sich meist nach folgenden Kriterien:

O Welche Plattform besitzt/benutzt die Zielgruppe?

O Kann der Inhalt auf dieser Plattform vermittelt werden?

O Wird die Applikation multilingual?/multiregional?

O Sind die notwendigen Entwicklungstools und Kenntnisse verfügbar?

O Liegen die Assets für die Plattform vor oder müssen sie adaptiert, verarbeitet und/oder konvertiert werden?

**Checkliste: Systemkonfiguration**

O Wie viel RAM-Speicher braucht meine Anwendung?

O Welche Hardwarekomponenten (mit welcher Leistung) können beim Anwender vorausgesetzt werden?

O Welche Grafikkarte wird verwendet?

O Wie viel Festplattenspeicher muss zur Verfügung stehen?

O Was muss ich an Software zum Abspielen mitliefern?

**Checkliste: Entwicklungstools**

O Ist eine Fernsteuerung durch ein externes Gerät, z.B. durch einen Projektor, vorgesehen?

O Sind Editierungen erforderlich?

O Welche Plattform(en) wurde(n) ausgewählt/sind vorgesehen?

O Welche Performance-Merkmale sind vorgesehen? (schnelle Performance z.B. bei Spielen oder bei großen Multimedia-Bilddatenbanken ist ausschließlich unter Anwendung von Hochsprachen erreichbar)

O Ist eine Datenbankeinbindung vorgesehen?

O Wird das Programm regelmäßig aktualisiert?

O Werden alle Formate und vorgesehenen Medien unterstützt?

O Werden Hypertexte integriert?

O Sollen scriptorientierte oder iconorientierte Tools verwendet werden?

O Ist eine Runtime-Version erforderlich/erhältlich?

O Welchen Installer möchte ich verwenden?

O Welche Treiber und andere Software benötige ich?

O Was kosten die Lizenzen?

## Checkliste: Produktionsphasen

○ Projektdefinition – grob und fein

○ Konzeption/Recherche

○ Storyboarding

○ Medienakquisition (externe Copyrightklärung)

○ Medienerstellung

○ Medienintegration

○ Redigieren, Testen, Optimierung, Endabnahme

○ Mastering, Dokumentation

○ Replikation, Verpackung und Verteilung



## Checkliste: Storyboard

○ Sind die Verknüpfungen zu anderen Screens logisch und sinnvoll?

○ Werden Grafiker und Programmierer ihre Vorgaben nachvollziehen können?

○ Haben die Video- und Audiospezialisten eine Vorstellung
davon, wie viel Arbeit auf sie zukommen wird?



## Checkliste: Standards

○ Erforderliches Screenlayout

- Layoutaufteilung, Größe des Screens

- Lage, Form der Bedienungselemente

- Schriften, Textgestaltung

- Hintergrundgrafiken

- Layoutraster

○ Verwendete Farben, reservierte Farben

○ Bildmaterial:

- Auflösung

- Größe

- Farbtiefe

- Farbseparation

- Konvertierungsfilter

- Speicherformat

- Kompression

- Speichermedium

O Audioqualität

O Videoqualität

O Animationsqualität

O Funktion der Menüs und Bedienungselemente

**Checkliste: Datentransfer-Massenspeicher**

Daten-
speicherung

O Diskette

O Data

O MO

O ZIP

O Syquest

O Exabyte

O Festplatte

O CD-ROM

O CD-ROM-XA

O PhotoCD

O ISDN

**Checkliste: Ergonomie**

Ergonomie

*1. Bildschirm-Displays*

O Sind Schriftgröße, Font und Schriftsatz der Zielgruppe und der Abspielumgebung angemessen?

O Sind die Bildschirm-Displays effektiv?

O Sind die Navigationsinstrumente, Figuren, Layouts etc. proportional richtig für die Bildschirmgröße des Abspielgerätes?

O Wird dem Benutzer ausreichend Zeit gegeben, um die dargebotene Information zu lesen und aufzunehmen?

O Ist der Text für die Zielgruppe verständlich, übersichtlich, geläufig?

O Hat der Text eine nachvollziehbare Gliederung? (Sequenzen von Bausteinen, Einsatz von Überschriften und inhaltlichen Orientierungsmerkmalen, Zusammenfassungen und Advance Organizer)

O Ist die Darstellung im Text stimulierend? (anschauliche Sprache, Denkanregungen)

O Ist das Layout leserlich?

O Ist die Anwendung für die Zielgruppe angemessen?

◯ Dienen sie einer besseren Motivierung?

◯ Sind Inhalt und Darstellungsform verständlich?

◯ Erfüllt das Medium dabei die angestrebten Funktionen? (Motivation, Problemdarstellung, Informationsvermittlung, Übung, Vertiefung, Wiederholung und/oder Erfolgskontrolle)

◯ Wird die Instruktion dadurch effektiver?

### 2. Benutzerfreundlichkeit

◯ Ist leichtes unabhängiges Arbeiten möglich?

◯ Ist das Programm bei normaler Anwendung zuverlässig und sicher?

◯ Sind an angemessenen Stellen effektive Hilfen verfügbar?

Inhalt

## Checkliste: Inhalt

### 1. Umfang/Breite

◯ Ist die Breite des Inhalts der Zielgruppe und ihren Voraussetzungen angemessen?

◯ Entspricht die Breite des Inhalts der Logik des Gegenstands und den Zielen des Programms?

### 2. Tiefe des Inhalts

◯ Ist sie der Zielgruppe angemessen?

◯ Ist sie effektiv?

### 3. Sequenzierung des Inhalts

◯ Ist sie der Zielgruppe angemessen?

◯ Ist sie den Zielen des Programms angemessen?

### 4. Genauigkeit/Korrektheit des Inhalts

◯ Ist der Inhalt korrekt?

◯ Führt der Inhalt zum gesetzten Ziel des Programms?

Text

## Checkliste: Text

◯ Brauche ich editierbaren Text?

◯ Muss ich mit meiner Anwendung Schriften hinzufügen?

◯ Darf ich die gewünschte Schrift kopieren?

◯ Erstellen Sie eine Liste aller Textstellen (Inhalt, Dateiname).

◯ Archivieren Sie den Originaltext.

◯ Speichern Sie den Text in kleinen Abschnitten.

## Checkliste: Bildmaterial

○ Arbeiten Sie nie an den Originalbildern.

○ Überlegen Sie sich ein gutes Ablagesystem.

○ Dokumentieren Sie die Bilder (Inhalt, Größe, Auflösung etc.).

○ Speichern Sie Bilder in der benötigten Auflösung.

○ Verwenden Sie eine Bilddatenbank zur Organisation.

## Checkliste: Schrift



○ Serifen/serifenlose Schrift?

○ Hintergrund bunt oder neutral?

○ Schrift heller oder dunkler als Hintergrund?

○ **Schriftgröße** (Punktzahl) Lesbarkeit? nicht unter 9 Punkte im PC; nicht unter 20 im Fernsehen.

○ **Anti-Aliasing**: Geglättet oder ungeglättet ist eine Stilfrage. Bei Überschriften und großen Schriften sieht es einfach schöner aus.

○ **Weichzeichnen**: Weichzeichnen wirkt etwas verschwommener als Anti-Aliasing; dieser Effekt kann allerdings teilweise durch Nachbearbeitung mit Tonwertspreizung korrigiert werden.

○ **Änderung der Perspektive, Auflösen, Aussparen, Bewegen, Biegen, Extrudieren (3D-Effekte), Hüllen, Kräuseln, Prägen, Schattierungen, Verzerren etc.:** Es gibt unzählige Effekte, die teils an künstlerische, optische Spielereien und teils wirklich ihrem Sinn entsprechend (für die Anwendung) als Veredelung wirken.

## Checkliste: Didaktik (Beispiel Training)



*1. Integration im Lernsystem*

○ Welche Trainingsmaßnahmen (konventionelle und/oder CBT) laufen zur Zeit oder sind geplant?

○ Wie wird das Programm eingesetzt: Soll die geplante Applikation in das bereits vorhandene Schulungskonzept integriert werden oder eigenständig ablaufen?

○ Wie wird die Expertise transferiert? Wer ist dafür verantwortlich? Gibt es eine Zeitschiene für den Transfer?

○ Wurde die Qualität definiert und standardisiert?

○ Wie wird die Expertise geliefert („White Paper", Datenbank, Media)?

○ Wer nimmt die Expertise entgegen und wie wird sie weiter bearbeitet?

O Versteht und akzeptiert das Zielpublikum die Transferinformation?

O Ist der Inhalt in geeigneten Sequenzen für das Zielpublikum aufgeteilt? Für die Ziele des Programmes?

*2. Lernender-Computer-Interaktion*

O Bestehen für den Lernenden ausreichende Möglichkeiten zur Interaktion?

O Gibt es ausreichende Anweisungen, wie man interagiert?

O Fördert die Interaktion das Lernen?

*3. Fragetechnik*

O Ist sie der Zielgruppe angemessen?

O Sind die Fragen dem Inhalt angemessen?

*4. Rückmeldung/Feedback*

O Sind Form und Inhalt der Rückmeldung der Zielgruppe angemessen?

O Nimmt sie Bezug auf das bisherige Antwortverhalten des Benutzers?

O Welche Merkmale können durch die Befragung erfasst werden?

O Ist sie informativ und motivierend?

*5. Verzweigung/Branching*

O Ist eine angemessene Anzahl vorhanden?

O Unterstützen die Verzweigungen individuelle Anwenderbedürfnisse?

O Sind die didaktischen Möglichkeiten, die der Computer bietet, ausreichend genutzt?

O Erfüllen die Hardwarekomponenten die angestrebten Ziele? (Integration von Video, Realtime-Wiedergabe, Tonsynchronisation, Bildqualität)

O Sind die Software-ergonomischen Standards erfüllt? (Wahrnehmbarkeit, Selbstführungsfähigkeit, situative Anwendbarkeit, Fehlerrobustheit, Erlernbarkeit, Benutzerfreundlichkeit etc.)

*6. Kontrollfunktionen*

O Hat der Benutzer ein ausreichendes Ausmaß an Kontrolle über das Programm?

O Welche Kontrollmöglichkeiten sind vorhanden?

○ Wie wird die Applikation akzeptiert?

○ Wie schätzt die Zielgruppe folgende Dimensionen ein:

- Inhalt der Anwendung
- Gestaltung
- Übermittlung der Materie
- Relevanz
- Erfüllung von Erwartungen (Zufriedenheit)
- Belastung (z.B. Über- oder Unterforderung) etc.

○ Welche Änderungsvorschläge kommen von der Zielgruppe?

**Checkliste: Feasibilitätsprüfung = Quality Assurance I**      *Feasibilität*

○ Werden wir es schaffen?

○ Ist die Entwicklung, zeitlich und personalmäßig wie ursprünglich vorgesehen einzuhalten?

○ Kann die Entwicklung in klare Produktionsphasen aufgeteilt werden?

○ Gelingt es, die Anwendungssituationen und den Inhaltstransfer zu gewährleisten?

○ Welche Schritte können in eigener Leistung erbracht und welche müssen durch Outsourcing gedeckt werden?

**Checkliste: Know-how-Transfer**      *Know-how-*
*Transfer*

○ Wie wird die Expertise vermittelt?

○ Wer ist dafür verantwortlich?

○ Welche Zeiträume werden dafür angesetzt?

○ Auf welcher Basis (Format) wird die Expertise vermittelt?

○ In welcher Qualität findet er statt?

○ Wer empfängt die Expertise?

○ Wie wird dieser empfunden?

○ Was versteht er darunter?

○ Wird das Vermittelte vom Zielpublikum verstanden und akzeptiert?

**Checkliste: Updates**      *Updates*

○ Dient die geplante Applikation einem einmaligen Ziel oder ist zu erwarten, dass weitere Problem- bzw. Bedarfssituationen auftreten, wofür die Applikation ebenfalls von Bedeutung ist?

○ Wie lange wird das Programm aktuell sein?

○ Ist zu erwarten, dass es inhaltlich Neuerungen (z.B. infolge neuer Technologien) gibt?

○ Wird das zu vermittelnde Wissen schnell wieder veralten?

○ Kann man das Programm modular aufbauen?

 **Checkliste: Kosten-Nutzen- und Effizienz-Analyse**

○ Welchen Beitrag leistet das Training zu den Unternehmenszielen?

○ Welche Fragen lassen sich zur Effizienz stellen?

○ Wurde infolge des Trainings die betriebliche Weiterbildungsarbeit verbessert?

○ Wurde die Lehrkapazität entlastet?

○ Gab es innovative Entwicklungen?

○ Wurde die Lernkultur des Unternehmens durch das Training positiv beeinflusst?

○ Ist der Nutzen im Vergleich zum Aufwand höher?

○ Wenn ja, um wie viel?

  • unmittelbarer Nutzen:

  • Arbeitszufriedenheit infolge hoher Akzeptanz

  • Leistungssteigerungen infolge guter Lernerfolge

○ Verbesserung der Arbeitsqualität infolge guter Transferleistungen

  • mittelfristiger Nutzen:

  • finanzielle Vorteile in Form von Kosteneinsparungen oder höheren Nettoerträgen

  • Zeiteinsparungen

  • Erhöhung der Konkurrenzfähigkeit

  • langfristiger Nutzen:

  • Verbesserung des Arbeitsklimas

  • Förderung der Unternehmens- und Lernkultur

○ Worin bestehen die Kosten eines Trainings?
  finanzieller, zeitlicher und personeller Aufwand für:

  • die Entwicklung der Weiterbildungsmaßnahme

  • die Durchführung der Weiterbildungsmaßnahme

  • die Qualitätssicherung der Weiterbildungsmaßnahme

  • die Interessenskonflikte und deren Auswirkungen

**Checkliste: Testprotokoll**

○ Stimmt das grafische Konzept?

○ Reichen die Systemressourcen?

○ Stimmt die Aufbereitung der Medien?
  (Größe, Format, Qualität)

○ Ist die Navigation einfach und zielsicher?

○ Findet sich der Anwender zurecht?

○ Wird der Sinn der Anwendung klar?

○ Sind die Verknüpfungen richtig?

○ Ist der Text fehlerfrei?

○ Werden die richtigen Bilder verwendet?

○ Welche Rechnerkonfiguration wurde verwendet?

○ Funktioniert die Installation problemlos?

○ Gibt es Probleme beim Laden der Anwendung?

○ Läuft die Anwendung?

○ Sind die Ladezeiten und die Geschwindigkeit richtig?

○ Wo gibt es Probleme mit den Ladezeiten?

○ Wie ist die Qualität von Audio und Video?

○ Kommt die Testperson mit der Navigation zurecht?

○ Treten Fehler, undefinierte Zustände oder Abstürze auf?

○ Wo treten diese auf, und was passiert?

○ Gibt es falsche Sprünge?

○ Kann die Anwendung ordnungsgemäß beendet werden?

**Checkliste: Replikation**



○ Titel der Software

○ Bestellnummer

○ Copyright-Vermerk

○ Alle Rechte vorbehalten

○ CD-ROM Data Logo

○ Format der CD-ROM

○ Auflage der Pressung

○ Termin der Fertigstellung

○ Beschreibung der Master-CD

○ Beschreibung für Label-Druck

○ Sonstige Hinweise

○ Vorderseite:
Grundelemente der Software aufgreifen
Herausragende, grafische Eigenständigkeit betonen

○ Rückseite:
Art der Software (Spiel, Education etc.)
Inhaltsbeschreibung, Screenshots
Systemvoraussetzung
Urheberrechtsverweise

○ möglichst rechts oben:
EAN-Code
ISBN-Code
Bestellnummer

○ möglichst rechts unten:
Art der Software
Betriebssystem
Logos

○ möglichst links unten:
Firmenlogo
© & ® Hinweise
Firmenanschrift



**Checkliste: Internet-Kommunikation**

○ Wer ist Ihr Zielpublikum? Eigene Mitarbeiter, Lieferanten, Kunden oder potentielle Kunden?

○ Wie ist Ihre Stellung im Markt? Wollen Sie regional, überregional oder international wirken?

○ Wie stellen Sie sich die Web-Community vor? Worauf basiert Ihre Vorstellung?

○ Leben/wirken Sie in einer horizontalen Struktur? Verstehen Sie diese Form der Kommunikation und Managementführung?

○ Wollen Sie Information bereitstellen oder PR, Marketing, Sales betreiben?

○ Wollen Sie zum Dialog auffordern?

○ Wollen Sie Transfers zum Beispiel von Daten, Zahlungen,

○ E-Mails etc. gestatten?

○ Wollen Sie Internet- und/oder Intranetfunktionalität?

○ Was wollen Sie in einem Jahr? In zwei Jahren?

○ Soll der Auftritt in Phasen erfolgen? In welchen?

○ Welche Abteilung(en) soll(en) wann/wie involviert werden (Konzept, Erstellung, Pflege etc.)?

○ Wo liegen die Schnittstellen? Wer koordiniert das Ganze?

○ Stimmen diese Pläne mit der Unternehmenskultur überein?

○ Welches interne Know-how ist vorhanden, um das Projekt zu realisieren? Muss externe Unterstützung in Anspruch genommen werden? Wofür und wie lange?

○ Wollen Sie den Auftritt alleine vornehmen oder im Verbund mit anderen Firmen? Ist genügend „Stoff" vorhanden, um die Site aktuell und vital zu halten? Oder bietet eine Kooperation möglicherweise Vorteile?

## Checkliste: Vertragsregelung



○ Leistungsbeschreibung sowie Umfang der Produktion

○ die Liefer- und Zahlungsbedingungen

○ Auflistung für die Herstellung:

- Inhalt

- Form

- Entwicklungstools

○ Anforderungen an Liefermaterial

○ Aufteilung von Urheber- und/oder Leistungsschutzrechten

○ Globale Liefertermine

○ Phasenliefertermine

○ Review/Korrektur/Optimierungsverfahren

○ Haftungsbedingungen

○ Mahnverfahren

○ Gerichtsstandklausel

## Checkliste: Copyrights



○ Grundsätzlich sollten folgende Rechte geklärt werden:

- Anwendung im Programm

- Digitalisierung von Assets

- Bei Filmen:
  Schnitt-/Synchronisierungs-/Digitalisierungsrechte

- Verbreitungsrechte

- Vervielfältigungsrechte

- Senderechte (TV/Radio)

- Bearbeitungsrechte (Änderungen am Originalinhalt)

- exklusives vs. einfaches Nutzungsrecht
  (mediengebunden!)

○ Ausübung der Rechte für folgende Beschränkungen:

- zeitlich (Dauer)

- räumlich (Territorium)

- inhaltlich (mit und ohne Bearbeitungsrecht)

○ Assets

Versuchen Sie, alles, was Sie in einem Programm benutzen, wie Bilder, Ton, Musik, Film, Grafiken, Texte etc., sich schriftlich sowohl für das Programm, die Verbreitungsrechte, die Digitalisierungsrechte, als auch für die Vervielfältigung von dem Urheber übertragen zu lassen. Dies sollte, je nach Wichtigkeit, entweder als Einfach/Einmal-Nutzungsrecht oder als Exklusivrecht sein. Gegebenenfalls sollte die Übertragung auch für Senderechte im Radio und Fernsehen gelten und das Recht der Veränderung des Originals enthalten, falls nachträglich inhaltliche oder stilistische Änderungen notwendig werden. Obwohl eine mündliche Einigung rechtskräftig ist, bedenken Sie, dass im Streitfall es auf Beweisbarkeit ankommt. Ein Beispiel für einen **Übertragungsvertrag:** *„Der Urheber überträgt dem Produzenten das ausschließliche Recht der Nutzung (Vervielfältigung und Verbreitung) der in der Anlage zum Vertrag näher beschriebenen Werke für die CD-ROM-Produktion mit dem Arbeitstitel „Multimedia Powerpack" für eine Dauer von fünf Jahren zum Vertrieb innerhalb Europas. Der Produzent ist (nicht) berechtigt, ohne Zustimmung des Urhebers Änderungen an den Werken vorzunehmen oder sie für weitere Produkte, insbesondere Buchausgaben, zu benutzen."*

○ Programmierer

Ein Programmierer ist heute gesetzlich geschützt, wenn „die Anwendung individuell gestaltet und das Ergebnis einer geistigen Schöpfung ist." Somit muss auch mit dem Programmierer eine Übertragungsvereinbarung getroffen werden.

○ Screendesigner:

Das Kopieren von Screendesigns vorhandener Produkte ist verboten. Seit 1990 werden derartige Kavaliersdelikte mit bis zu drei Jahren Gefängnis oder einer Geldstrafe belegt. „Das Gesetz schützt Computerprogramme in jeder Gestalt und jeder Ausdrucksform." (OLG Karlsruhe). Dies bedeutet, dass man jedesmal ein „neues" Design erfinden muss, aber das Werk zugleich wie ein Film- oder Buchtitel geschützt werden kann.

○ Urheberpersönlichkeitsrecht steht jedem zu, der einen geistigen schöpferischen Beitrag zum Werk geleistet hat. Somit kann jeder Mitwirkende darauf bestehen, irgendwie in der Anwendung vermerkt zu werden. Es ist mehr als nur eine Höflichkeit, die Mitwirkenden im Programm unter „Credits" bzw. auch in dem Beibuch zu nennen. Es ist ein „Qualitätsmerkmal" und kann sogar eine große Hilfe im Falle eines Rechtsstreits sein.

○ Leistungsschutzrechte für Musik oder andere Beiträge müssen beachtet werden. In der Regel bedeutet dies eine Zahlung an eine Überwachungsorganisation, wie z.B. GEMA, VG BILD oder VG WORT. Im Vertrag sollte fixiert werden, wer dies zu leisten hat. Auf keinen Fall sollte es dem Zufall überlassen werden.

**Checkliste: 12 Gebote***12 Gebote*

○ Wenn es Ihre erste Anwendung ist, seien Sie bescheiden.

○ Machen Sie die Disk zügig und mit Gusto.

○ Nehmen Sie sich nur das vor, was Sie wirklich realisieren können.

○ Machen Sie das Programm aktiv, interaktiv, aber nicht hyperaktiv. Wenn man flippern will, geht man in die Spielhalle; wenn man Multimedia macht, achtet man auf den Inhalt, nicht auf die Knöpfe!

○ Vermeiden Sie überzogenes Design; strukturieren Sie lieber lebendig und verlockend. Benutzen Sie Module. Frisbees gibt es genug.

○ Fesseln Sie das Publikum.

○ Lieber Inhalt exkludieren als inkludieren.

○ Was aufs Papier passt, gehört nicht auf die CD!

○ Denken Sie in Serien und Sequenzen. Wenn Sie sich nur eine Disk vorstellen können, lassen Sie es lieber.

○ Erstellen Sie ein preiswertes Produkt mit hoher Qualität, seien Sie nicht billig.

○ Bedenken Sie: CDs sind „Futter für Online"; „Das Format ist tot! Es lebe der nächste Standard!"

○ Testen, Testen, Testen!

**Checkliste: Projekt Management**

**Checkliste: Planungsinstrumente**

Planungsarten in der Ablauf-Organisation des Projektmanagements:

- ○ Analyseplanung
- ○ Zielplanung
- ○ Anforderungsplanung
- ○ Ideenplanung
- ○ Entwurfsplanung
- ○ Vorgehensplanung
- ○ Phasenplanung und
- ○ Erfolgsplanung

**Analyseplanung:**

- ○ Wie sieht die Ausgangssituation bzgl. Funktionen, Prozesse, Informationen und Struktur aus ?
- ○ Welche Probleme sind erkennbar?
- ○ Was ist das Hauptproblem?

**Zielplanung:**

- ○ Was soll erreicht werden?
- ○ Wie viel soll erreicht werden?
- ○ Wo und bis wann soll es erreicht werden?

**Anforderungsplanung:**

- ○ Wo muss die Situation verändert werden?
  - Wie viel muss verändert werden?
  - Unter welchen Bedingungen?
  - Was ist muss und was kann verändert werden?
- ○ Wo soll es erreicht werden?
  - An welchen Orten?
  - In welchen Räumen?

**Ideenplanung:**

- ○ Wie kann die gewünschte Leistung möglichst einfach, schnell, günstig und bei ausreichender Qualität erreicht werden?

**Entwurfsplanung:**

○ Wie sieht die fachliche Lösung aus?

- Gibt es eine oder mehrere Möglichkeiten?
- Aus welchen Teilen bzw. Komponenten besteht die Leistung?

**Vorgehensplanung:**

○ Wie soll es in groben Schritten erreicht werden?

- Durch welche Aufgaben?
- Durch wen?
- Wann bzw. bis wann?

○ Womit soll es erreicht werden?

- Mit welchen Ressourcen?
- Mit welchen Kosten?

**Phasenplanung:**

○ Wie soll die erste bzw. die nächste Phase detailliert ablaufen?

- Durch welche Aufgaben?
- Durch wen?
- Wann bis wann?

**Erfolgsplanung:**

○ Wovon hängt der Erfolg des Projektes am meisten ab?

- Welche Risiken bestehen?
- Wer leistet dazu den größten Beitrag?
- Welche Maßnahmen erhöhen den Erfolg?

# Appendix

Nachfolgend finden Sie Internetadressen zum Thema Projektmanagement sortiert nach den Eigenschaften:

- ○ Assosziationen
- ○ Publikationen
- ○ Universitäten
- ○ Software
- ○ Diverse

## Assoziationen

AACE International
The Association for the Advancement of Cost Engineering. A US based non-profit association for project and cost management professionals world-wide.
*http://www.aacei.org*

AFITEP (France)
Et l'Association Francophone de Management de Projet. Leurs
*http://www.afitep.fr*

AIPM (Australia)
The Australian Institute of Project Management is the professional association for project managers and project management users.
*http://www.dab.uts.edu.au/aipm*

American Society for Quality
ASQ is a society of individual and organizational members dedicated to the ongoing, development, advancement, and promotion of quality concepts, principles, and techniques.
*http://www.asqc.org/*

American National Standards Institute
ANSI has served in its capacity as administrator and coordinator of the United States private sector voluntary standardization system for 80 years.
*http://web.ansi.org/default.htm*

Association for Project Management (Scotland)
The Scottish Branch of the Association for Project Management has several hundred members widely dispersed throughout Scotland and runs our activities and events in a number of centres.
*http://www.infoser.com/apm*

Association for Project Management (UK)
APM is the UK-based professional institute for project managers.
*http://www.apm.org.uk*

Center for International Project & Program Management
CIPPM is an international association and center of advanced communication, research, and learning for professional project managers and those interested in project management.
*http://www.iol.ie/~mattewar/CIPPM/*

Institute of Project Management (Ireland)
IPM of Ireland, founded in 1989, is a professional body dedicated to advancing the state-of-the-art in the profession of project management.
*http://www.iol.ie/~instpmgm/index.html*

International Cost Engineering Council
A Worldwide Confederation of Cost Engineering, Quantity Surveying, and Project Management Societies.
*http://www.icoste.org/*

International Project Management Association (UK)
IPMA, based in the United Kingdom, is a promoter of project management.
*http://www.ipma.ch*

International Society of Parametric Analysts (ISPA)
ISPA is a unique organization with appeal to a broad group of professionals. The foundation of ISPA is parametric estimating: a cost-effective approach to consistent, credible, traceable, and timely assessment of resource requirements for development, production, construction, and operation of hardware and software projects.
*http://www.ispa-cost.org/*

Performance Management Association (PMA)
Resource for performance measurement, project management and earned value management information. PMA is an international, non-profit, independent, professional organization, dedicated to providing focus and structure to these disciplines and to the process of integrating project management with earned value management.
*http://www.erols.com/pmafirst/*

Programme Management (UK)
This site is the Special Interest Group of the Association of Project Managers and the British Computer Society. It promotes the science and discipline of Programme Management.
*http://www.e-programme.com/pmsig.htm*

Project Management Association (Iceland)
Founded in 1984, the PMA of Iceland (Verkefnastjórnunarfélag Íslands) leads the development and advancement of project management in Iceland.
*http://www.skima.is/vsfi/*

PMI – The Project Management Institute
PMI is the US-based professional institute for project managers.
*http://www.pmi.org*

PMI Canada
This is the Canadian association of project managers. You'll find here listings of the various chapters and contact information for project managers across Canada.
*http://www.pmicanada.org*

PMI Netherlands
Home page of the Dutch national society of project management. It is a society of professionals working or related in the field of project management. PMI Netherlands is associated with IPMA.
*http://www.pmi-nl.org/*

Society for Cost Estimating and Analysis
SCEA is a non-profit organization dedicated to improving cost estimating and analysis.
*http://www.erols.com/scea/*

Swedish Project Management Society (Sweden)
The Swedish Project Management Society has been working for development of project management in companies and organizations. They have a periodical paper and we arrange seminars, and local meetings for discussion of various topics related to project management.
*http://www.projforum.se/*

# Publikationen

<u>Engineering News Record</u>
ENR has a long history of being a resource to project managers with regular articles on project management
*http://www.enr.com*

<u>International Journal of Project Management</u>
This is a technical journal which focuses on the advancement of project management techniques and methodologies.
*http://www.elsevier.nl:80/locate/issn/02637863*

<u>PM Network</u>
This is the professional magazine of the Project Management Institute. Published monthly, it is a key benefit of membership in PMI.
*http://www.pmi.org/publictn/pmnetwork*

<u>Project Manager Today</u>
Project Manager Today is a UK publication which keeps project managers current on project management techniques, tools and methodologies. The publication often includes reviews of the latest in project management tools.
*http://www.projectnet.co.uk/pm/pmt/pmt.htm*


# Universitäten

<u>University of Calgary – PM Specialization</u> (Canada)
UC offers state-of-the-art post-graduate training in Project Management for professionals in project-oriented environments. Courses have been designed in close collaboration with  industry partners.
*http://ucalgary.ca/uofc/faculties/eng/pmdip.htm*

<u>University of Wisconsin-Madison Management Institute</u>
UWM offers a Project Management Certificate Series designed to help project managers gain comprehensive business knowledge and skills to lead and manage projects.
*http://www.wisc.edu/mi/4prom.html*


# Software

<u>ABT Corporation</u>
ABT Corporation is the „leading" provider, worldwide, of enterprise project management solutions in IT project environments.
*http://www.abtcorp.com*

<u>Artemis Management Systems</u>
Artemis Management Systems is the „world's most recognized name" in enterprise project management software and consulting services.
*http://www.artemispm.com*

<u>GlobalMANAGER</u>
GlobalMANAGER collects and displays real-time managerial and technical data generated during the software development process. As a web-based Graphical User Interface, it displays critical information needed to proactively manage the software development process.
*http://www.globalmanager.org*

<u>Hydra</u>
Hydra is a program management software tool. See the site for more details.
*http://www.hydradev.com/*

<u>Microsoft</u>
Microsoft Project 98 „puts you in control of any project, no matter how complex". MS Project 98, an introductory product, is the industry leader in project management software.
*http://www.microsoft.com*

<u>Primavera</u>
Primavera „delivers innovative software products" and services to help their customers successfully manage all of their projects and resources. This collection of innovative products were all developed by different companies which Primavera acquired.
*http://www.primavera.com*

<u>Scitor Corporation</u>
Scitor, which is a Latin word meaning „to seek to know," has been a leader in Project Management Solutions, Systems Engineering, and Information Systems.
*http://www.scitor.com*

# Diverse

<u>100 Rules for Nasa Project Managers</u>
Lessons Learned as Compiled by Jerry Madden , Associate Director of the Flight Projects Directorate at NASA's Goddard Space Flight Center.
*http://www.webbworks.com/tccb-pmi/100_rules.htm*

A/E/C SYSTEMS International
A/E/C offers a variety of services to those who supply software and hardware products to the AEC, FM, GIS, EDM, CAD/CAM market.
*http://www.aecsystems.com/*

C/S Solutions, Inc.
C/SSI is the world's leading producer of integrated analytical tools for cost, schedule, and risk management.
*http://www.cs-solutions.com/*

Earned Value Management Website
Information on earned value project management for government, industry and academic users.
*http://www.acq.osd.mil/pm/*

Earned Value Website
This site is run by Noel Harroff and is quite interesting for those involved with C/SCSC.
*http://www.nnh.com*

Humphreys and Associates, Inc.
H&A is the preeminent leader in the field of performance management systems training especially scheduling and earned value disciplines.
*http://www.humphreys-assoc.com*

Michael Greer's Project Management Resources
An independent consultant, Michael Greer has developed a website which relates to his books, workshops, presentations. From the site, there are a number free-of-charge handouts and other project
*http://members.aol.com/greerspm/mg-home.htm*

NASA – JSC Cost Estimating Group
NASA site which focuses on parametric cost estimating, cost model development and database development.
*http://www.jsc.nasa.gov/bu2/*

NASA – Program/Project Management Resource Index
This index was originally written for the NASA project management community. Their purpose was to promote the use of the NASA Headquarters Library Program/Project Management Collection by offering introductions to the management topics studied by today's managers.
*http://www.hq.nasa.gov/office/hqlibrary/ppm/ppmbib.htm*

New Standard Institute
New Standard Institute is a consulting firm providing seminars in project management for industrial facilities. Whether it's called a shutdown, turnaround or outage, they address the challenge of fitting a large compliment of work into a relatively short period of time, by applying the discipline of modern project management.
*http://www.newstandardinstitute.com*

PM Boulevard
PM Boulevard is a project management Internet resource site. Cruise the site to view current news and articles, participate in a discussion, connect to other PM resources on the Internet and attend training classes. Subscribers get full access to the methodologies, templates, and best practices on our Knowledge Center, personalized answers to PM questions and individualized project assessments.
*http://www.pmblvd.com*

PRINCE (UK)
The official PRINCE website designed and hosted by CCTA (Central Computer and Telecommunications Agency (UK)).
*http://www.ccta.gov.uk/prince/prince.htm*

PRINCE2 (UK)
The APM Group's index to PRINCE2.
*http://www.apmgroup.co.uk/p2index.htm*

Project Management Control Tower
Cross functional corporate project management.
*http://www.4pm.com/*

Project Management glossary document
This is a compendium of terms submitted by project managers from all over.
*http://www.wst.com/library/glossary/index.html*

Project System
For project system professionals, this site is dedicated to consultants working in various project management environments, i.e. ERP and non ERP.
*http://www.angelfire.com/ut/psgroup*

ProjectWorld
Conferences and Expositions for technical professionals and other executives with project and program responsibility.
*http://www.projectworld.com/*

<u>Rational Concepts</u>
Founded for the purpose of helping companies meet the rigorous demands of managing projects in the 1990's, Rational Concepts addresses complex project management problems and provides solutions that extend far beyond the scope of the immediate objective.
*http://www.rationalconcepts.com*

<u>WWW PM Forum</u>
The WWW PMFORUM is a not-for-profit resource for information on international project management affairs.
*http://www.pmforum.org*

# Zitatnachweis



Shakespeare war zweifelsohne einer der ersten Cyberfreaks, wes-
wegen wir uns an sein Gedankengut zu Multimedia gehalten haben.
Zum Nachlesen der hier geliehenen Zitate empfehlen wir folgende
Werke:

Though this be madness, yet there's method in't – *Hamlet*
The rest is silence – *Hamlet*
Tis a consummation Devoutly to be wished – *Hamlet*
Love's Labour's Lost *(Titel des Lustspiels)*
Food for powder – *Falstaff*
I hear you say not much, but think the more – *Henry VI*
All the perfumes of Arabia – *Macbeth*
All the World's a Stage – *As You Like It*
A horse! A horse! My kingdom for a horse! – *Richard III*
Mischief, thou are afoot, take thou what course thou will!
– *Julius Caesar*
Men's evil manners live in brass; their virtues we write in water
– *Henry VIII*
Royal Merchant – *The Merchant of Venice*
Tooth of time – *Measure for Measure*
The readiness is all – *Hamlet*
Although the *last, not least* – *King Lear*
Come what come may, Time and the hour runs though the roughest
day – *Macbeth*
There are more things in heaven ... – *Hamlet*

# Index